「わかる」はどう深まるか

子どもの思考の発達と協同的探究学習

藤村 宣之

ちとせプレス

はしがき

これからの時代に求められる力とは

グローバル化の進展や科学技術の発達、地球環境の急速な変化などさまざまな面で社会が常に変化している状況において、義務教育終了時点で、あるいは高校教育の修了時に子どもたちに求められる力が変容してきていると考えられる。そこで求められるのは、解決方法が一つに定まるような定型の問題（routine problem）に対応し、解決するための個々の知識やスキルだけではない。多様な要因が複雑に関連しながら恒常的に変化する社会的状況の中で、解決方法が一つに定まらない非定型の問題（non-routine problem）に対して、多様な知識を柔軟に関連づけながら思考を構成し、諸事象の本質を理解し（深い概念的理解）、解決を図っていく力や、そのプロセスにおいて他者と協同しながら、相互理解にもとづいて解決を導いていく力が必要になってきていると考えられる。

そのような、多様な知識を関連づけて非定型問題を解決する力に関連して、近年の国際的な教育改革の動向として、「キー・コンピテンシー」や「21世紀型スキル」といった名称で、思考力、問題解決力、協調性、自律性といった、領域一般的な汎用スキル（generic skills）の育成がめざされている。一方で、将来の社会生活において諸事象の本質を捉えて判断する力や他者とともに自分自身を支える力を育てるという点では、そのような汎用スキルを要素分解的に個々に獲得させるのではなく、先ほど述べた非定型問題の解決力のような統合的な力として育成することや、そのような統合的な力を、各領域における諸事象の本質を理解する「深い概念的理解」(deep conceptual understanding)、すなわち「わかる」ことの深まりと関連づけて形成することが重要であると考えられる。

また、最近の国際的な教育動向のもとでは、社会や個人のウェルビーイング(幸福度)を高めることも目標とされるようになっている。欧米の価値観では個人の自己効力感(自分はできるという感覚)が高いことがウェルビーイングを高めることが指摘されているが、関係性を重視するアジアを中心とした文化の中では、自分自身の存在が他者に認められることが自己肯定感(いまの自分で大丈夫という感覚)を高め、ウェルビーイングの向上をもたらすことも示唆されている。先述の非定型問題に取り組むプロセスで、一人ひとりの子どもが構成した考えがそれぞれに認められるような協同過程を組織することで、お互いの自己肯定感が高まり、その場が「居場所」となることでウェルビーイングが高まることも想定される。

多様な知識を関連づけて深く理解する力やウェルビーイングは育っているか

学力やリテラシーに関する国際比較調査の結果について、1問1問の心理学的特徴に着目して分析すると、日本の児童・生徒は、学校で学習した知識や技能を直接適用して先ほど述べたような定型問題の解決を行うことには優れているが、多様な知識を関連づけて非定型の問題を解決することや諸事象の本質を理解することについては相対的に弱さを示しており、またそのようなことができるという自己効力感も低い。たとえば、高校1年生を対象に学校で学習した知識やスキルを日常場面などに活用する力(リテラシー)を測る調査(PISA)では、日本の生徒は定型問題の解決水準の高さに比して、多様な解法や説明が可能な非定型問題に対して多様な知識を関連づけて本質を理解して判断の理由を説明する課題などに相対的な水準の低さを示してきており、また、実生活に関わる問題を数学と関連づけて解決したり実社会の問題の中に数学的な側面を見出したりすることに対する自己効力感が低いことなども示されている（ＰＩＳＡ２０２２年調査）[65]。今後の社会生活に活かしうる非定型問題の解決力や深い概念的理解に課題があることがうかがえる。また、日本の児童・生徒にはウェルビーイングや自己肯定感といった社会性や情意面に課題があることも指摘されてきている。たとえば、先述のＰＩＳＡ調査では高校1年生を対象に生活全般の満足度を心理的ウェルビーイング（幸福度）の指標として測定しているが、0～10の11段階で7以上の満足度を示す生徒の割合はおよそ国際平均（60％程度）か、それ以下にとどまっている（ＰＩＳＡ２０１８、２０２２年調査）。

それでは、どのようにすれば、子どもの非定型問題の解決や深い概念的理解が達成され、また、自己肯定感やウェルビーイングが高まるのであろうか。それらの問題を同時に解決する一つの鍵は、一人ひとりの子どもが自分自身で考えて「わかろう」とするプロセスや、自分なりに考えたことやわかったことを他者と共有しようとするプロセスを発達主体、学習主体としての子どもの視点に立って心理学的に明らかにすることであると考えられる。そして、そのような一人ひとりの多様な思考プロセスを喚起し、さらに自他の多様な考えを関連づけて本質を追究するような学習過程を組織することにより、一人ひとりの非定型問題の解決や深い概念的理解が促されると考えられる。また、お互いの考えを尊重し認め合えるような学習過程を教育場面で組織していくことにより、一人ひとりの自己肯定感やウェルビーイングも高まっていくのではないかと考えられる。

「わかろう」とする存在としての子ども

子どもは、一人ひとり、物事を自分なりに理解しようとしており、思考を豊かに展開する可能性を有している。他の子どもと同じような速さで学習することが苦手な子どもは、他の子ども以上に自分なりに意味を探究し、時間をかけて自分の考えを構成しようとしているのかもしれない。授業の中で積極的に発言し、仲間と会話を交わしながら思考を展開させていく子どもも見られる一方で、みずから積極的に発言することはなくても、自分の考えと授業で聞いた他の子どもの考えを重ね合わせながら、静かに、しかし内的には活発に思考をめぐらせ、理解を深めていく子どももいる。そのような子どもの内的な心の動きを捉え、一人ひとりの「わかる」が深まっていくメカニズムを明らかにしていくことが、心理学としての一つの研究課題であり、本書がめざすところでもある。

一人ひとりの子どもの思考の発達や理解の深まりを捉え、促すには

それでは、どのようにすれば、一人ひとりの子どもの内的な心の動き、思考や理解の深まりを捉えることができるのだろうか。またそのような内的な動きや深まりはどのようなメカニズムで生起し、促されるのだろうか。そのような問いに答えるために、心理学ではいくつかの研究方法や促進方法が考案されてきた。個別インタビュー（個別面接）、記述型課題に対する思考の構成と表現、協同的問題解決、話し合い前後の個別探究、といったアプローチである。そして、それらのアプローチすべてに共通する鍵になると考えられるのが、一人ひとりの子どもが、さまざまな考え方、解法、解釈などが可能な問題や活動に取り組むことである。先に紹介したように、問題に対する一つの解き方が定まる定型問題に対して、それらの問題や活動などは非定型問題と表現される。

子どもの内的な心の動きや深まりを捉え、活性化させるアプローチを一つずつ簡単に見ていこう。

1つ目は個別インタビューというアプローチである。調査的面接法とも呼ばれる。先ほど述べた非定型の問題を一対一の個別場面で子どもに問いかけてみる。クライアントに対してカウンセラーが行う臨床的面接法とも共通しているのは、子どもの考えを肯定的に受け止めることである。受け止めたうえで、「本当にそうだね。それでは、どうしてそのように思うのかな？」のように理由を尋ねることで、子どもは自分自身の考えをベースとして思考を展開し、自分自身で多様な知識や情報を関連づけながら理解を深めていくことができる。

2つ目が記述型課題に対する思考の構成と表現というアプローチである。非定型の問題や場面を示したうえで、「どのような言葉でも図でも絵でもよいので、ひとことでもいいので、どのようにして考えたのか、どうしてそう考えたのかを書いてみよう」のように自分の考えのプロセスや理由を自由に書くように促すことで、子どもは先ほどの個別インタビューに近い形で、自分自身の思考を自分なりの言葉や図式などを用いながら展開することができる。

3つ目は他者との協同による問題解決というアプローチである。これまでに見てきたような2つのアプローチを用いながら、まず一人で考えてみること、何らかの自分なりの考えを構成し表現することを行ったうえで、協同探究、つまり、ペアやグループでお互いの考えを聴き合ったり話し合ったり、クラス全体で多様な考えを発表し聴き合ったりする。自分の考えを説明する相手がいることで考えは精緻なものになっていく。さらに、クラスやグループでさまざまな考えの間の共通点や違い、つながりを考えたり、それぞれの考えの背景や意図を他者とともに考えたりすることで多様な思考が関連づけられ、新たな気づきが生まれ、さまざまな事象についての理解が深まっていくと考えられる。

そして4つ目のアプローチが、3つ目のアプローチで示した協同的な問題解決の前後に、一人ひとりの子どもが自分で非定型問題に取り組むこと、すなわち協同探究前後の個別探究というアプローチである。協同探究の前にまず個人で考えてみるとともに、協同探究で多様な思考に触れ、それらが集団場面で関連づけられた直後に自分でもう一度考えてみるという機会があることで、協同的問題解決の場面では発言を行わなかった子どもも含めて、多様な考えを内的に関連づけて、最初に自分が構成していた考えを再構成したり、あるいは物事を捉える自身の思考の枠組みを再構造化したりして、一人ひとりが理解を深めることができると考えられる。

これら4つのアプローチすべてに共通するのは非定型の問いや場面、活動が設定されること、そして、どのような考えも対等に認められるということである。そのことを通じて自分自身の考えを基盤にしながら一人ひとりの子どもは自身の考えを再構成・再構造化し、さまざまな事象に対する理解を深めていくことができると考えられる。

また、3つ目の協同的問題解決や協同探究の場面で、一人ひとりの子どもの考えがまわりの仲間や教師によって対等に認められることを通じて、一人ひとりの子どもは「いまのままの自分の考えや思い、感じ方でいい。みんなが認めてくれている、自分を認めてくれる人がいるからいまのままの自分で大丈夫だ」という思いをもつことから、自己肯定感を高めることができる。そしてみんながお互いを認め合いながらともに自己肯定感を高めていくことでその空間、仲間との関係やクラスは「居場所」になり、そこでの活動に楽しさと居心地のよさを感じて、満足感や幸福度（ウェルビーイング）が高まっていくと考えられる。

以上のようなアプローチを通じて、一人ひとりの子どもの思考や理解の豊かさや、ダイナミックな深まり、さらにそれらがもたらす社会性の発達や人間関係の深まりについて具体的な研究事例やそこでの子どもの姿を通じて明らかにしていくことが本書の目的である。また、そのようなアプローチや知見を紹介することを通じて、教師や保護者などまわりの大人が、一人ひとりの子どもに関わっていくときの、またこれからの教育のあり方を考えていく際の一つの視点を示すことができればと考えている。

目次

第 I 部

「わかる」が深まるとは

第1章 「わかる」ことの現代的意義

私たちは生まれてから発達の過程を経て、自分のまわりの世界と関わりながらその世界のことを認識し、「わかる」ようになっていく。子どもたちは日常生活の中で、さらに学校教育を通じて多くの時間をかけてさまざまなことを経験し、自分で考え、まわりの人たちと関わりながら、それまでわからなかったことが「わかる」ようになる。そもそも、何かが「わかる」というのはどういうことなのだろうか。どのようなプロセスを経て「わかる」ようになるのだろうか。さらに、「わかる」ことはどのように深まっていくのだろうか。そうしたことを発達心理学や教育心理学を中心とした、筆者のこれまでの研究成果を中心にしながら、本書では検討していく。本章ではまず、「わかる」ことの現代的意義について考えてみよう。

1　これからの時代において必要な力とは

新たな知識や技術、情報が社会の各領域の活動の基盤として飛躍的に重要性を増す社会は「知識基盤社会」と呼ばれている。[12] そのような知識基盤社会の進展とともに、義務教育終了段階で必要とされる学力の質が変容してきていると考えられる。そこで求められるのは、解決方法の定まった定型問題（routine problem）に対応し、解決するための個々のスキルや知識だけではない。多様な要因が複雑に関連しながら恒常的に変化する社会的状況の中で、解決方法が一つに定まらない非定型問題（non-routine problem）に対して、既有の知識やスキルを柔軟に関連づけながら諸問題や諸事象の本質を理解して解決を図っていく力や、そのプロセスにおいて他者と協同（collaborate）しながら、相互理解にもとづく解決を導いていく力が必要になってきていると考えられる。たとえば、ＯＥＣＤ[78]（経済協力開発機構）では、学校は「複雑で見慣れない非定型的課題」（Complex, Unfamiliar and Non-routine task）を解決できるように生徒を導かなければならないことが主張されている。

そのような、多様な知識を関連づけて非定型問題を解決する力に関連して、日本の学校教育では、「自ら考える力」や「思考力・判断力・表現力」の育成がめざされてきている。また、近年の国際的な教育改革の動向として、「キー・コンピテンシー」や「21世紀型スキル」といった名称で、思考力、問題解決力、協調性、自律性といった、領域一般的な汎用スキル（generic skills）の育成がめざされている。[49] 一方で、それらの力の具体的な内容や育成方法、評価方法については、まだ十分に明らかにされているとはいえないだろう。

また、今後の社会の変化に対応するという視点だけではなく、将来の社会生活において、さまざまな事象の本質を理解して判断し、問題を解決していく力や、他者との関わりの中で自分自身を持続的に支える力を育てるという点では、そのような汎用スキルを要素分解的に個々に獲得させるのではなく、先に述べたような非定型問題の解決力のような統合的な力として育成することや、そのような統合的な力を、世界におけるさまざまな事象や問題の本質が「わかる」こと、すなわち諸事象に関する「深い概念的理解」（deep conceptual understanding）と関連づけて形成することが重要であると考えられる。

2　学校教育における質の向上と平等性の追求

最近の各国の教育政策では、学力水準の向上など「教育の質の向上」とともに、学力格差などの個人差をいかに縮小するかという「平等性の追求」が課題となっている。教育社会学の研究では、親の経済力が子どもの学業成績と関連するなど、経済格差と学力格差の関係が指摘されており[94]、全般的な学力の水準や質の向上とともに、子どもの学力等の格差の縮小、すなわち、結果としての平等（equity）の達成が国際的に見て学校教育の重要なテーマとなっている。

ＯＥＣＤが各国・地域の高校1年生を対象に、学校教育で獲得した知識やスキルを日常場面で活用する力としてのリテラシーを、おもに読解・数学・科学の各分野で3年おきに測っている国際比較調査にＰＩＳＡ（生徒の学習到達度調査）がある。その２０１２年調査における数学的リテラシーの平均得点を縦軸に、分布の広がり（上位10％と下位10％の平均得点の差）を横軸に、調査参加国・地域を布置すると、日本は平均得点では上位に位置し、個人差の大きさを示す分布の広がりは参加国・地域の平均程度である[77]（図1－1参照）。日本より平均得点が高いのはアジアの6つの国・地域であり、台湾やシンガポールに顕著なように、平均得点（縦軸）も高いが個人差（横軸：左に行くほど大きい）も大きいのが特徴である。一方で、フィンランド、エストニア、カナダなどのように、日本よりも平均得点はやや低いが国際平均よりは高く、国内の個人差の小さい国もいくつか見られる。たとえば、カナダで

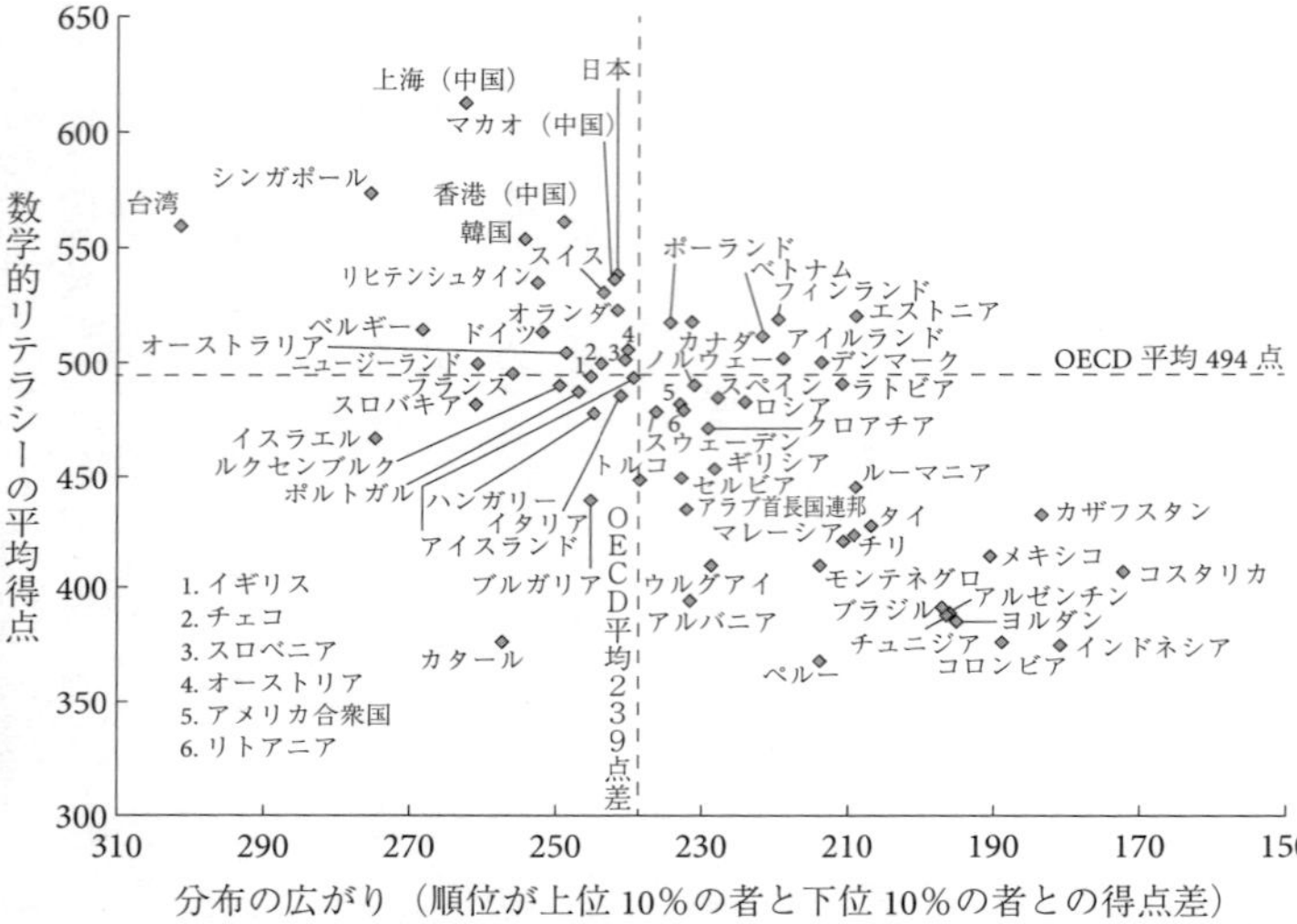

図 1-1　数学的リテラシー（PISA 2012 年調査）に関する平均得点と個人差

（出典）　OECD（2014a）[77]。

は、自国の平均得点が低下傾向にあることを認めながらも、国内の分布の広がり（個人差）が小さいことが評価されており、個人差（学力格差）をさらに縮小していく必要性も示唆されている（CMECウェブサイト）[a]。以上の国際的状況を考慮すると、日本が、今後、どのような教育の方向をめざすのか、すなわちアジアの他の国・地域のように国全体の平均的水準（卓越性）は高いが個人差も大きい方向（図1-1の左上方向）を志向するのか、卓越性と平等性を同時に追求する方向（図1-1の右上方向）を志向するのか、分岐点に位置しているとも考えられる。なお直近のPISA2022年調査では、日本の数学的リテラシーの平均得点（536点）や順位（81カ国・地域中5位）に2012年調査との間で有意な変化は見られない。平等性に関しては生徒の社会経済文化的背景（保護者の学歴、家庭の蔵書数など）と得点の関連の面から検討されており、日本はＯＥＣＤ参加国の平均と比べると関連が低い国の一つであることが指摘されているが、得点の個人差の大きさの面からも検討することが必要と考えられる。

3　教育の質の向上としての「深い学習」の重視

現在の学校教育では、先述の「教育の質の向上」という目標に関して、各国において、第1節で述べた先述の汎用スキルの育成に加えて、深い概念的理解や思考プロセスの表現といった「深い学習」が目標とされている。日本では、現行の学習指導要領（２０１７年改訂）において、知識・技能の獲得とともに、知識・技能の活用による思考力・判断力・表現力の育成が目標とされ、また、「どのように学ぶか」という点から授業場面での学習の質として「主体的・対話的で深い学び」が重視されている。さらに個人の目標として、先述の2つの目標に加えて「学びに向かう力、人間性の育成」が示されるとともに、各教科において「学習内容を深く理解すること」も強調されている（学習指導要領総則編）。アジアでは、２０００年頃から、中国において入試に対応する「応試教育」から人間性を重視する「素質教育」への転換が図られ、またシンガポールでは教育の方針として、学ぶ学校（learning schools）や考える国家（thinking nation）が提唱され、国の方針として思考力の育成に力が注がれてきた。また学力の国際比較調査で上位を保ってきたフィンランドでも２０１６年度の教育課程基準の改訂において、日常的事象をベースとして教科を越えて多様な知識を関連づける、統合的な学習（事象学習）がさらに推進されるなど、欧米においても知識を関連づけることによる深い思考や学習が重視さ

表 1-1　深い学習と伝統的な教室の実践の対比

知識の深い学習（認知科学の知見から）	伝統的な教室の実践（教授主義）
深い学習に必要なのは，学習者が新しい考えや概念を既有の知識や経験と関連づけることである。	学習者は，教材を自分たちがすでに知っていることと無関係なものとして扱う。
深い学習に必要なのは，学習者がみずからの知識を，相互に関係する概念システムに統合することである。	学習者は，教材を相互に切り離された断片的な知識として扱う。
深い学習に必要なのは，学習者がパターンや基本的な原理を探すことである。	学習者は，過程や理由を理解することなく，事実を記憶し，手続きを実行する。
深い学習に必要なのは，学習者が新しい考えを評価し，それらを結論に関連づけることである。	学習者は，教科書で出会ったものとは異なる新しい考えを理解することが難しい。
深い学習に必要なのは，学習者が知識が創造される対話の過程を理解し，議論の論理を批判的に吟味することである。	学習者は事実と手続きを，すべてを知る権威的存在から伝えられた静的な知識として扱う。
深い学習に必要なのは，学習者が自身の理解と学習過程を省察することである。	学習者は，目的や自身の学習方略を省察することなく，記憶を行う。

（出典） Sawyer（2014）[88] を筆者訳。

れている。[70,125]
　以上のような「深い学習」が各国の最近の教育で重視されている背景には、認知心理学の研究成果が各国の教育、とくに欧米の教育に取り入れられてきたことが想定される。表1－1には、現在、多くの国で教育目標とされているような「深い学習」(deep learning)の特徴が、(行動主義心理学を背景とするような) 伝統的な教室の実践(教授主義)との対比でまとめられている。[88] そこでは、新しい情報と既有知識との関連づけ、因果関係や根拠の探究、対話による知識の構成、学習者自身による学習過程の省察といった、「深い学習」あるいは「概念的理解の深まり」（deeper conceptual understanding）に必要なプロセスが指摘されている。また、深い学習を達成するための学習方法として、協同（collaboration）や探究（inquiry）などのプロセスを重視したさまざまな学習方法が、おもに教授・学習過程に関する認知心理学を、長期的な授業研究などの方法も取り入れて発展させた学習科学（learning sciences）の領域で提案されてきている。[88]「深く考え、深く理解する」こと、すなわち「わかる」の深まりが、これからの時代の教育の主要な目標となってきているといえるだろう。

第2章 「できる」ことと「わかる」ことの違い

1 日本の子どもの学力やリテラシーの特徴Ⅰ——得点や順位に見る全般的傾向

【1】 国際比較調査に見る日本の児童・生徒の全般的傾向

２０００年頃から、国際的に子どもの学習到達度や学習を通じてどのような力が獲得されたかに対する関心が高まり、一定間隔で国際比較調査が行われるようになってきている。日本の子どもは、国際的に見て学力やリテラシー（学校で学習した知識や技能を日常生活や社会生活に活用する力）をどの程度、獲得しているのだろうか。

１９９５年から４年おきに小中学生の算数・数学、理科の学習到達度を調べている国際比較調査に、ＴＩＭＳＳ（国際数学・理科教育動向調査）がある。国際教育到達度評価学会（ＩＥＡ）が、小学校４年生と中学校２年生を対象に、小中学校の算数・数学や理科の授業で学習した内容に対応するような学力を調べており、２０１９年調査の参加国・地域は小学校で58の国・地域（約33万人）、中学校で39の

表 2-1　TIMSS に見る日本の児童・生徒の平均得点と順位の推移（2003 年以降）

		2003 年	2007 年	2011 年	2015 年	2019 年
小学校 4 年生	算数	565 (3/25)	568 (4/36)	585 (5/50)	593 (5/49)	593 (5/58)
	理科	543 (3/25)	548 (4/36)	559 (4/50)	569 (3/47)	562 (4/58)
中学校 2 年生	数学	570 (5/45)	570 (5/48)	570 (5/42)	586 (5/39)	594 (4/39)
	理科	552 (6/46)	554 (3/48)	558 (4/42)	571 (2/39)	570 (3/39)

（出典）　国立教育政策研究所ウェブサイトから作成。
（注）　（　）内の分母は，参加国・地域の数を示す。
なお，得点については，500 点が参加国・地域の平均となるように調整されている。

国・地域（約25万人）となっている。ＴＩＭＳＳでの日本の児童・生徒の平均得点と順位の推移を示したのが、表２－１である。

表２－１に見られるように、日本の小中学生は、算数・数学、理科の平均得点や国際的な順位としては上位を維持していることがわかる。他の上位国はおもにアジアの国や地域で占められており、たとえば、ＴＩＭＳＳ２０１９年調査の中学校数学で日本より上位の国・地域とその平均得点は、１位：シンガポール（６１６点）、２位：台湾（６１２点）、３位：韓国（６０７点）となっている。ＴＩＭＳＳで具体的に実施されている問題については後ほど紹介するが、ＴＩＭＳＳは学校での算数・数学、理科の学習内容の習得状況の把握を目的としているため、調査問題は解法や説明、答えが一通りに定まる定型問題（routine problem）の比率が高く、とくに算数・数学ではその傾向が強い。ＴＩＭＳＳに見られる日本やアジアの国・地域の平均得点の高さは、定型問題の解決の優位性に支えられているとも考えられる。

また、２０００年から３年おきに、高校１年生に対

表 2-2　PISA における日本の生徒の平均得点の経年変化

	2000 年	2003 年	2006 年	2009 年	2012 年	2015 年	2018 年	2022 年
数学的リテラシー	557	534	523	529	536	532	527	536
科学的リテラシー	550	548	531	539	547	538	529	547
読解力	522	498	498	520	538	516	504	516

（出典）　国立教育政策研究所（2019a）[62] などから作成。
（注）　なお，得点については，500 点が参加国・地域の平均となるように調整されている。

応する年齢（15歳）の生徒が学校教育を通じて獲得した知識や技能を日常生活のさまざまな場面で出会う問題にどの程度活用できるか（活用力としてのリテラシー）を調べている国際比較調査に、第1章でも一部を紹介したPISA（生徒の学習到達度調査）がある。OECDはこの調査を各年度、数学的リテラシー、科学的リテラシー、読解リテラシー（読解力）の3分野で実施しており、2022年調査には、81カ国・地域から約69万人の生徒が参加している。なお、年度ごとに重点分野が指定されており、問題の一部が公開されている。2000年、2009年、2018年は読解力、2003年、2012年、2022年は数学的リテラシー、2006年、2015年は科学的リテラシーが、それぞれ重点分野となっている。PISAでの日本の生徒の平均得点の推移を示したのが、表2－2である。

日本の生徒の数学、科学、読解に関するリテラシーの得点は2000年から2006年にかけて低下が見られたが、2012年にかけて上昇傾向に転じた。一方で、2012年以降、国際的に見て上位を維持しているものの、読解力や科学的リテラシーについては2012年から2018年にかけて平均得点の有意な低下が見られたが、2022年にかけては上昇傾向が見られる。[62] 全般的には、日本の高校生の読解力の水準は国際平均を底としながら変動が大きく、数学的・科学的リテラシーの水準は国際的に上位に位置するものの、アジアの国や地域の調査への参入とともに緩やかな低下あるいは維持の傾向がうかがえる。なお、数学的リテラシーに関して公開されている問題の内容を（公開年度である）2003年と2012年で比較すると、先述の定型問題の占める割合が増加しており、それが日本の水準を維持すること（あるいは、シンガポールや中国など、アジアの国や地域が上位に位置すること）につながっている可能性も考えられる。問題ごとの分析については、本章の第2節で紹介しよう。

【2】 国際比較調査に見る日本の児童・生徒の情意面の傾向

TIMSSやPISAでは、教科に対する関心や態度など、情意面を測る質問紙調査も実施されている。TIMSSについて、算数・数学、理科の学習の楽しさについて尋ねた結果を経年変化として示したのが、図2-1である。

図2-1に見られるように、教科に対する関心に関しては、小学校の理科は国際平均と同程度であるが、それを除くと「楽しい」と感じている小中学生の割合は、国際平均との差は徐々に縮まってきているものの、依然として国際平均を10%程度以上、下まわっている。とくに、中学校では「楽しい」と肯定的に答える生徒の割合が2019年度において、数学で56%、理科で70%にとどまっており、教科の学習を楽しいと感じる児童・生徒の割合がなぜ国際的に見て相対的に小さいかに関して、どのような学力を身につけているかなどとの関連で検討する必要があるだろう。

次に、PISAについて、2015年調査の重点調査分野であった科学に関する意識や態度を2006年調査の結果と比較して示したのが、図2-2である。[60]

「科学の楽しさ」については、先述のTIMSSの意識調査における中学校理科の結果と同様に、

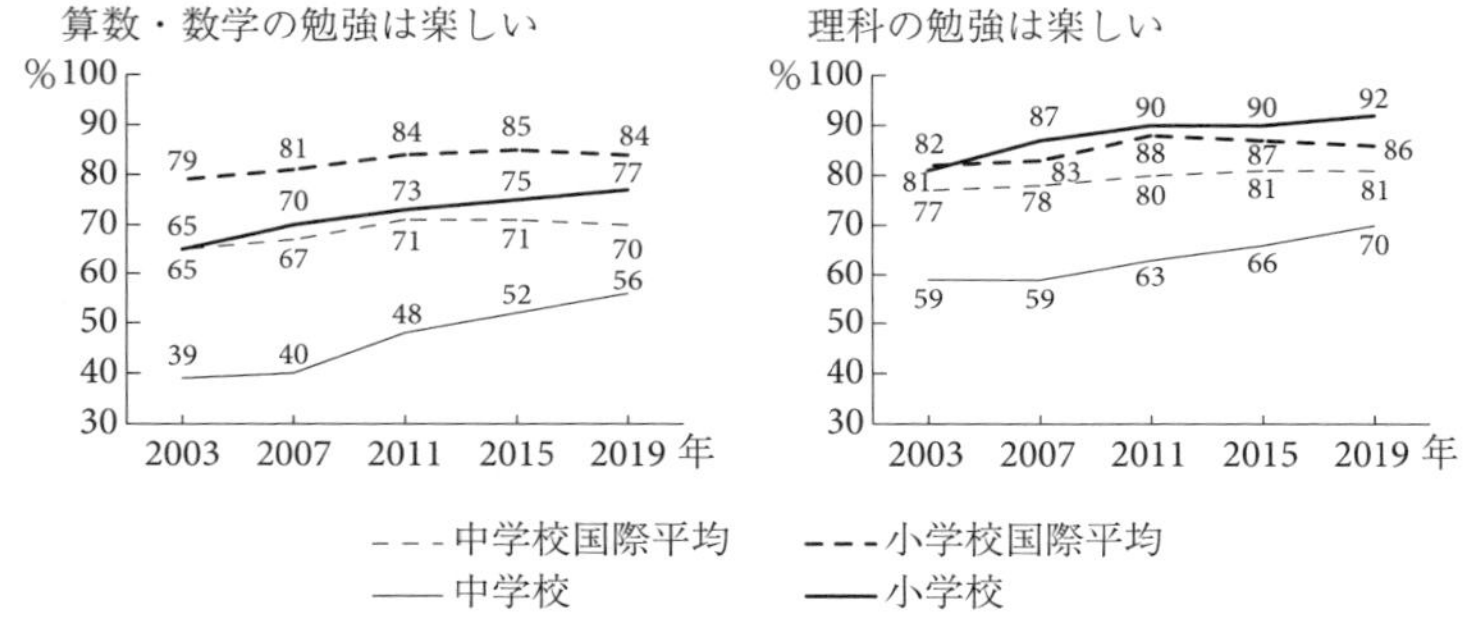

図 2-1　TIMSS に見る教科の楽しさについての意識の推移

（注）　数値は「強くそう思う」「そう思う」と回答した児童生徒の小数点第 1 位までの割合を合計し，さらにその小数点第 1 位を四捨五入したもの。

国際平均については，調査参加国・地域が毎回異なる点に留意する必要がある。

質問紙調査は 1995 年から実施されているが，項目の変化等により経年で比較できるのは 2003 年以降の調査結果になる。

（出典）　国立教育政策研究所ウェブサイト[h]。

国際平均（ＯＥＣＤ参加国・地域の平均）を高校生においても下まわっている。また、生徒が自分の将来の仕事などとの関わりで理科の有用性を認識する割合（「理科学習に対する道具的な動機づけ」）は増加し、ＯＥＣＤ平均に近づく傾向が見られるが、一方で、「科学に関連する活動」や「理科学習者としての自己効力感」といった、科学的事象に対する全般的な関心や、日常生活に関する科学的事象の説明力に対する自己意識は依然としてＯＥＣＤ平均を大きく下まわっている。２０２３年12月に結果が公開された、数学を重点調査分野とした２０２２年調査においても実生活に関わる問題に数学的側面を見出したりそれらの問題を数学的に解決したりすることについての自己効力感や学習頻度はＯＥＣＤ参加国・地域の平均と比べて低く、数学と日常生活を関連づけて考えようとする態度や志向性に全般的な課題が見られる。事実に関する知識を獲得することと、日常生活に関わる事象を説明すること（あるいは、説明しようとす

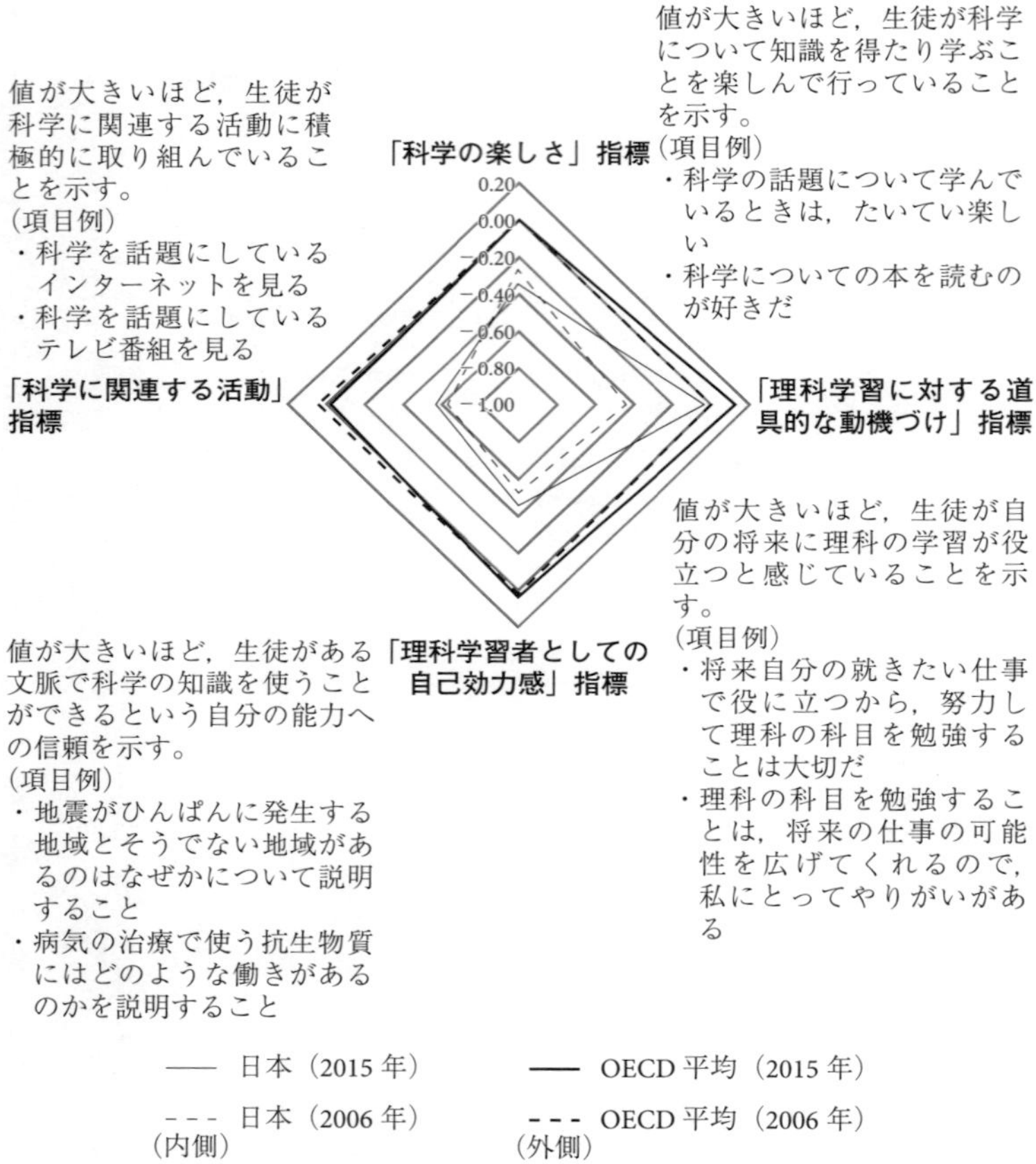

値が大きいほど，生徒が科学に関連する活動に積極的に取り組んでいることを示す。
（項目例）
・科学を話題にしているインターネットを見る
・科学を話題にしているテレビ番組を見る
「科学の楽しさ」指標
値が大きいほど，生徒が科学について知識を得たり学ぶことを楽しんで行っていることを示す。
（項目例）
・科学の話題について学んでいるときは，たいてい楽しい
・科学についての本を読むのが好きだ
0.20
0.00
−0.20
−0.40
−0.60
−0.80
−1.00
「科学に関連する活動」指標
「理科学習に対する道具的な動機づけ」指標
値が大きいほど，生徒が自分の将来に理科の学習が役立つと感じていることを示す。
（項目例）
・将来自分の就きたい仕事で役に立つから，努力して理科の科目を勉強することは大切だ
・理科の科目を勉強することは，将来の仕事の可能性を広げてくれるので，私にとってやりがいがある
値が大きいほど，生徒がある文脈で科学の知識を使うことができるという自分の能力への信頼を示す。
（項目例）
・地震がひんぱんに発生する地域とそうでない地域があるのはなぜかについて説明すること
・病気の治療で使う抗生物質にはどのような働きがあるのかを説明すること
「理科学習者としての自己効力感」指標
—— 日本（2015 年）
- - - 日本（2006 年）
（内側）
—— OECD 平均（2015 年）
- - - OECD 平均（2006 年）
（外側）

図 2-2　PISA に見る科学に対する関心・態度の変化

（出典）　国立教育政策研究所（2016）[60]。

ること）に区分して、学力を捉える必要があることがうかがえる。

2　日本の子どもの学力やリテラシーの特徴Ⅱ
――問題ごとに分析して見えてくる特徴

前節では、平均得点や順位などの面から日本の子どもの学力、リテラシーや意識の全般的傾向を見てきた。国際的に見た算数・数学や科学（理科）に関わる平均得点の高さは何を表しているのだろうか。また、教科への関心や日常生活との関わりの面での課題は何によって引き起こされているのだろうか。平均得点は、さまざまな問題に対する正答率を平均したものである。問題全体の平均得点や国際的順位だけでなく、それぞれの問題の解決プロセスを心理学的に分析し、問題ごとに正答率や無答率を検討することによって、日本の子どものリテラシーや学力の「質」、子どもの意識や関心などの問題が生起する背景が見えてくるのではないだろうか。

以上のような問題意識から、問題解決の認知プロセスに着目して各問題について心理学的な分析を行うと、次に示すような、学年・教科・年度を越えて見られる日本の子どもの学力やリテラシーの特徴が見えてくる（同様の視点から行った、国際比較調査等の分析結果については、藤村[33]や藤村他[45]にも詳述されている）。

これまでの分析結果を総合すると、日本の子どもが一般的に得意としているのは、解き方や考え方が一つに定まる問題（定型問題：routine problem）に対して、公式などの特定の手続きを適用して解決することや、問題に対する答えが一対一対応で決まるような問題に対して、その解き方や事実を記憶して再生することで解決することである。そのような定型問題に対して、一定の手続き的知識（procedural knowledge）を直接適用して解決したり、事実的知識（factual knowledge）を正しく再生したりすることについて、日本の子どもは優れている。このような「定型問題の解決」については、アジアにおける他の得点上位国・地域、たとえば、シンガポール、韓国、台湾、香港などは、日本以上に優れた成績を示してきている。

それに対して、日本の子どもにとって克服すべき課題となっているのが、考え方や解法、解釈などが多様である問題や、答え（解）が複数想定されるような問題を解決すること、すなわち、「非定型問題（non-routine problem）の解決」である。問題の文章や図表に示されている情報やそれに関連するさまざまな既有知識（prior knowledge）など、多様な知識を自分自身で関連づけながら、さまざまな方法で解決に迫ったり、思考プロセスを自分なりに表現したりすることが必要な非定型問題を、日本の子どもは相対的に苦手としている。なかでも、「問題で問われていることの本質を理解したうえで理由を説明すること」（深い概念的理解にもとづく説明）にとくに課題があり、それが問われる問題では、無答率（解答やそれに至るプロセスの記述欄に何も書かない子どもの割合）が相対的に高くなるのも日本の子どもの特徴である。

以降では、「定型問題の解決」と「非定型問題の解決」という心理学的な分析枠組みを用いて、国際比較調査（ＰＩＳＡ、ＴＩＭＳＳなど）や国内の調査（全国学力・学習状況調査）の問題ごとのデータをもとに、日本の子どもの学力の特徴を明らかにしていこう。

［1］日本の高校生の学力（リテラシー）の特質——ＰＩＳＡの分析から

ＯＥＣＤによるＰＩＳＡ（数学的リテラシー）における公開問題から、定型問題と非定型問題のそれぞれに対する日本の高校1年生の特徴を見てみよう。なお、数学的リテラシーに関する問題に関する国際平均正答率・無答率や国別の正答率などについては２０１２年調査で詳細が公開されているため[59]、同調査の公開問題を分析の対象とした。

定型問題の解決

定型問題の例として、「点滴の滴下速度」の問題（3問の小問のうちの1問）を見てみよう。点滴の滴下速度には「$D = dv/60n$」という公式がある。３つの変数（D, d, n）に対応する数値が与えられたときに、点滴量（v）はどうなるかについて、公式に与えられた数値を代入して正解を導くという問題である。

この問題に対する日本の生徒の正答率は43%（ＯＥＣＤ平均は26%）であり、日本の正答率が国際平均を20%近く上まわっている。一方で、この問題に対する日本の子どもの無答率は19%で、ＯＥＣＤ平均の26%に比べてやや低くなっている。この問題のような、与えられた関係式を直接適用して解決するタイプの定型問題を日本の子どもは得意としており、同様の傾向はＰＩＳＡの他年度の調査などにも見られる。また、他のアジアの平均得点上位国・地域も一般に定型問題を得意としており、この「点滴の滴下速度」の小問では、シンガポール（正答率64%）、香港（同54%）、韓国（同48%）のような国・地域が正答率の上位を占めている。

非定型問題の解決

非定型問題の例として「帆船」の問題（3問の小問のうちの1問）を見てみよう。これは、貨物船がディーゼル燃料を用いると1リットルあたり0・42ゼット（ゼットは仮想の単位）の費用がかかるが、貨物船に帆をつけることで燃料の消費を全体で約20％削減することが見込めるという、燃料消費削減の文脈の問題である。帆を使用しない場合のディーゼル燃料の年間消費量が約350万リットル、帆をつけるための費用が250万ゼットのとき、帆をつけるための費用をディーゼル燃料の削減量で取り戻すにはおよそ何年かかるか、計算式を示して答えを書くことが求められる。この問題の解決には、①x年かかるとして不等式を立式して解く（350万×0.42×0.20×x＞250万）、②年間削減量（350万×0.20〔L〕）または年間燃料費（350万×0.42〔ゼット〕）から年間削減費用（350万×0.42×0.20〔ゼット〕）を算出して、その値で帆をつける費用（250万ゼット）を割る、③②で求めた年間削減費用に自然数を1から順にかけていき、250万ゼットを越える最小の数を答える、といった問題解決方略が考えられる。問題解決方略（解法）に多様性はあるものの、その幅は比較的小さく定型問題に近い問題とも考えられるが、問題解決には直接、関係しない過剰情報（船長117メートル、船幅18メートル、積載量12000トン、最高速度19ノット）を含む多くの情報の中から必要な情報を抽出して関連づけて思考を構成するという点で、非定型問題の特徴を備えている問題とも考えられる（なお、PISA2012年調査では、先述のように、他のほとんどの公開問題が定型問題であった）。

この問題に対する日本の生徒の正答率は19％（OECD平均は15％）であったのに対して、無答率は38％とOECD平均（32％）をやや上まわっていた。たとえば、シンガポール（正答率38％、無答率13％）、香港（正答率37％、無答率16％）、オランダ（正答率25％、無答率9％）、韓国（正答率21％、無答率

16％）、カナダ（正答率21％、無答率21％）と比較しても、正答率が４割以下の難しい問題ではあるが、日本の生徒の無答率の高さが際立っている。このような非定型問題に対する正答率の相対的な低さと無答率の高さは、数学的リテラシーに関するＰＩＳＡ２００３年調査など、他の調査においても見られてきている傾向である。[33] なおＰＩＳＡ２０２２年調査では、日本の正答率だけが公開されているが、[65] 表に示された数値（惑星と太陽の距離）の差から該当する２つの対象を選択する問題（正答率68％）などの定型問題に比べて表に示された割合（国土面積に対する森林面積の割合）の数値から全体量（森林面積）の大小を考えられるかを判断し、理由を説明する問題（正答率18％）などの非定型問題の正答率は低く、同様の傾向が継続していることが推察される。

【２】日本の小中学生の学力の特質――ＴＩＭＳＳの分析から

第１節で見てきたように、ＴＩＭＳＳ、とくに算数・数学調査には多くの定型問題が含まれているが、多様な解法や説明が想定される非定型問題も理科調査などには少数ながら含まれている。それぞれについて、具体的な例を見てみることにしよう。

定型問題の解決

たとえば、ＴＩＭＳＳ２０１９年数学調査の「比の計算」に関する問題では、「45㎝のひもを４：５の比で２本に分ける時に短い方のひもは何㎝になるか」という文章題が選択形式（①５㎝、②20㎝、③25㎝、④36㎝）で問われている（正解は②）。この問題に対する日本の中学校２年生の正答率は82％（国際平均は54％）であり、39カ国・地域中２位であった（１位はシンガポール87％、３位は韓国81％、４位は台湾80％であった、TIMSSウェブサイト[d64]。また、TIMSS2015年数学調査の「一次関数のグラフ」に関する問題では、描いた関数のグラフが直線でy軸と3で交わっているとき、関数は①$y=x^2+3$、②$y=3x+1$、③$y=3x^2-1$、④$y=x+3$のどれかが選択形式で問われている（正解は④）。この問題に対する日本の生徒の正答率は66％（国際平均は42％）であり、39カ国・地域中1位であった（2位は韓国63％、3位はロシア60％、4位はシンガポール58％であった[61]）。前者の問題は比に関する定型的な手続き的スキルを、後者の問題は関数のグラフに関する定型的な知識を問う問題であり、算数・数学の教科書によく見られるような定型問題に対する日本や他のアジアの国・地域の生徒の解決能力の高さがうかがえる。

非定型問題の解決

非定型問題の例として、小学校4年生を対象としたTIMSS2011年理科調査の問題を見てみよう。「体積と重さ」の問題では、かさ（体積）の大きい発泡スチロール、中くらいのレンガ、小さいリンゴの絵が示され、ある子どもが「かさが大きい物ほど重い」と考えるのに対して、自分もそう思うかどうか、それはどうしてかを説明することが求められる（図2-3）。この問題の正答例としては、「いいえ」を選択し「大玉ころがしでつかう大玉よりも鉄球がおもいように、小さくても中がつまったり、金ぞくであればおもいから」という児童の記述例が示されている[58]。この問題に対する日本の子どもの正答率は45％であり、国際平均（42％）と同程度であった。他の参加国・地域では、台湾（74％）、オーストリア（74％）、フィンランド（71％）、韓国（68％）のように、正答率が7割前後の国・地域もいくつか見られた。この問題では複雑な計算スキルなどは求められていない。体積、質量、

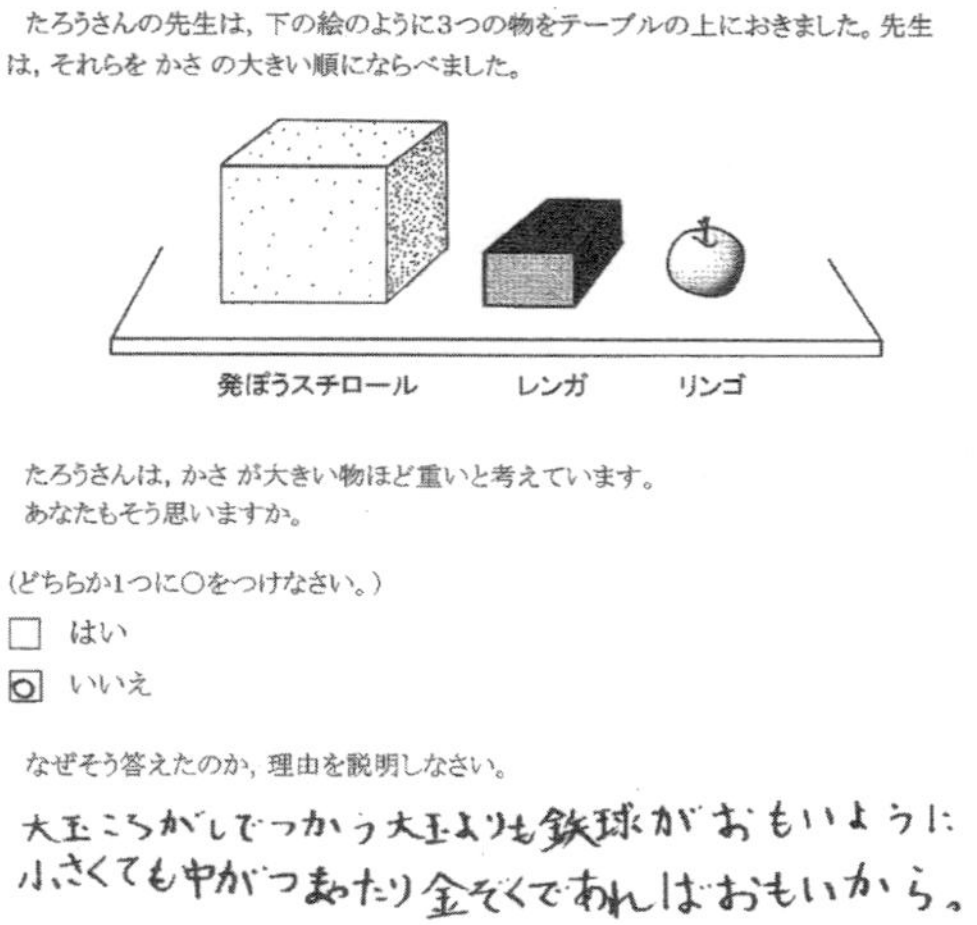

たろうさんの先生は，下の絵のように3つの物をテーブルの上におきました。先生は，それらを かさ の大きい順にならべました。

たろうさんは，かさ が大きい物ほど重いと考えています。
あなたもそう思いますか。
（どちらか1つに○をつけなさい。）
はい
いいえ
なぜそう答えたのか，理由を説明しなさい。
大玉ころがしでつかう大玉よりも鉄球がおもいように
小さくても中がつまったり金ぞくであればおもいから。

図 2-3 「体積と重さ」の問題（TIMSS 2011 年理科調査）

（出典） 国立教育政策研究所（2013a）[58]。

密度を区別して判断し、日常的事象などに関連づけて説明するという深い概念的理解が日本の子どもの場合には不十分であることが正答率からうかがえる。先述のように、フィンランドの正答率は7割台であり、とくに定量的な判断（問われた値を求めること）が求められず、日常的事象に関連づけられた定性的な判断（変化の方向性を考えること）が求められる場合の概念的理解の深さがうかがえるという点が、日本と対照的である。類似した傾向はＴＩＭＳＳ２０１９年理科調査における月の満ち欠けを示した２つの絵についてどちらが（あるいは両方が）正しいかを判断し、その理由を説明する課題（正答率はフィンランド61％、日本51％、国際平均37％）などにも見られる。[64]

同様の傾向を示すＴＩＭＳＳ２０１１年理科調査の問題に、中学校２年生を対象とした「地形図と等高線」の問題がある（図２‐４）。この問題では、２つの峰と１つの湾口がある島につ

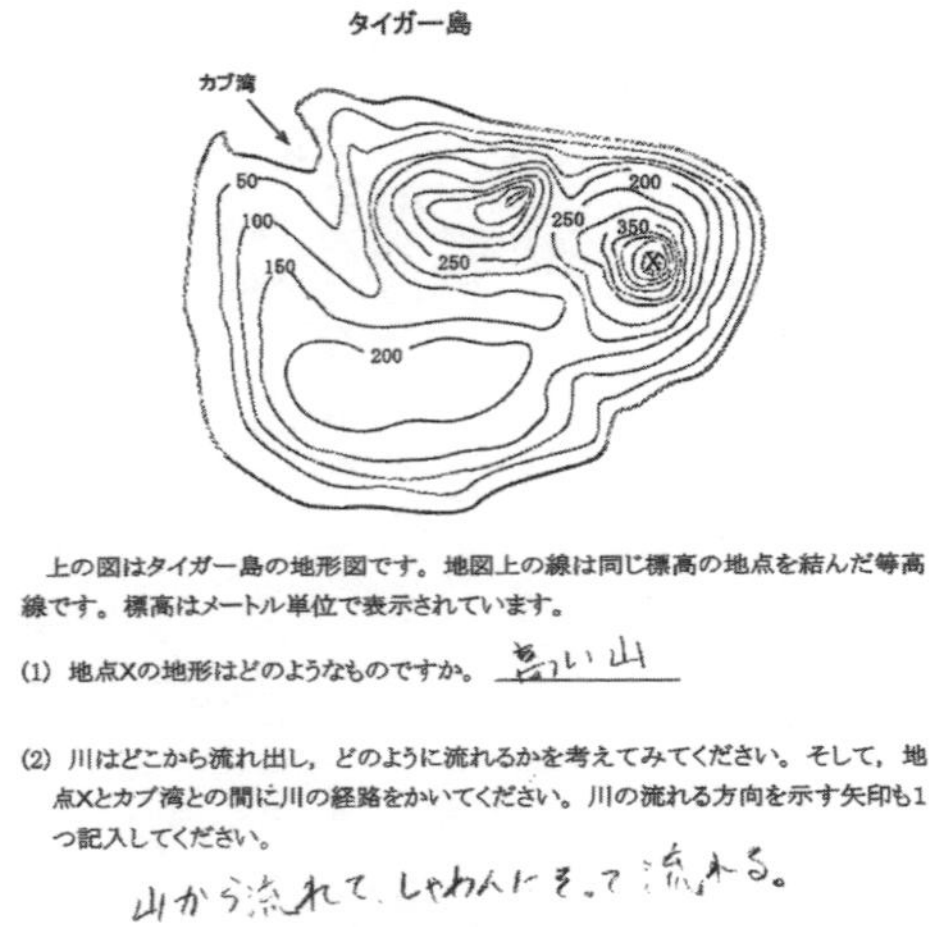

上の図はタイガー島の地形図です。地図上の線は同じ標高の地点を結んだ等高線です。標高はメートル単位で表示されています。
(1) 地点Xの地形はどのようなものですか。
(2) 川はどこから流れ出し，どのように流れるかを考えてみてください。そして，地点Xとカブ湾との間に川の経路をかいてください。川の流れる方向を示す矢印も1つ記入してください。
山から流れて、しゃめんにそって流れる。

図 2-4 「地形図と等高線」の問題（TIMSS 2011 年理科調査）

（出典） 国立教育政策研究所（2013a[58]）。

いて等高線を示した地形図が示され、「川はどこから流れ出し、どのように流れるか」を考えて、川の経路を図や文章で示すことが求められる。この問題の解答例としては、「山から流れて、しゃめんに沿って流れる」といった言葉による説明が示されている。[58] この問題に対する日本の生徒の正答率は52％であり、国際平均（38％）を有意に上まわっているが、たとえば、フィンランドの生徒の正答率は84％（42カ国・地域中1位）である。この問題は、定量的な計算が求められない、多様な解答が可能な非定型問題であり、日常的・具体的事象に関して地理学的内容と地学的内容を関連づけて統合的に理解する概念的理解（わかる学力）に関して、日本の子どもに課題があることがうかがえる。

ＴＩＭＳＳの算数・数学問題の多くは先述のように定型問題で構成されているが、一部に例外的ではあるが多様な思考プロセスの表現が可能な非定型問題も含まれている。その例として、

ＴＩＭＳＳ２０１５年数学調査の「平均点」に関する問題を見てみよう。この問題では、「太郎さんの数学の試験の最初の４回の成績は10点満点中、９点、７点、８点、８点でした。もう１回10点満点の試験があり、太郎さんは全体の平均点を９点にしたいと思っています。それは可能ですか。答えとその理由を書きなさい」のように自分自身の判断と理由づけが求められる。この問題に対する正答としては、「いいえ」を選択し、理由として「もう１回の試験で10点を取ったとしても平均点は８・４点にしかならないから」と記述する例が示されている。[61] 他の解法としては、「９点を基準にすると、２、３、４回目で、－２点、－１点、－１点となっていて、もう１回の試験で10点をとったとしても＋１点にしかならず、マイナスが残るから」といった仮平均（９点）を利用する解法や、「５回の平均点が９点ということは合計得点が５×９＝45点になるということで、すでにとっている点数を引くと、45－９－７－８－８＝13で、あと１回で13点を取ることはできないから」といった、平均と合計の関係に着目する解法など、多様な問題解決方略（解法）も想定されるだろう。本問の解決に複雑な計算スキルは要求されておらず、その点では「平均の本質」に関する理解、すなわち深い概念的理解を測るのに適した問題であると考えられる。

この問題に対する日本の正答率は45％で、国際平均の22％を統計的に有意に上まわっていたが、この問題に関する日本の順位は39カ国中６位で、シンガポール（64％）、香港（59％）、リトアニア（59％）のように60％前後の正答率を示す国が複数見られることを考慮すると、日本の中学生の「平均」に関する概念的理解や思考プロセスの表現は十分とはいえないと考えられる。なお、ＴＩＭＳＳの算数・数学の問題に関して、一般的に、やや複雑な計算スキルが要求される定型問題では、日本を含むアジアの国・地域（シンガポール、韓国、台湾、香港など）が正答率の上位を占めることが多い一方で、[34]概念的理解や思考プロセスの表現が必要な非定型問題では、この問題のリトアニアや、「体積と重さ」の問題におけるオーストリアやフィンランド、前項で紹介したＰＩＳＡの「帆船」の問題のオランダのように、ヨーロッパ諸国が上位に入ってくることも興味深い。

【3】日本の小中学生の学力の特質——全国学力・学習状況調査の分析から

ＰＩＳＡにおける２０００年から２００６年にかけての日本の高校生の読解力等の低下傾向を一つの背景として、日本では２００７年度より小学校６年生と中学校３年生を対象に、全国学力・学習状況調査が実施されてきている。調査は、毎年度実施される算数・数学、国語ともに、知識や技能を測るＡ問題と、知識・技能の日常場面等での問題解決への活用を測るＢ問題から構成されてきたが、２０１９年度からは両者が統合されて教科ごとに調査が実施されている（一定年度おきに理科や英語でも調査が実施されている）。２０１９年度以降の調査ではＡ問題とＢ問題の区分がなくなったが、以前からＢ問題に関して指摘されていたように、自分の思考過程を説明したり、複数の資料を関連づけて問題を解決したりすることに依然として日本の児童・生徒の課題が見られることが指摘されている（国立教育政策研究所ウェブサイトなど）。本項では、算数・国語に関わる定型問題と、算数・国語に関わる非定型問題を取り上げて、日本の小中学生の学力の特徴について見てみることにしよう。

定型問題の解決

小学校算数の問題（２０１９年度）では、「水の使用量」の問題に含まれる小問として、４本の棒グラフから時系列的変化の方向性を選ぶ問題（小問１）、２本の棒グラフを比較して一方の値が他方の値

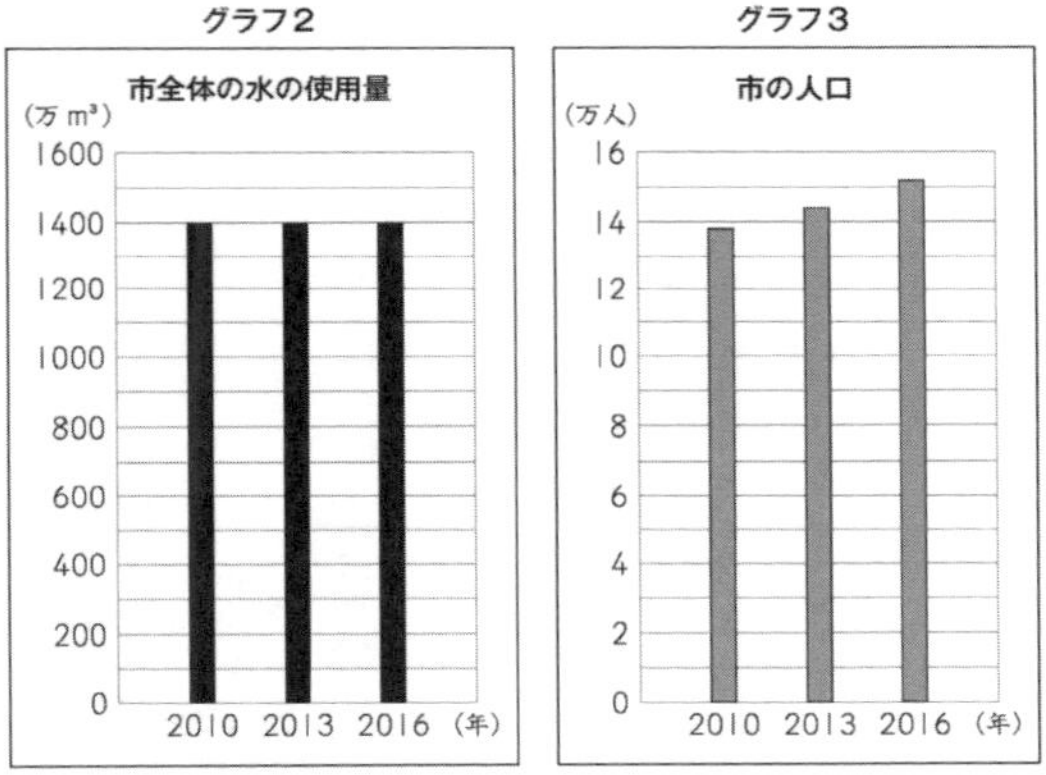

図 2-5 「水の使用量」の問題で示された２つのグラフ（2019 年度全国学力・学習状況調査）

（出典） 国立教育政策研究所ウェブサイト[g]。

の何倍かを答える問題（小問２）が実施されている。小学校６年生の小問１に対する正答率は95％、小問２に対する正答率は79％であり、ともに正答率が高かった（具体的な問題と正答率等の結果については、当該年度の小学校算数報告書[g]を参照）。以上の結果から、棒グラフで表された変化の読み取りや、倍の算出といった定型問題に対する手続き的知識（定型スキル）の水準が高いことがうかがえる。

非定型問題の解決

小学校算数の問題（２０１９年度）の「水の使用量」の問題には、単位あたり量（1人あたりの水の使用量）の概念的理解を問う非定型問題（小問３）も含まれている。この問題では、図２-５に示された「市全体の水の使用量」の変化のグラフと「市の人口」の変化に関するグラフをもとに、「２０１０年から２０１６年までの、３年ごとの１人あたりの水の使用量」について考えさせる。具体的には、１人あたりの水の使用量は、「1．減っている」「2．変わらない」「3．増えている」「4．増えたり減ったりしている」から一つを選び、その番号を選んだ理由を2つのグラフからわかることをもとに言葉や数を使って書かせる記述形式の問題である（正解の基準は、1を選び、市全体の水の使用量は変わらないが市の人口が増えていることを示すか、具体的に1人あたりの水の使用量を2010年、2013年、2016年についてグラフから算出して示すことである）。この問題に対する小学校6年生の正答率は52％であり、市全体の水の使用量が変わらないことから2を選ぶ誤答が17％、市の人口が増えていることから3を選ぶ誤答が6％の児童に見られた。本問に関して「2つのグラフを関連づけて考える」という思考の困難さが国立教育政策研究所の報告書（前掲ウェブサイト参照）等では指摘されている。一方で、本問は「単位あたり量（内包量）＝全体量／土台量」という関係をもとに全体量が一定の条件で土台量を変化させたときの単位あたり量の変化の方向性（定性的判断）と理由づけを問うことで、教科内容の本質的理解を測る非定型問題であるとも考えられることから、単位あたり量（内包量）に関する概念的理解が不十分であることも示していると考えられる。なお、2023年度の全国学力・学習状況調査にも比例・単位あたり量の理解を問う非定型問題（椅子4脚の重さが7kgのときに48脚の重さの答えと考え方を問う問題。脚数の倍数関係に着目する、1脚あたりの重さに着目するなど、複数の解法が想定される）が含まれており、小学校6年生の正答率が56％であることから、依然として概念的理解に課題があることがうかがえる（なお、単位あたり量〔内包量〕に関する概念的理解とその発達や促進可能性については、本書第4章以降で、くわしく解説する）。

　非定型問題の解決やそこで求められる概念的理解の不十分さといった傾向は、国語においても見られる。2014年度の全国学力・学習状況調査の中学校国語問題（B問題）を見てみよう（図2‐6参照）。簡単に内容を紹介すると、接着剤が物をくっつける仕組みである「アンカー効果」を説明した文章である。液体の接着剤が物の表面の凹凸に入り込む、その入り込んだところで固体になることによって両方をつなぐ「アンカー効果」について挿し絵も用いて説明している文章があり、それを読んだ後で、「切手を水に浸すと取れるようになることは、「アンカー効果」と「切手」と「液体」という言葉を用いてどのように説明できるか」を問う問題である。この問題では、説明文そのままの順序ではなく、「アンカー効果」のメカニズムを理解したうえでの逆向きの日常現象に活用して、その理由を説明できるかが問われている。この問題に対する日本の中学校3年生の正答率は18%である。日本の子どもは全般的に記述力が弱いということではない。記述型問題でも、順番に何かをつないで表現したり、文末表現を変えたりするような、答えが一つに定まるような定型問題には高い正答率を示すが、この問題のように文章全体を理解したうえで、それを他の事象に利用して、あるいは他の事象に関連づけて解決することが求められる非定型問題に弱さが見られると考えられる。同様の傾向は、2023年度の中学校国語の調査問題（現代語で書かれた「竹取物語」のどこがどのように工夫されているかについて、対応する古典の原文と比較し

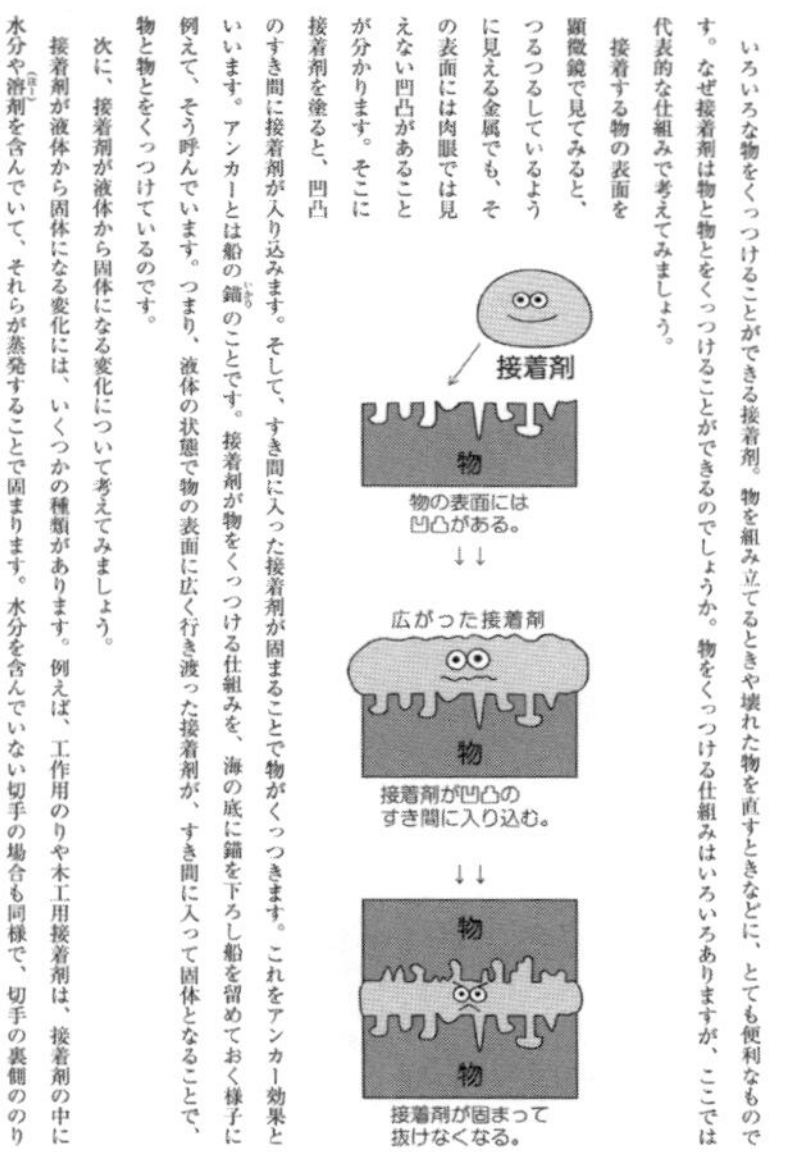
いろいろな物をくっつけることができる接着剤。物を組み立てるときや壊れた物を直すときなどに、とても便利なものです。なぜ接着剤は物と物とをくっつけることができるのでしょうか。物をくっつける仕組みはいろいろありますが、ここでは代表的な仕組みで考えてみましょう。

接着する物の表面を顕微鏡で見てみると、つるつるしているように見える金属でも、その表面には肉眼では見えない凹凸があることが分かります。そこに接着剤を塗ると、凹凸のすき間に接着剤が入り込みます。そして、すき間に入った接着剤が固まることで物がくっつきます。これをアンカー効果といいます。アンカーとは船の錨《いかり》のことです。接着剤が物をくっつける仕組みを、海の底に錨を下ろし船を留めておく様子に例えて、そう呼んでいます。つまり、液体の状態で物の表面に広く行き渡った接着剤が、すき間に入って固体となることで、物と物とをくっつけているのです。

次に、接着剤が液体から固体になる変化について考えてみましょう。

接着剤が液体から固体になる変化には、いくつかの種類があります。例えば、工作用のりや木工用接着剤は、接着剤の中に水分や溶剤(注1)を含んでいて、それらが蒸発することで固まります。水分を含んでいない切手の場合も同様で、切手の裏側ののり
接着剤
物
物の表面には
凹凸がある。
↓↓
広がった接着剤
物
接着剤が凹凸の
すき間に入り込む。
↓↓
物
物
接着剤が固まって
抜けなくなる。

図 2-6 「接着剤」の問題で示された問題文と図版（2014 年度全国学力・学習状況調査）

（出典） 国立教育政策研究所ウェブサイト。

て記述する問題。正答率51％）などにおいても一貫して見られてきている。

［4］具体的な問題に見る日本の子どもの特徴――定型問題の解決と非定型問題の解決

本節の小学生～高校生に対する具体的な調査問題とそれに対する正答率等の分析で見てきたように、一定の手続き的知識・スキルや事実的知識を直接適用して定型問題を解決することについては日本の子どもは全般的に得意としており、その傾向は、シンガポール、韓国、台湾など、アジアの他の国・地域においても顕著である。それに対して、多様な考え方（解法、解釈、説明、表現など）が可能な非定型問題に対して、自分で知識を関連づけて思考プロセスを表現したり、諸事象の本質を理解したりする、非定型問題の解決について、日本の子どもは相対的に苦手としている。そのような日本の子どもの学力面での特徴は教科を越えて２０００年代以降、一貫して見られてきているものであるが[33]、その傾向が２０１０～２０２０年代においても依然として見られることが、これまでに見てきたようなさまざまな調査結果の心理学的分析からうかがえる。

3　認知心理学の視点からの学力モデル――「できる学力」と「わかる学力」

第1章で説明した表1-1では、「伝統的な教室の実践」の特徴として、理由や過程を理解せずに事実を記憶したり手続きを遂行したりすることが挙げられているが、理由や過程の理解を求めないという学習プロセスは別として、知識獲得の研究において手続き的知識の獲得過程と宣言的知識や概念的知識の獲得過程が区別されてきたように、獲得される知識等の内容とその獲得過程によって教育目標

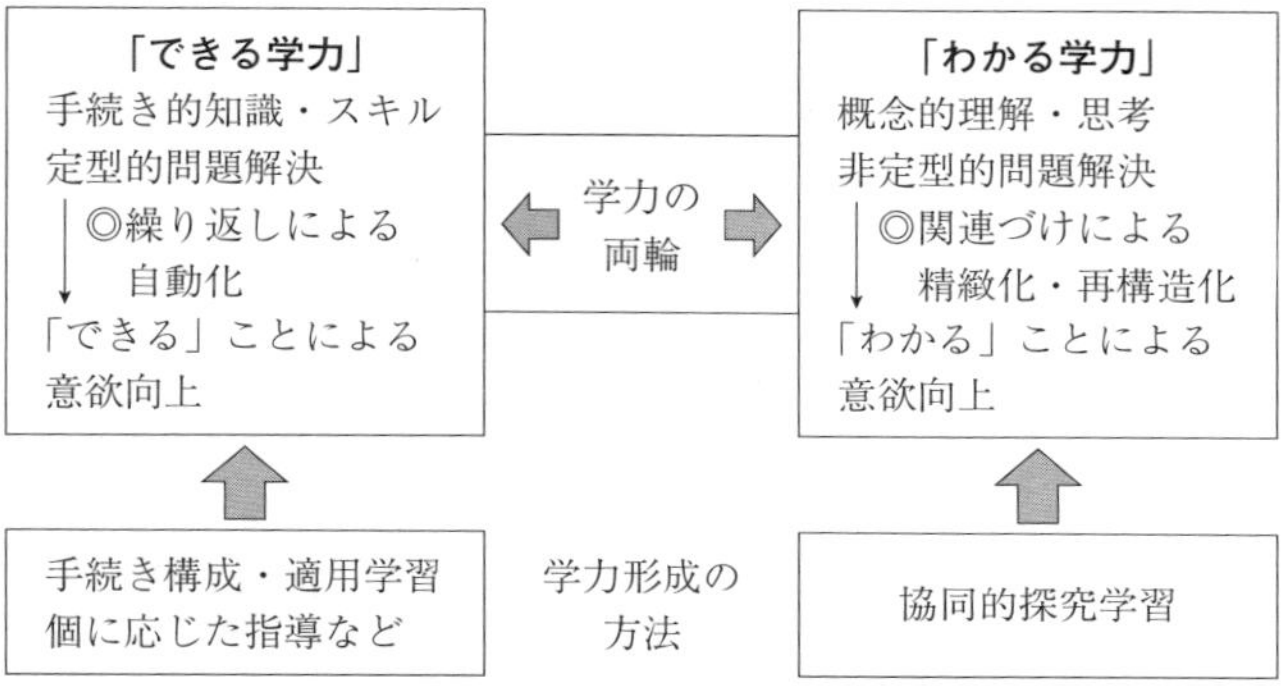

図 2-7　学力の心理学的モデル

（出典）　藤村（2012[33]）。

とそれを達成するための学習方法を区分できると考えられる。

図２－７では、そのような心理学的視点から教育目標としての学力が、手続き的知識・スキル（procedural knowledge and skills）の獲得と概念的理解の深まりに区分され、両者の形成過程と、その形成に有効と考えられる学習方法が対比的に示されている[33]。解決方法が一つに定まる定型問題に対する手続き的知識・スキルの獲得メカニズムは、繰り返し（反復）による自動化（automatization）である。そのような手続き的知識・スキルや、問いと答えとしての知識との対応が一対一に決まる事実的知識を「できる学力」と表現する。「できる学力」については、ある手続きが適用可能な同種の定型問題に繰り返し取り組むことにより、その手続きの適用がより正確で速くなり、十分な注意を向けなくてもできるようになっていく。

一方で、多様な知識を関連づけることによる概念的理解（conceptual understanding）やそれに関連する思考プロセスの構成や表現、それらを通じた非定型問題（多様な解、解法、解釈などが可能な問題）の解決、すなわち表１－１の「深い学習」に対応する内容が「わかる学力」として想定されている。概念的理解の深化メカニズムは、多様な知識の関連づけによる知識構造や思考の枠組みの精緻化（elaboration）や再構造化（restructuralization）である。既有知識と新たな知識を結びつけ、また既有知識どうしに新たな結びつきを見出すことで、物事を捉える枠組み（知識構造）を変化させていくことが「わかる学力」の形成（概念的理解の深化）の本質であると考えられる。

以上のような2種類の学力の形成が、学校教育の中心的な目標となると考えられる。「できる学力」は、日本の学習指導要領（２０１7年改訂）における知識・技能に対応すると考えられる。一方、「わかる学力」は、学習指導要領における思考力・判断力・表現力に対応すると同時に、さらに第1章第3節で述べた、認知心理学や学習科学の研究が提案してきた「深い理解」も含むものである。さらに見方を変えれば、「わかる学力」は、第1章第1節で述べた、これからの社会において重要な力となる「多様な知識を関連づけることを通じた非定型問題を解決する力」にも対応する。

4　学習意欲と学習観の位置づけ

学習に関する側面の一つに学習意欲がある。これに関連する内容は、日本の学習指導要領（２０１7年改訂）では「主体的に学習に取り組む態度」のように表現され、さらに多様な他者と協同で取り組む協調性や自律性なども含めた「学びに向かう力、人間性」として目標とされている。学習意欲を一時的に高めることだけであれば、ゲームや競争といった活動を導入することも有効かもしれないが、持続的な学習意欲は、第3節で述べた「できる学力」や「わかる学力」が高まっていくことと並行して向上していくと考えられる。心理学的には、「できる学力」と「わかる学力」では、その形成を通じて高まる意欲の種類も異なると考えられる（図2－7）。「できた」という経験は、手続き的知識・スキルが自動化することで、より速く、より正しく答えようという意欲（定型的熟達化に対する志向性）を高めるであろう。そこには、他者との競争や以前の自分との比較が動機づけとして働くこともあるかもしれない。一方で、知識を関連づけて「わかった」という経験は、知識構造や物事を捉える思考の枠組みが再構造化されることで知的好奇心や内発的動機づけが喚起され、もっとわかりたいという意欲を高めるであろう。そこでは、知識の提供者として、自分が説明する相手として、あるいは探究のためのパートナーとして、協同する他者が重要な役割を果たすであろう。

学校内外での「できる学力」や「わかる学力」の形成過程を通じて、学習に対する個人の信念としての学習観（views of learning）も形成される。[30,36] 学習観は、問題解決や理解、記憶などの認知プロセスをモニターし、制御するメタ認知（metacognition）の一側面であり、学習観の種類によって問題解決等の認知プロセスが影響を受けるという関係にある。

学校や学校外で、手続き的知識の獲得とその適用（できる学力）が過度に重視されると、「正しい解法と答えはただ一つであり、それを暗記し、思い出して書かなければならない」といった「暗記・再生」型の学習観が形成されると考えられる。[30] たとえば、数学の学習に関しては、「数学の問題は解法を知らなければ考えても仕方がない」「数学の授業で良い成績を取るために重要なのは暗記である」といった信念が形成される傾向にあることが指摘されてきている。[90,91] そして、この「暗記・再生」型の学習観をもっていた場合には、以前に学習した手続きを直接適用して解決できない問題に対しては、解法を新たに考案しようとしないために、結果として無答となることも考えられる。第2節で見てきたように日本の子どもが非定型問題を相対的に苦手としていることや、日本の子どもの非定型問題に対する無答率が高いという背景には、手続き的知識や事実的知識の獲得・適用（できる学力）が相対的に重視され、非定型問題をスタートとして多様な解法や説明を子ども自身が考案する学習（わかる学力を高める学習）があまり行われてきていないという可能性が推察される。第1章で見てきた「深い理解」や「深い思考」を重視する国際的動向や、その動向に対応した日本の学習指導要領の改訂は、そのような状況に対して改善を図る方向性を示しているとも考えられる。

一方、この「暗記・再生」型の学習観に対立するものとして想定される学習観が、概念的理解や思考のプロセスを重視する「理解・思考」型学習観である[30]。その学習観は、「解や解法、またそれらの表現方法は多様である。自分自身の知識や他者が示した新たな情報を活用しながら自由に考えを構成し、そのプロセスを自分の言葉や図式で表現して他者と共有することが学習である。そして、そうした知識の構成プロセスを通じて物事の本質を深く理解することが重要である」と考えるような個人の信念である。個々の児童・生徒において、「わかる学力」が形成されると、その形成に寄与した学習の有効性についての意識が高まり、「理解・思考」型学習観というメタ認知の側面も高められることが想定される。

5　「できる学力」と「わかる学力」をいかに高めるか

第2節で述べたように定型問題に対する「できる学力」と非定型問題に対する「わかる学力」では、学力形成の心理学的プロセスが異なるため、それぞれの形成のために有効な学習方法も異なってくると考えられる（図2-7）。

「できる学力」の形成に関しては、反復による自動化が一定程度、必要であるため、定型問題に対する一連の解決手続きについて例題等に対する教師と子どもたちとの対話を通じてクラス全体で確認した後に個々の子どもがその手続きの適用練習を行う学習（手続き構成・適用学習）や、それぞれの子どもの手続き的スキルの獲得を確実にするための少人数指導などの「個に応じた指導」など、従来、日本の学校で行われてきている学習方法が有効性をもつと考えられる。実際に、手続き構成・適用学習に「個に応じた指導」の一形態であるティーム・ティーチングを組み合わせた学習方法による小学校算数の継続的授業が、計算や文章題解決に関わる「できる学力」の向上に有効であることが示されている。[43]

一方で、「わかる学力」の形成には、先述のように多様な知識を関連づけることによる知識構造や思考の枠組みの精緻化や再構造化が重要となる。そのためには、子ども自身が非定型問題に対して探究を通じて多様な知識を関連づけること（個別探究）や、クラス内の他者との協同を通じて自分や他者が有する多様な知識や思考を活用して関連づけること（協同探究）を組み込んだ学習方法（後述する「協同的探究学習」）が有効性をもつと考えられる。そのような学習方法のプロセスや効果の詳細については、本書の第9章で詳述する。

6 「できる」ことと「わかる」ことの違い——本章のまとめと、後に続く章の展開

本章では、学力やリテラシーに関する国際比較調査や国内の学力調査で実施されてきた問題の1問1問の心理学的分析から、日本の児童・生徒は、手続き的知識・スキルを適用したり、事実的知識を

再生したりして、解や解法が一つに定まる「定型問題」を解決すること（「できる」こと）には全般的に優れているが、多様な考え方が可能な「非定型問題」に対して、多様な知識を関連づけて思考を構成して、その解決プロセスや判断理由などを表現したり、多様な知識を関連づけて諸事象の概念的理解を深めたり（本質を理解したり）すること（「〔深く〕わかる」こと）に課題が見られることを明らかにしてきた。そして、前者については、定型問題に対して特定の手続き的知識・スキルを反復して適用することによる自動化によって促進が図られる一方で、後者の促進には、多様な知識が関連づけられることによる知識構造や思考の枠組みの精緻化や再構造化が求められることを、認知心理学の視点から提起してきた。

それでは、とくに日本の児童・生徒にとっての課題である「わかる」こと、すなわち深い概念的理解に関して、その中核的メカニズムである「知識構造や思考の枠組みの精緻化や再構造化」について、どのように捉えたらよいのであろうか。後続の第3章では、発達心理学や教育心理学の領域における概念変化や概念発達に関する先行研究をもとに、「精緻化や再構造化」が行われる契機や過程、すなわち「わかる」ことが深まるメカニズムについて検討する。そして第Ⅱ部（第4章～第7章）では、日常経験などを通じて多様な知識が関連づけられることによる長期的な「精緻化や再構造化」のプロセス、すなわち「わかる」が深まる発達プロセスについて、筆者が行ってきた実証的研究にもとづいて詳細に明らかにする。さらに第Ⅲ部（第8章～第10章）では、子ども自身の探究、他者との協同解決、短期的・長期的な授業実践などを通じて多様な知識が関連づけられることによる「精緻化や再構造化」のプロセスやそれらが促進される契機や前提条件、すなわち「わかる」の深化メカニズムについて、筆者が共同研究者と行ってきた実証的研究などにもとづいて明らかにする。

第3章　わかるプロセスを読み解く

1　理解が深まるきっかけは？

人間が理解を深めるきっかけ（契機）や理解を深めていくプロセスについて、発達心理学や認知心理学、教科教育学の領域では、概念変化（conceptual change）や方略変化（strategy change）をキーワードとして、1980年代頃から研究が進められてきた。概念的理解が深まる契機にまず着目すると、研究の進展とともに、大きく分けると3つの考え方が見られてきている。それをまとめたのが図3－1である。それぞれを順に見ていくことにしよう。

【1】「失敗」を重視する考え方――認知的葛藤の重視

人間のもつ考えがどのように変化するかについての認知心理学領域の研究は、1980年頃から、初心者（novice）と熟達者（expert）を対比する研究などにもとづいてスタートした。そこでは、ある

1. **失敗**が重要（failure driven）（Posner et al., 1982 など）

誤概念 → **誤り**の認識（認知的葛藤） → 正概念
↑
予測と結果の矛盾（実験，観察など）

誤りの認識だけで正概念に移行？

2. **成功**が重要（success driven）（Kuhn, 1995; Siegler, 1996 など）

正概念 A（非効率的） → **効率性**の認識 → 正概念 B（効率的）
↑
解決可能な課題の反復

正概念を最初からもつ場合は限られる？

3. **部分的成功**が重要（partly success driven）（Clement, 2013; Fujimura, 2001; Rittle-Johnson & Star, 2007 など）

部分的正概念（限定的に有効） → **関係性**の認識 → 包括的正概念（全般的に有効）
↑
知識の関連づけ（個人内，個人間＝協同）

どう関連づけを促す？

図 3-1　概念的理解が深まる契機 —— 心理学における 3 つの考え方

領域について学びはじめた初心者と専門性を高めている熟達者では、その領域に関する知識構造が大きく異なることが示されている。

それらの研究の一つとして、物理学の熟達者（物理学科の大学院生）と初心者（力学の授業を1学期間履修した大学生）に対して、「斜面」に関して、できるだけ多くの話をさせて知識の構造を推定したところ、図3－2に表されるような違いが見られた。[9] 初心者の場合でも斜面に関して多くの概念が関連づけられているが、その関連づけの仕方は、まず平面の長さやブロックの質量など表面的な特徴に着目し、最後の方でエネルギーの保存則を指摘するといったものであった。これに対して、熟達者の場合は「斜面」からすぐに「力学の原理」「エネルギーの保存則」「ニュートンの力の法則」といった基本的な原理を指摘し、それと同時に法則の適用条件（加速している場合とそうでない場合）についても述べていた。熟達者の場合には、物理学における本質的な原理や法則が、それらの適用可能性に関する知識と関連づけられて構造化されていると考えられる。

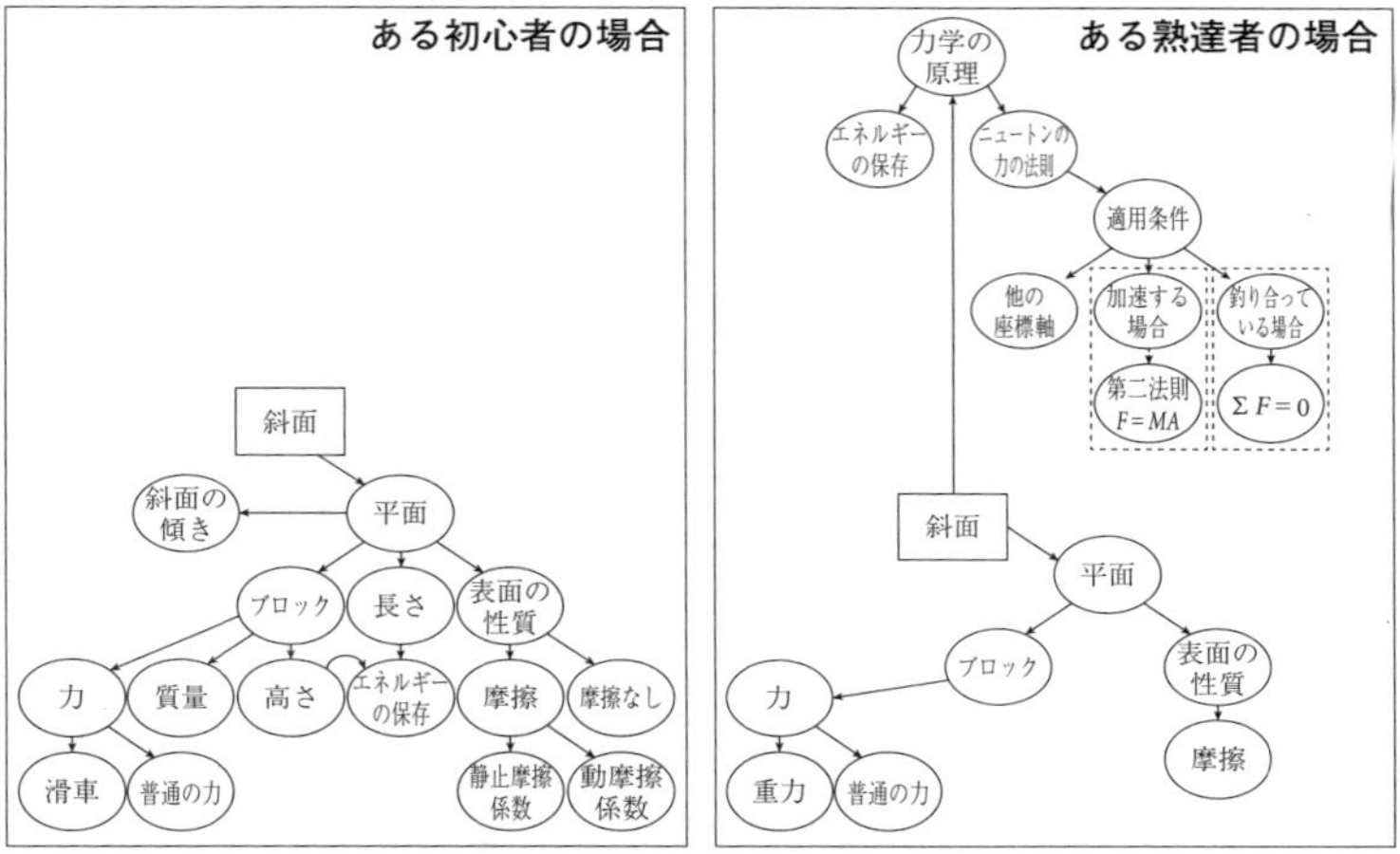

図 3-2　初心者と熟達者の知識構造の対比

（出典）　Chi et al.（1981[9]）。

1980年代の多くの研究では、先述の研究のように、物理学（とくに力学）の領域などで初期の学習者のもつ強固な誤概念（misconception）や前概念（preconception）など、学習者の考えに含まれる誤りの部分、すなわち適切な科学的概念と対比して異なる部分が強調されていた。[80] そしてそのような科学的に見た場合の「誤った概念」を修正する方法として1980年代を中心に主張されてきたのが、学習者に誤概念にもとづいた予測を行わせ、それとは異なる結果を実験や観察を通じて示すことで、学習者の認知的葛藤（既有知識の不整合な状態）を喚起し、その認知的葛藤を解消できるような科学的概念（正概念）を獲得させるという方法であった。[80] その方法は、学習者に自身の「誤った概念」を表現させて、それによる「失敗」を意識させることから、失敗にもとづく方法（failure driven strategy）とも呼ばれている。[97] 日本の、とくに理科教育における仮説実験授業[52]などの学習方法も、実験や観察の前に予測を行わせるとともに根拠にもとづく討論を行うといった点では異なる有用なプロセスを含んでいるが、実験や観察によって事前の予測とは異なる結果を学習者に示す点では、認知的葛藤を生じさせる方法の一つと考えられる。

【2】「成功」を重視する考え方――反復による効率化の重視

以上に示したような主張に対して、認知的葛藤を生じさせるだけでは概念変化には至らないことが、1990年代に入ると指摘されるようになる。[97,108] 人間のもつ素朴な信念や概念の特質として、予測と異なる結果を提示され認知的葛藤が喚起されたとしても、その結果を無視したり、概念の部分的修正にとどまったりする場合も多いことが研究結果とともに主張されるようになる。

そのような考え方から、学習者のもつ知識や考えのうちの誤っている部分よりも適切な部分に着目し、それにもとづく問題解決方略を用いて「成功」させるなかで、より効率的な方法を学習者自身に探索させていくアプローチが1990年代以降に見られるようになる。そのような方法は「成功にもとづく方法」(success driven strategy) と呼ばれ、また子どもに何度も繰り返し同種の問題に取り組ませるなかで、より効率的な方略が発見されていくプロセスを分析する方法は、マイクロジェネティック・アプローチ (微視発生的方法：microgenetic approach) と呼ばれている。[66,108]

マイクロジェネティック・アプローチによる研究の一つを紹介しよう。簡単な整数のたし算の解決過程を明らかにするために、4、5歳の子ども8名に対して、1週間に3回 (1回につき約7問)、11週間にわたって、たし算の問題が示され、1問ごとにその解法を説明させるというマイクロジェネティック・アプローチを用いて、子どもの方略発見の過程が分析された。[102] 図3-3は、1人の子どもの

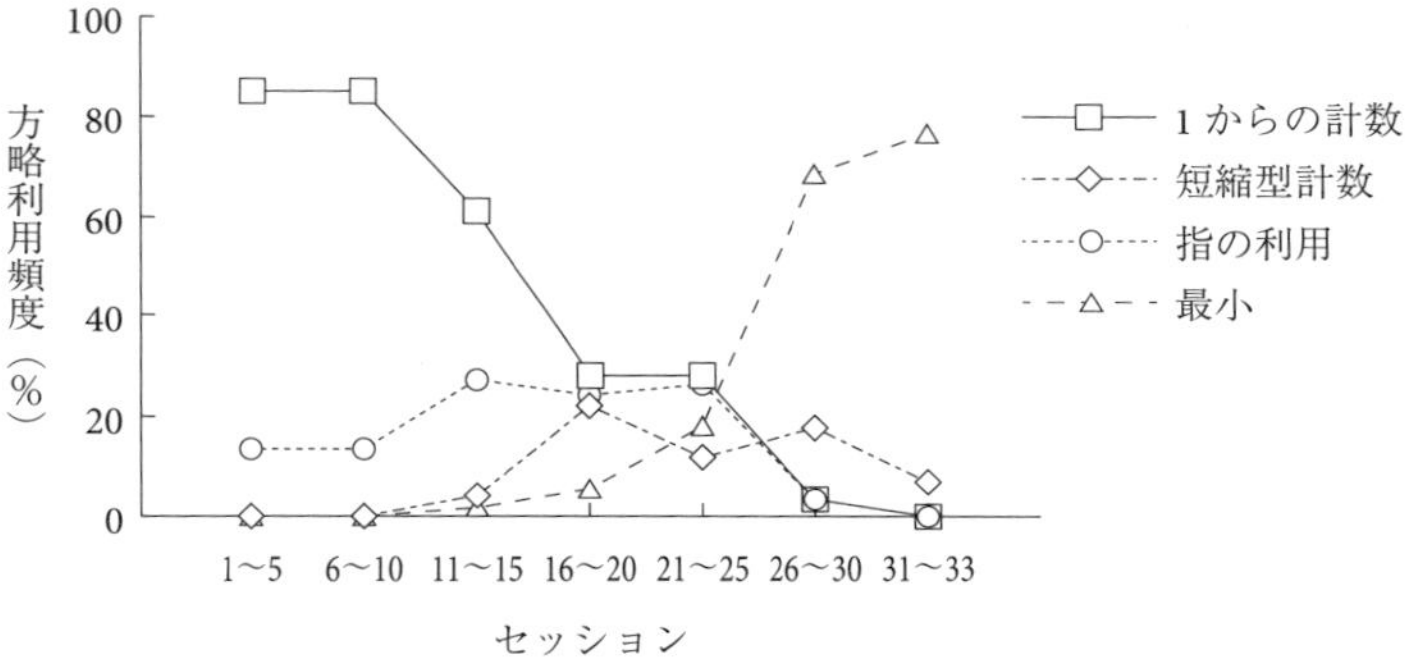

図 3-3　1人の子どものたし算についての方略の変化

（出典） Siegler（1996）[97]。

たし算に関する問題解決方略が変化していく様子を時系列的に表したものである。

たとえば、「3＋9」のような簡単なたし算については、「1からの計数方略」（1、2、3、1、2、…、8、9、1、2、…、11、12のように、1から数えて確認する方略）、「短縮型の計数方略」（1からの計数方略の最初の2つのプロセスを省略し、1、2、…、11、12のように1から数える方略）、「指の利用」（指を用いて計数を行う方略）、「最小方略」（被加数と加数を逆転させて、9、10、11、12と3つ数えたす方略）などの問題解決方略が想定される。図3－3に示されるような問題解決方略の利用率の変化の分析から、①1人の学習者において、同時期に複数の問題解決方略が用いられること（方略の多様性）、②初歩的な「1からの計数方略」から効率的な「最小方略」へと問題解決方略が緩やかに変化すること（方略変化の漸進性）、③短縮型の計数方略という中間型の方略が一時期に見られること（変化を媒介する移行的方略の出現）などの知見が示されてきている。また、以上のような知見は、数のたし算以外に、数の保存、対象の分類など、児童期に入る頃に獲得されるとされてきた概念や思考[79]をテーマに、幼児期から児童期にかけての子どもを対象としたマイクロジェネティック・アプローチによる研究によって、幅広く示されてきている。[99]

【3】「部分的成功」を重視する考え方——関連づけによる精緻化・再構造化の重視

第2の「成功にもとづく方法」は、子どもが用いている問題解決方略には、同じ年齢であっても、また同じ子どもであっても問題の内容や場面・状況によって多様性があること（個人間・個人内の方略の多様性）、より効率的な問題解決方略が、以前から用いられていた、具体的ではあるが効率的でない方略と急速に置き換わるのではなく、それらの方略が共存しながら徐々に方略の利用率が変化していくこと（方略変化の漸進性）など、子どもの思考がどのように変化していくかについての新たな知見を示してきた（図3－3）。一方で、子ども自身が日常経験などを通じて初期から（効率的ではなくても多くの問題を解決可能な）適切な問題解決方略をもっていたり、同種の問題に繰り返し（100試行以上）取り組むことでみずから方略を効率化できたりするような概念や思考は、一般に学校教育では小学校低学年までに学習が行われるような、簡単な整数の加減法や大小比較、文字の読み書きなど一部の内容に限られており、反復による効率化を特徴とする「成功にもとづく方法」が思考や理解の深まりに有効な範囲は限られていると考えられる。

そこで、おもに2000年以降に研究が進められてきているのが、子どもの既有知識のうちで部分的な適切性をもつ知識を利用しながら、事象を説明するモデルや問題解決方略を精緻化、再構造化していくアプローチである。そのアプローチでは、子ども自身が部分的な有効性をもつ既有知識を用いて一部の課題に成功することを出発点にしていることから、筆者は、「部分的成功にもとづく方法」

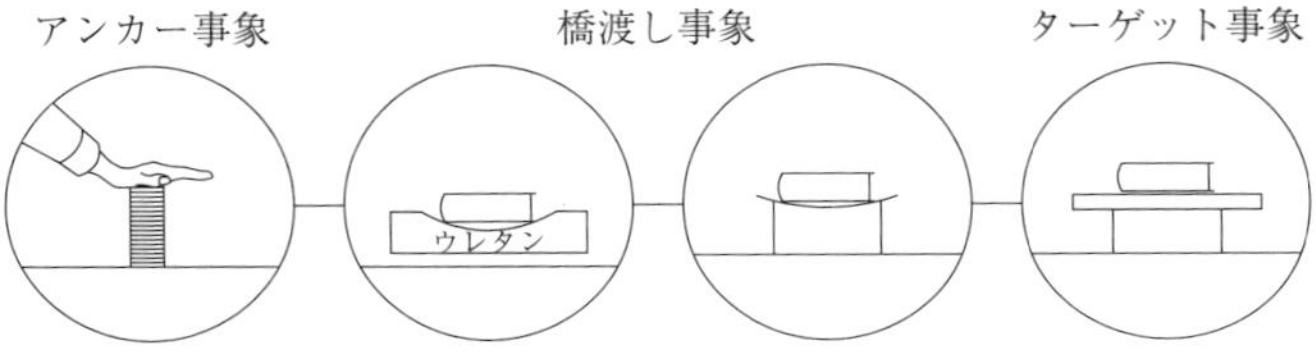

図 3-4　力学を理解するための橋渡し方略

（出典）　Clement（2013）[11]。

（partly success driven strategy）と呼んでいる。そのようなアプローチの一つの例が、力学領域で提案された橋渡し方略（図3-4）である。[10] 一般に、机の上に置かれた本に対して本を支える面から働く垂直抗力（ターゲット事象）を理解することは難しいが、人がバネを押し下げたときに手に力が働くこと（アンカー事象）について学習者は適切な既有知識を有しており、ウレタンの上や薄い板の上に重い本が置かれているという橋渡し事例について推理することを通じて垂直抗力を理解することが可能となる。

さらに、上述の橋渡し方略を発展させた、説明モデルについての進化的アプローチ[11]では、素朴概念と矛盾する事象等を経験させて不一致（dissonance）を経験させたり、より適切なモデルの必要条件を意識させたりする（制約：constraints）と同時に、適切な既有知識（prior knowledge）を関連づけさせたり、適切なアナロジー（類推）を機能させたりすることで、モデルを漸進的に修正し、その根拠を与えていくことで目標となるモデルに到達させることが提案されている（図3-5）。具体的な事例としては、電池とつながっている電気回路だけが電気を発生させるというモデルをもっていた学習者が、電池とつながっていない回路中の大容量のコンデンサーから放電されたときに一時的に電球が光ることなど、当初のモデルと一致しない事象を経験するとともに、その事象について圧力のかかったタイヤから空気が放出される事例との類推で包括的に理解を深めることや、肺の仕組みについて、最初は中空の単

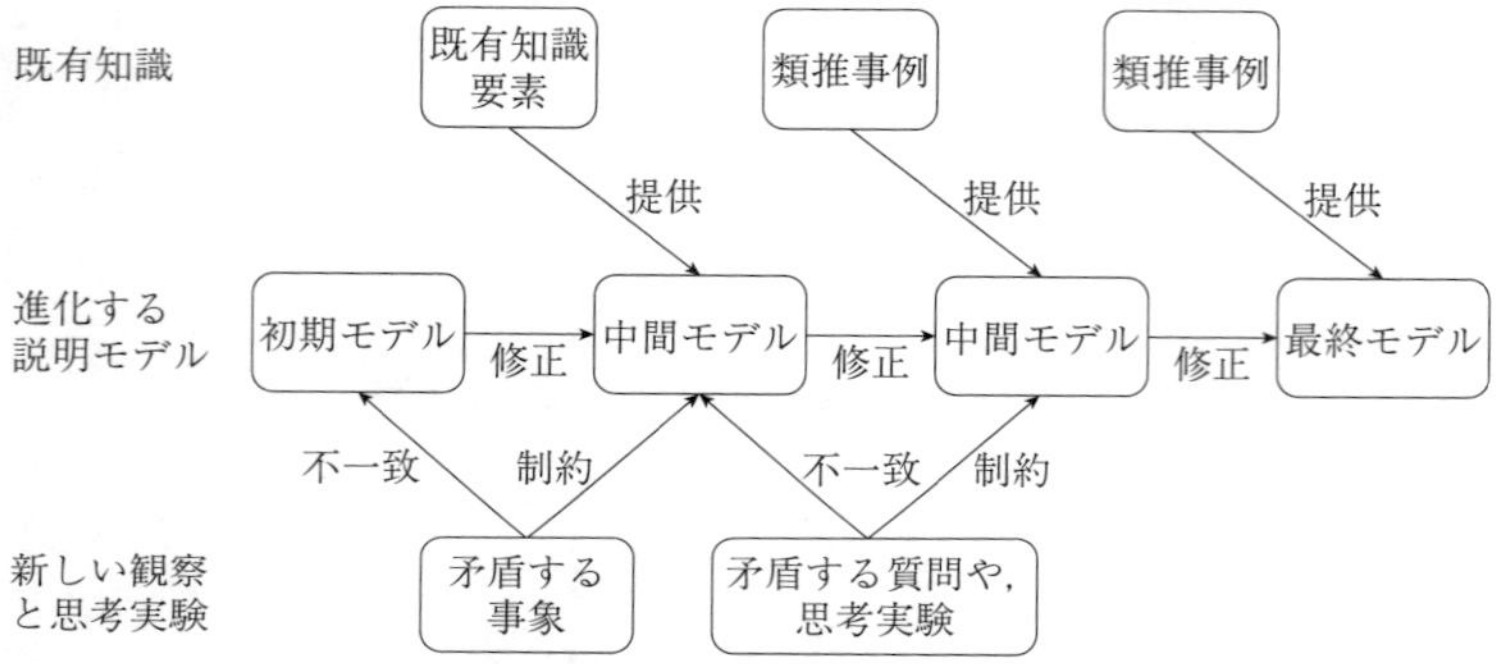

図 3-5　説明モデルについての進化的アプローチ

（出典）　Clement（2013[11]）。

純な器官を考えていた学習者が、酸素の吸収の効率性を考えたり、身体の毛細血管と肺の毛細組織との類似性を考えたり、肺中の小さな球状の中空組織の機能についてブドウの茎と実の関係との類推で考えたりすることなどを通じて、肺胞を含む肺の全体構造を図で説明できるようになることなどが示されている。

このように、子どもがもつ、部分的な適切性を有する既有知識を利用しながら概念や方略を変化させていくアプローチ（部分的成功にもとづく方法）に位置づけられる研究が、とくに2000年以降の心理学研究に見られるようになってきている[25,85,113]。そのアプローチの特徴は、図3-1の3のプロセスに沿って考えると、①子どもが、自分自身が有する部分的な有効性をもつ既有知識（部分的正概念）を利用して思考を構成し限定的な問題（多様な思考が可能な非定型問題）の解決に成功すること、②個人内で、あるいは個人間で、多様な問題解決方略や説明の関連性を考えたりしながら、その問題解決に関連する多様な知識や思考を関連づけて知識構造や思考の枠組みの精緻化を図ること、③その関連性の意識にもとづいて、全般的な問題（理解の深化や思考の般化が求められる非定型問題）の解決を図り、既有の知識構造や思考の枠組みを再構造化して包括的な知識構造（包括的正概念）や思考の枠組みを構成していくことにある。本書の第8章～第10章では、筆者らが行ってきた具体的な実証的研究を中心に、一人ひとりの児童が行う個別の探究（個別介入研究）、児童・生徒のペアによる取り組み（協同解決研究）、小中学校における短期的・長期的な授業の構成（実践協同研究）などを通じて、学習者の「部分的成功」を重視するアプローチにより、どのように一人ひとりの概念的理解が促進されるか、そのプロセスにはどのような特徴が見られるかについて明らかにしていく。

2　「部分的成功」を重視する考え方の発達的起源――「わかる」の発達プロセス

第1節で見てきたような、それぞれの子どもの既有知識を出発点に多様な知識を関連づけていくことを中心とする「部分的成功にもとづくアプローチ」は、発達心理学領域の諸研究を背景としている。その歴史的な経緯について紹介しよう。

【1】　構成主義の考え方

まず、全般的な背景をなすのが、ピアジェ（J. Piaget）によって提唱された「構成主義」（constructivism）の考え方である。[79] 構成主義のアプローチでは、物事を捉える認知的枠組み（認知心理学の用語で表現すれば、知識構造）は、主体が対象に働きかけることを通じて能動的に構成するものであると捉えられる。その捉え方の背景にあるのは、発達主体の環境に対する適応（adaptation）である。発達主体としての子どもは、環境に働きかけることを通じて、既存の認知的枠組みが適用される範囲を拡大し

（同化：assimilation）、一方で、既存の認知的枠組みに適合しない対象に対しては、認知的枠組み自体を修正する（調節：accommodation）。このようなプロセスを通じて、対象を捉える認知的枠組み（知識構造）は、より適応的なものへと再構成（再構造化）されていく。上述のプロセスのうちの「既存の枠組みに適合しない対象」に対する「認知的葛藤（あるいは矛盾）」の役割を強調したのが、第1節で紹介した「失敗にもとづく方法」であると考えられるが、一方で、構成主義のアプローチでは、認知的枠組みの漸進的な変化（同化と調節を通じた、部分的均衡から全般的均衡への移行など）のプロセスが想定されていることから、既有の知識構造で部分的に成功していることを前提とした、認知的枠組みの包括的な再構成プロセスや、知識構造の再構造化プロセスとして発達過程を捉えられるのではないかと考えられる。

[2] 概念変化の初期的研究——領域ごとの素朴概念の特質

以上で紹介してきたような、ピアジェの発達理論（発生的認識論）を背景としながら、おもに1980年代以降に研究が進展してきたのが、発達心理学領域における「概念変化」（conceptual change）や素朴理論（naive theory）に関する諸研究である。ピアジェの発達理論が心的構造（環境に対する心理的枠組み）全体の変化を想定したのに対して、概念変化を対象とする発達的研究は、主体が捉える環境を領域として区分し、物理、生物、心理など、領域ごとの変化を重視する。例として、生物に関する領域についての概念変化を検討した「素朴生物学」（naive biology）の研究を見てみよう。

学校における体系的な教育を通じてではなく日常経験を通じて獲得された概念は素朴概念（naive concept）と呼ばれる。生物学の領域において、素朴概念がどのように科学的概念へと発達するかを検

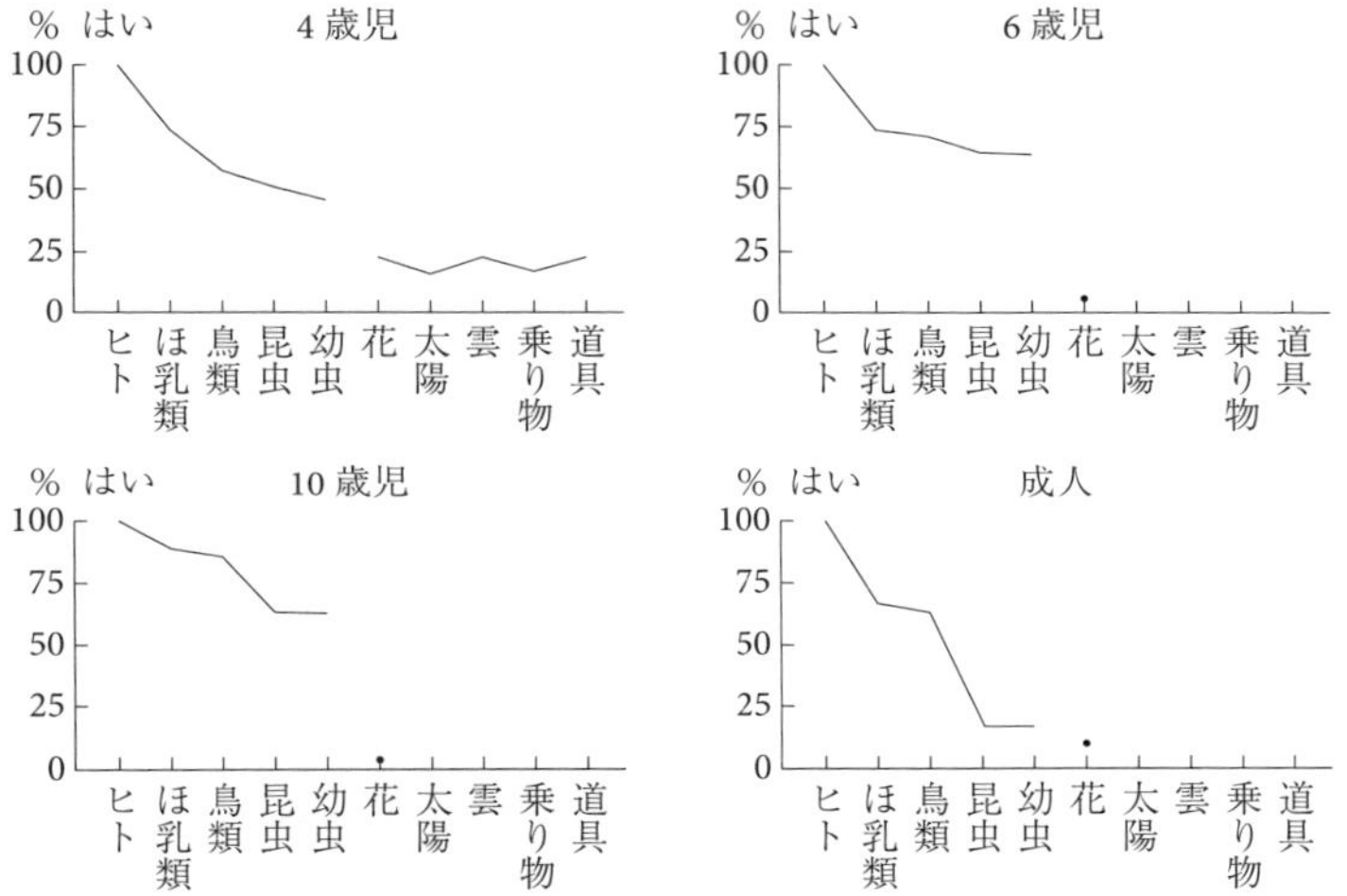

図3-6　ヒトから他の生物・無生物への投影パターン

（出典）　Carey（1985）[7]。

討した研究[7]では、4、6、10歳児や成人を対象にして、子どもにとって未知の臓器（脾臓や大網）をヒトがもっているという情報が与えられたときに、他の生物や無生物がそれをもっているかの判断が求められた。図3-6は、他の生物や無生物などの対象がその未知の臓器（4、6歳児に対しては脾臓、10歳児、成人に対しては大網（腹膜の一部）について尋ねられた）をもっていると判断した反応率を年齢別に表したものである。図3-6に見られるように、4歳児では対象の変化とともに「もっている」とする反応率が連続的に低下する（4歳児には花や雲のような無生物にも属性を付与する者も一部に存在する）のに対して、10歳児や成人では、反応率が非連続的に変化している。このことは、4歳児が人間との類似性によって判断するのに対して、10歳児や成人では「ヒト、ほ乳類、鳥類」「昆虫、幼虫」「花や無生物」といったまとまり（自生的なカテゴリー）にもとづいて判断すると解釈されている（6歳児は10歳児にかけての変化の移行期と考えられる）。このように子どもの有する素朴概念（素朴生物学）と科学的概念（科学的生物学）の質的な差異を異なる年齢群間で対比的に示したところに初期の概念変化研究の特徴が見られる。

［3］ 概念変化研究の発展――各領域の素朴理論

1990年頃から、認知発達心理学の分野では各領域における現象を子ども自身が説明する枠組みが着目されるようになり、素朴概念を包括する思考の枠組みとして各領域の素朴理論（naive theory）が提唱されるようになった。素朴理論の特質としては、領域内の知識の首尾一貫性（領域内の概念が相互に結びつけられていること）、存在論的区別（その理論が扱う現象が区別されていること）、因果的説明（さまざまな現象を説明、予測するための因果的説明の枠組みをもっていること）などが挙げられている[126]。

素朴理論の一つとしての「素朴天文学」（naive astronomy）に関して、小学生が「地球の形」をどのように表現するかを調べた研究を見てみよう。地球とそこに立っている人などについて、小学校1、3、5年生、各20名に尋ねた研究[124]では、長方形の地球や円盤状の地球といった素朴概念から、球体の地球という科学的概念に至る過程で、自分が立っている地球は平らであるという素朴概念と、本やテレビなどで得た「地球は丸い」という科学的知識を組み合わせることで、「2つの地球」「中空の地球」「平たくなった球体の地球」といった複数の組み合わせモデル（synthetic models）が見られることが指摘されている（図3－7）。具体的には、小学校1年生では、2つの地球（30％）や、図3－7のモデルに分類されない混合モデル（35％）が多かったのに対して、3年生では球体（40％）、平たくなった球体（15％）、中空の球体（20％）を中心に分布が広がり、さらに5年生では、球体（60％）と中

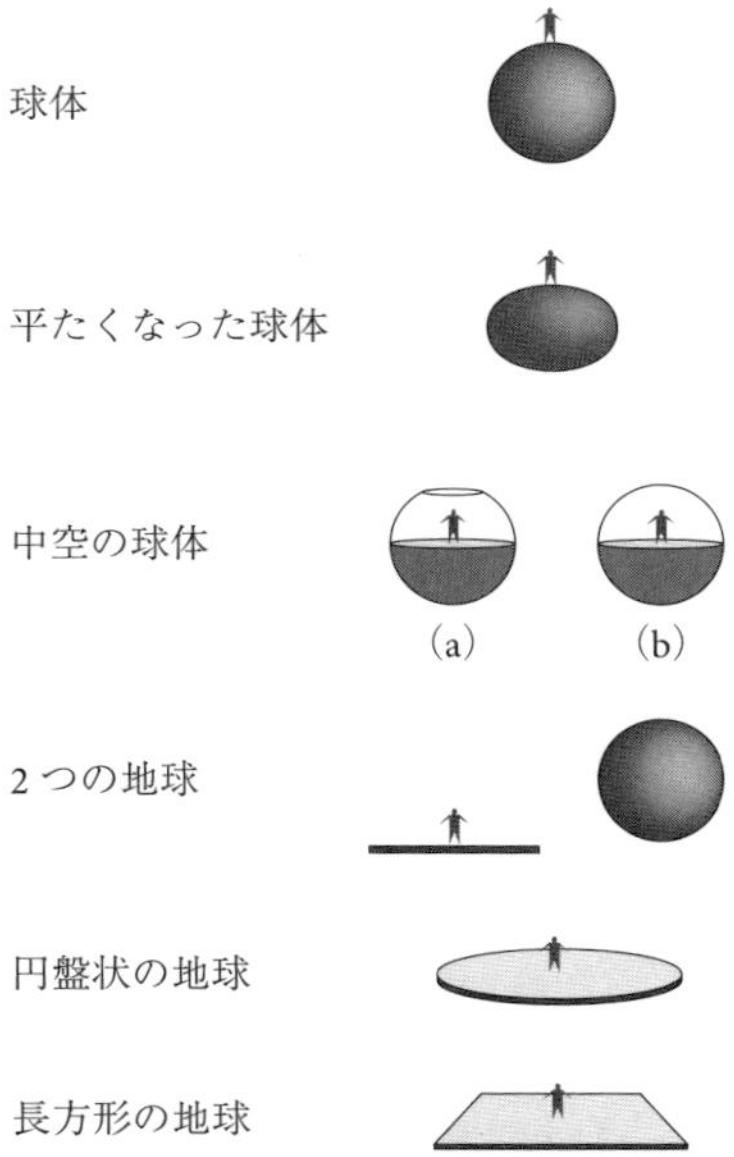

図 3-7 「地球の形」についての自生的なモデル

（出典） Vosniadou & Brewer（1992）[124]。

空の球体（30％）がおもに見られるといった、多様な中間的モデルから球体モデルへと緩やかに移行する発達的変化が見られた。そのような中間的な組み合わせモデルは、科学的概念とは異なる点で誤概念と解釈されることもあるが、日常経験（自分が立っている地面は平らに見える）と見聞による科学的知識（地球は球体である）との整合性を高めようとする中間的モデルの存在には、多様な知識を組み合わせながら考えを深めていくという、概念的理解の漸進性がうかがえる。とくに、図３－７の上から２つ目の、部分的に平らになっている球体の地球のモデルには、「人が立っているところはおおよそ平らであるが、大きく見ると（遠く離れた場所から見ると）地球全体は球体になっている」という点で上から1つ目の科学的概念による球体モデルと共通点があることから、本質的理解につながる自生的モデルであるとも考えられる。

以上、認知発達領域を中心に発達心理学研究の歴史的経緯と知見を紹介してきた。そこで示されてきているのは、それぞれの発達段階において、一人ひとりの子どもが多様な既有知識を組み合わせて行う思考や、子どもがみずから構成するモデルの豊かさである。大人や熟達者とは異なる発想であったり、科学的に見た説明としての妥当性が厳密には十分でなかったりするかもしれないが、それぞれの子どもがまわりの事物や事象を捉えるためにみずから構成する思考の枠組みや知識構造は柔軟で、かつ部分的な適切性をもつものである。また、その枠組みがさまざまな環境との関わりを通じて再構成されていく過程に、概念的理解が深まるプロセスを見ることができるのではないかと考えられる。第Ⅱ部の第4章～第7章では、単位あたり量や比例、かけ算やわり算といった数学的概念に関する理解や、物の値段や流通過程、商店の存在意義や経営戦略といった社会や経済に関する思考やそれらに関わる概念に関する理解が、身近な世界との関わりを通じて児童期においてどのように豊かに展開し、発達的に深まっていくのかについて、筆者が行ってきた具体的な実証的研究をもとに見てみることにしよう。

第 II 部

「わかる」は
どのように発達するか

第4章「わかる」の発達①：数学的概念がわかるⅠ

比例や単位あたり量（内包量）がわかる

日常生活の中には、普段は気づくことが少ないかもしれないが、子ども自身が数学的概念を形成するための手がかりが多く含まれている。発達心理学者のピアジェは、『発生的認識論』の中で、物理学や化学、生物学などの自然科学は、対象や事象を抽象化する学問体系であるのに対して、数学は対象に対する行為を抽象化する学問体系であり、前者のプロセスを「単純抽象」、後者のプロセスを「反省的抽象」として区別した[79]。反省的抽象は、対象に対して行う行為そのものを抽象化するため、その対象が何であるか、どのようなものであるかによらないという特徴をもつ。たとえば、数の大きさとしての「3」について、鉛筆が3本あっても、ミカンが3個あっても、イヌが3匹いても、数の大きさ（集合数）は、いずれも3であり、それが何であるか、どのような大きさや形状や色をしているかなどにかかわらず、数を数えること（計数：counting）や、パッと見て数の大きさを捉える（subitizing）という行為によって捉えられる。日常生活には、他にも「合わせる」「取り除く」といった操作に関わる行為も多く含まれており、先ほど述べた「数を数える」「パッと見て捉える」という行為とあわせて、数（自然数）の概念や数のたし算、ひき算の概念を形成するための知識や認知的枠組みの形成に寄与していると考えられる。

数学的概念を形成するための手がかりとなる日常的行為は、小学校低学年で扱われるような数概念や加減法に関係するものに限らない。たとえば、「（等しく）分ける」「（公平に同じ数ずつ）配る」「（同じ行為を）繰り返す」といった行為は、わり算やかけ算の概念を形成するための手がかりとなる。また「比べる」「そろえる」といった行為がそれらに組み合わされることで、比例や単位あたり量（内包量）、割合などの高次な数学的概念を形成することに寄与しうると考えられる。また、ピアジェの示した先述の分類とは異なる面があるが、「単純抽象」（対象や事象の抽象化）に関しても、たとえば、「歩く」「走る」といった行為は単位あたり量のうちの速度の概念に関連する知識を形成し、「混ぜる」「溶かす」といった行為は濃度の概念に関連する知識を形成することにつながると考えられる。

以上に述べてきたように、日常生活において、身のまわりの対象や事象に関して、また他者との関わりを通じて行われるさまざまな行為は、諸事象や関係を捉えるための認知的枠組みや知識の形成に関連しており、それらの枠組みや知識を利用し、組み合わせることで、子ども自身が、数学的概念の理解を自生的に発達させてきていると考えられる。またそのような子ども自身が発達させてきている知識や認知的枠組みを授業場面でも利用することが、算数・数学教育においても重要であることが指摘されてきている。[14] そのような既有の知識や枠組みを利用することは、第3章で述べた子ども自身の「部分的成功」を重視するアプローチにも対応している。

本章では、数学的概念のうちでも、算数・数学の体系において重要な位置を占めており、また日常生活とも関わりの深い概念である比例と単位あたり量（内包量）に着目して（第1節）、日常的行為によって形成された認知的枠組みや日常的知識を利用しながら、おもに小学校段階の子どもがどのように概念的理解を自生的に発達させているか（第2節、第3節）、算数授業での手続きを中心とした学習はその発達にどのような影響を及ぼすか（第4節）、概念的理解の発達に国による文化や教育の違いは影響を及ぼしているか（第5節）について、筆者が行ってきたさまざまな実証的研究のデータをもとに明らかにしていこう。

1　数学的概念とは――比例や単位あたり量（内包量）に着目する意義

数学的概念については、数を数える、数の大きさを比較するといった、小学校入学以前から発達が見られる初歩的な数概念から、高校で学習するような、指数関数・対数関数、微積分、ベクトルといった概念まで幅広い内容が含まれる。そのなかで、子どもにとって意味の理解が難しくなると同時に、算数から数学へと発展していくうえで重要になってくるのが、おもに小学校中学年から高学年にかけて学習する、乗除法、単位あたり量（内包量）、比例などの関数、割合、分数といった数学的概念である。それらの概念は、おもに小学校低学年で学習する整数の加減法や、長さ（メートル、センチメートル）・かさ（リットル、デシリットル）といった外延量（外的に測定可能な量）のように一つの次元や量の大小や比較で考えられる概念とは異なり、2つの次元や量を関連づけて考えることが必要であるという特徴をもつ。そうした2つの次元を関連づける概念の理解は、小学校中学年から高学年、そして中学生にかけて発達することが主張されてきたが[79,95]、一方で、それらの概念、とくに単位あたり量や割合、比例を含む関数を理解することの難しさも算数・数学教育の領域などでは以前より指摘されてきている[107]。本章では、小学生がどのように数学的概念の理解を、関連する内容を学校の授業で学習する以前から、日常経験などにもとづきながら豊かに発達させているか、一方で、その理解をさらに高めるにはどのような課題があるかについて、小学生に対する個別インタビューや記述型課題による調査の結果にもとづいて考えてみよう。

速度、混みぐあい（人口密度など）、密度、濃度といった単位あたり量は、事象や事物の「質」を表す量で、数学教育の領域では「内包量」（intensive quantity）と呼ばれる。[93] 単位あたり量（内包量）や、2つの外延量の比例的な共変関係を捉える「比例」は、2つの異なる量や次元を関連づける概念である（2つの外延量が比例関係にあるとき、内包量は比例定数を表すという関係にある）。小学校の算数では、単位あたり量や比例は小学校5、6年生で扱われているが、第2章で紹介した国際比較調査や全国学力・学習状況調査（小学校6年生対象）の結果にも見られるように、公式などにもとづいて定型問題を解決できても、非定型問題に対して判断の理由を説明するなど、単位あたり量に関する概念的理解の水準は高くないことが示されている。たとえば、シートに座っている人の混みぐあいを比較する式の意味と比較の結果を4つの選択肢から選ぶ問題（2018年度全国学力・学習状況調査算数問題）では、数値の大小から正しい結果を69％の6年生が選べている一方で、結果に加えて式の適切な意味を選んでいる児童は50％にとどまっていた。また、市全体の水の使用量が年度によって変わらないことを示す棒グラフと市の人口が年次進行で増加することを示す棒グラフから、一人あたりの水の使用量の増減を判断し、その理由を記述する問題（2019年度全国学力・学習状況調査算数問題）の正答率も52％にとどまっていた（第2章参照）。計算の実行が必要とされないような状況で、小学校6年生の単位あたり量の概念的理解が不十分であることを示していると考えられる。

それでは、比例や単位あたり量についての理解は、小学生にとって全般的に難しいのだろうか。子どもにとって取り組みやすい日常的場面や数値の設定、さまざまな考え方が可能な非定型問題、絵カードや具体物を用いながら自分の思考や判断の理由を発話で表現できる個別インタビューなどの心理学的方法を用いると、比例や単位あたり量を小学校5、6年生の算数で学習する以前の、小学生の「わかる」力の豊かさが見えてくる。

2　比例がわかる

【1】学校での学習以前に、小学生は比例をどのように理解しているか？

具体的に「比例」の問題について考えてみよう。

「白いミニ四駆（模型自動車）は、3秒間で6m走ります。同じ速さで7秒走ると、走るきょりは何mになりますか？」

この問題について、どのように考えるだろうか。

これは小学校の算数では6年生の「比例」の単元で扱われるような問題である。大人であれば、「6÷3で秒速が2mになるので、7秒走ると、2×7で、きょりは14mになる」のように秒速を計算して考えることが多いであろう。

こうした問題に対して小学生、とくにまだ比例を学習していない5年生以前の子どもはどのように考えるだろうか。その考え方を明らかにするために、図4-1に示すような絵カードを用いながら、

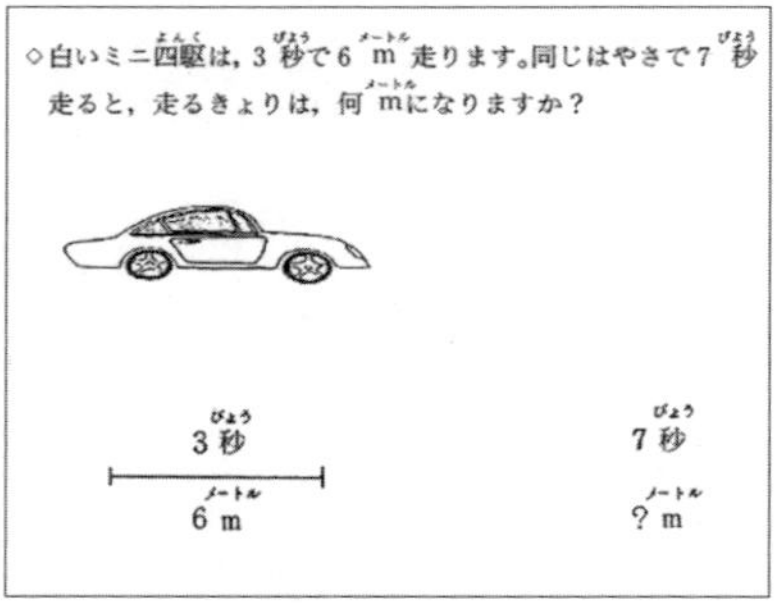

図4-1 「比例的推理」インタビューで用いられた絵カード（速度・非整数倍増加型）
（出典） 藤村（1995a[21]）。

小学校3年生30名、4年生29名、5年生30名に対して、個別インタビューを行った[21]。

このような問題に対して、比例を学習する以前の小学校5年生は大人とは少し違う考え方をすることが多い。「3秒で6mだから、あと3秒で12mになる。走るのは7秒だから、あと1秒。…さっき、3秒で6mだったから、1秒は2mになる。だから、12mに2mをたして14mになる」。このように、「倍」の考えを利用して6秒まで求め、あと1秒は元の関係（3秒で6m進む）に戻って2mになることを考えて、1秒分をたすという問題解決方略（単位あたりを利用した積み上げ方略：building-up strategy）が「単位あたり量」「速さ」「比例」といった関連する単元を学習する以前の小学校5年生に多く見られた。

なお、このような積み上げ方略は、小学校での教育を十分に経験していない、ブラジルのキャンディ売りの児童や、大人の漁師によって自分たちの商売の場面で用いられることも示されている[8]。たとえば、十分な学校教育を受けていない大人の漁師が、12kgの牡蠣から3kgの牡蠣肉がとれる状況で、10kgの牡蠣肉を得るには牡蠣をどれだけとらないといけないかを尋ねられたとき、「だいたい40kg。〈それはどうして?〉12kgの牡蠣から

3kgの牡蠣肉がとれるから、36kgで9kgがとれる。それで（あと1kg分の牡蠣肉をとるために）4kgをたした」と答えた。[89] 自発的な問題解決方略の構成という点で、先述の小学校5年生の方略との類似点がうかがえる。

以上の個別インタビュー研究の結果は、日常経験などを通じて獲得した既有知識を利用しながら子ども自身が問題解決方略を柔軟に構成することが可能であることを示している。そのような問題解決方略も含めて、この問題（速度・非整数倍増加型）に対する小学校5年生の正答率（判断と理由づけがともに適切である児童の割合）は、6年生の比例の授業で学習する以前にもかかわらず、47%であった。

それでは、この問題に対して、より年少の小学校3、4年生はどのように考えるのだろうか。適切な判断に至るプロセスを明らかにするために、正答を導く正方略以外の問題解決方略を、倍数関係や加法関係を利用しながら、絵カードに含まれる3つの数を何らかの関係で関連づけながら比例的な枠組み（一方の値が変化したとき、他方の値も同じ方向に変化すると考える定性的な枠組み）で考えようとする方略（不完全方略①）と、絵カードに含まれる2数のみを利用する方略（不完全方略②）に分類した。不完全方略①には、「3秒に2をかけて6秒。まだ1秒多いので、6×2に1をたして13m」（倍にもとづく推理と加法的推理の組み合わせ）、「7は3の2倍くらい。6mの2倍で12m」（倍にもとづく推理の拡大適用）、「7秒と3秒の差は4。6＋4で10m」（加法的推理）の3種類が含まれる。いずれも正答（14m）には至っていないが、既有知識である倍や差に着目しながら時間と距離という2つの次元を関連づけ、増加方向で値を考えようとしている。一方で、不完全方略②は、「7秒×6mで42m」「7－3＝4なので4m」のように、2つの数のみに着目し、比例的な枠組みには依拠しない推理である。表4－1には、学年別の人数分布が示されている。人数分布の学年による差は統計的に有意であり、

表 4-1　「比例的推理」問題に対する問題解決方略（速度・非整数倍増加型）

	3年生（30名）	4年生（29名）	5年生（30名）
正方略	4（13%）	5（17%）	14（47%）
不完全方略①（倍数・加法）	4（13%）	9（31%）	8（27%）
不完全方略②（2数利用）	22（73%）	15（51%）	8（27%）

（出典）　藤村（1995a）[21] から作成。
（注）　網掛けされた人数（%）は，他の学年に比べて比率が高いことを示している。

3年生では不完全方略②が多く、5年生には正方略が多く見られた。正答率は4年生から5年生にかけて有意に上昇して50%近くに達するが、正答に至る前段階として、倍や差といった既有知識を組み合わせながら比例的な枠組みで考えようとする柔軟な推理（不完全方略①）が4年生と5年生の3割前後に見られることも、子ども自身が主体的に知識を組み合わせて考える思考が小学校中学年以降に豊かに発達してきていることを示していると考えられる。

【2】　比例の理解のはじまり――小学校中学年でも理解は可能か？

［1］で紹介した問題は、比例的推理の中でも、非整数倍の関係（3秒と7秒）を含む、相対的に難しい問題であった。整数倍の関係（たとえば2秒と4秒）を含む問題であれば、3年生など、より年少の児童でも正答を導くことができるのだろうか。

この個別インタビュー研究[21]では、次元内の数値の関係（整数倍、非整数倍）×変化の方向性（増加、減少）で、4種類の小問が設けられていた。次元内の数値の関係に2つのタイプを設けたのは、整数倍型の課題では、「倍」や「半分」といった日常経験を通じて獲得されると想定される知識（日常的知識）を直接利用することができることから、非整数倍型課題に比べて、より年少の児童で解決が可能になると想定したことによる。また、

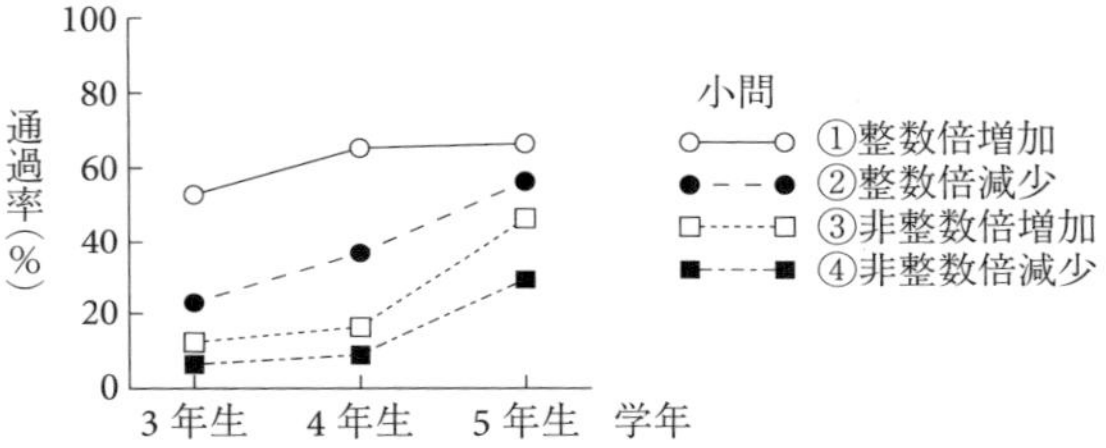

図 4-2　小学生の速度に関する「比例的推理」の発達

（出典）　藤村（1995a）[21]。

変化の方向性にも2つのタイプを設けたのは、増加型の課題では、先述したような自生的な積み上げ型の方略を直接利用することができることから、減少型の課題に比べて、より早期に解決が可能になると想定したためである。

小学校の算数で比例や単位あたり量を学習する以前の小学校3年生～5年生について、小問ごとの正答率の発達的変化を示したのが、図4－2である。

正答率の学年差は、②整数倍減少型、③非整数倍増加型、④非整数倍減少型で有意であり、①整数倍増加型では有意でなかった。また、2学年の差という点では、②整数倍減少型で3年生から5年生にかけての正答率の向上が有意であり、③非整数倍増加型では、［1］で見たように4年生から5年生にかけての正答率の増加が有意であった（④非整数倍減少型では、3学年の差が全体として有意であった）。図4－2とあわせて考えると、①に関する結果は、「2秒で6ｍ走るミニ四駆が、4秒では何ｍ走るか」といった整数倍増加型問題では、「2秒と2秒で4秒だから、6ｍと6ｍで12ｍ」「時間が倍になっているから、走る距離も倍にして12ｍ」のように、（秒速の計算を行わなくても）たし算や倍の関係を利用して自分で解決できる児童が、小学校の算数で「比例」などの関連単元を学習するよりもはるか以前の小学校3年生で半数以上に見られることを示している。類似した結果として、整数倍型の比例問題について、たし算を繰り返して解決することが小学校3年生から可能になることが先行研究でも示されてきている。[82][120]

[3] 小学生の比例理解の発達——本節のまとめ

以上のように、子どもにとって身近な文脈で、絵カードも用いながら、比較的容易な数値（自然数）を用いて、多様な考えが可能な「非定型問題」に取り組んだ場合には、これまでの日常経験や学校での学習で獲得してきたさまざまな知識が活性化され、子ども自身がそれらの多様な既有知識を結びつけて自分なりの考え（問題解決方略）を柔軟に構成すること、比例に関する豊かな概念的理解を発達させていることが示されている。また、ここで紹介した研究[21]では、濃度（ジュースの濃さ）に関する比例的推理も小学校3年生から5年生にかけてほぼ同じ傾向で発達すること、同じ子どもが速度と濃度で同種の問題解決方略を用いる傾向が強いことも明らかにされている。さらに、「（同じ速さで走るミニ四駆は）時間が長くなると距離が長くなる」「（等しい濃さのジュースを作るには）水を増やすときには濃縮ジュースの量を増やす必要がある」といった定性的な（変化の方向性どうしを関連づける）比例理解が小学校3年生の多くの児童に（速度や濃度といった領域を越えて）見られており、それが本節で述べてきたような比例的推理の早期の発達のベースとなっていることも示唆される。

比例的推理の発達プロセスとしては、以上の研究から小学校3年生（9歳頃）から、倍や半分に関する日常的知識を用いたり、たし算を繰り返し用いたりすることで、半数以上の児童が整数倍型の比例問題を解決して、そのプロセスを説明できること、小学校5年生（11歳頃）になると、自分自身で必要に応じて「1秒ではどれだけ走るか」「水1デシリットルに濃縮ジュースが何カップ入っているか」などの単位あたりの発想をみずから創出しながら、半数近くの児童が、より一般的な非整数倍型の比例問題の解決と説明を適切に行えるようになることが明らかになった。また4年生から（10歳頃）から5年生（11歳頃）にかけて、倍やたし算の知識などを活用しながら非整数倍型問題に対する多様な方略が自発的に構成されることも示された。子どもが自発的に知識を関連づけて、物事を捉える枠組みを構成する力はとても豊かであり、その力を発揮して子ども自身が本質に迫ることのできる「非定型問題」（多様な考え方が可能な問題）を教師など大人の側が準備することが、子ども自身が概念的理解を深めるための出発点になると考えられる。

3　単位あたり量（内包量）がわかる

［1］　単位あたり量（内包量）がわかるとは？

速度、密度、濃度といった単位あたり量（内包量）がわかるとは、どういうことだろうか。それは第2節で見てきた、比例がわかることとは異なるのだろうか。それを考えるために、まず、次の2つの問題について、子どもの視点に立って考えてみよう。どちらも自転車が走る速さを題材にした問題である。

図4－3は、第2節で見てきたような比例の理解を見る課題（比例的推理で値を求める課題）であるのに対して、図4－4は、内包量としての速度の理解を見る課題（速度という内包量の大小を比較する課題）である。どちらの問題がやさしく、どちらが難しいだろうか。大人にとってはどちらの課題も「単位あたり量」（1㎞走るのにかかる時間）を計算して判断できる問題で、難易度は変わらないと思わ

◇まさし君は，自転車で，3 km のきょりを 18 分で走りました。同じ速さで 4 km を走るには何分かかりますか。
？にあてはまる数字を答えましょう。

	まさし君	
かかった時間	18 分	？分
走ったきょり	3 km	4 km

□ 分

そう考えた理由を，ことばか式か絵で，つぎにかいてください。
（そう考えた理由――ことばか式か絵）

図 4-3　速度の求値課題（比例的推理）の例

◇みのる君とたかお君ではどちらが速く走りましたか。
……みのる君・たかお君・同じ

	みのる君	たかお君
かかった時間	21 分	24 分
走ったきょり	3 km	4 km

そう考えた理由を，ことばか式か絵でつぎにかいてください。
（そう考えた理由――ことばか式か絵）

図 4-4　速度の比較課題（内包量比較）の例

れるかもしれない。小学校の算数では、速度や混みぐあいなどの単位あたり量は5年生で、比例は6年生で学習するので、その指導順序を考慮すると、図4－3の求値課題（比例理解）よりも図4－4の比較課題（内包量理解）の方がやさしいと考えるかもしれない。

それでは、次の2つの問題はどうだろうか。どちらも砂糖（溶質）を水に溶かした砂糖水（溶液）の濃さを題材にした問題である。

先ほどの速度の課題と同様に、図4－5は、［1］で見てきたような比例の理解を見る課題（比例的推理）であるのに対して、図4－6は、濃度の理解を見る課題（内包量比較）である。先ほどの速度の課題のように、2桁の数値÷1桁の数値で「単位あたり量（砂糖1グラムあたりの砂糖水の量）」を計算して考えるとすれば、図4－5の課題と図4－6の課題に難易度の違いはないと考えられるかもしれない。あるいは、図4－6の方は答えが選択型（3択）で、理由もいろいろと考えられるのに対して、図4－5の方は自分で計算して値を求める必要があるので、図4－5の方が難しいと考えるかもしれない。

それでは、実際に小学生の子どもたちは、これらの問題に対してどのように考えるのだろうか。①内包量理解（内包量の比較判断）は、比例理解（比例的推理による求値）よりもやさしいのだろうか。②小学校5年生で単位あたり量（内包量）を学習するよりも前に内包量を理解することは可能だろうか。③速度や濃度といった内包量の種類（対象領域）によって、概念的理解には差が見られるのだろうか。以上のような研究課題について、小学校3～6年生に対して実施された研究をもとに考えてみよう。

◇さゆりさんのコップにはさとう 3 gをふくむさとう水が 21 g はいっています。みゆきさんはさとうの量を 4 g にして，さゆりさんのさとう水と同じこさのさとう水を作りました。みゆきさんのコップのさとう水は何 g になりますか。？にあてはまる数字を答えましょう。

	さゆりさんのコップ	みゆきさんのコップ
さとう水の量	21 g	？ g
さとうの量	3 g	4 g

□ g

そう考えた理由を，ことばか式か絵で，つぎにかいてください。
(そう考えた理由――ことばか式か絵)

図 4-5　濃度の求値課題（比例的推理）の例

◇ともよさんのさとう水とみちこさんのさとう水では，どちらのほうがこいですか。
……ともよさん・みちこさん・同じ

	ともよさんのコップ	みちこさんのコップ
さとう水の量	14 g	18 g
さとうの量	2 g	3 g

そう考えた理由を，ことばか式か絵でつぎにかいてください。
(そう考えた理由――ことばか式か絵)

図 4-6　濃度の比較課題（内包量比較）の例

［2］ 単位あたり量（内包量）の理解の発達①――全般的傾向

小学校3年生から6年生にかけての児童に対して、クラス単位で記述型の課題による調査が実施された[20]。研究への参加者は、小学校3年生32名、4年生38名、5年生34名、6年生40名であり、単位あたり量（5年2学期）、比例（6年1学期）など、関連する教科内容について、3～5年生は未習であり、6年生は既習であった。参加者の小学生は、［1］で示したような、速度と濃度に関する求値課題（図4－3、図4－5）と比較課題（図4－4、図4－6）に取り組んだ。求値と比較という課題のタイプによる違いや速度と濃度という内包量の種類（領域）による違いが概念的理解に及ぼす影響を明らかにするために、いずれの課題とも、速度の場合、時間を2桁、距離を1桁の数値とし、濃度の場合は、溶液量を2桁、溶質量を1桁の数値とした。またこの数値設定にすることにより、比較課題の場合、（わり算を行いやすい）2桁÷1桁の数値の大小と内包量の大小が逆転することになり（逆内包量型）、その数値が表す意味を考えられるかどうかで内包量の概念的理解の深さを問うことができると考えた。

求値課題（比例理解）には、第2節で紹介した研究と同様に、速度、濃度ともに、一方の量の変化のタイプとして、①整数倍と②非整数倍の2種類の小問が設定された。たとえば速度の場合、①では、2kmを14分で走る人が同じ速さで4kmを走ると何分かかるかについて各児童は予測し、②では、3kmを18分で走る人が同じ速さで4kmを走ると何分かかるかについて予測した。各問では予測した数値に加えて、そのように予測した理由についても各児童が記述した。なお、図4－3は速度の②、図4－5は濃度の②のタイプの小問にそれぞれ対応する。

比較課題（内包量理解）には、①一方の量が等しく、他方の量が異なる場合（例：3kmを15分で走る人

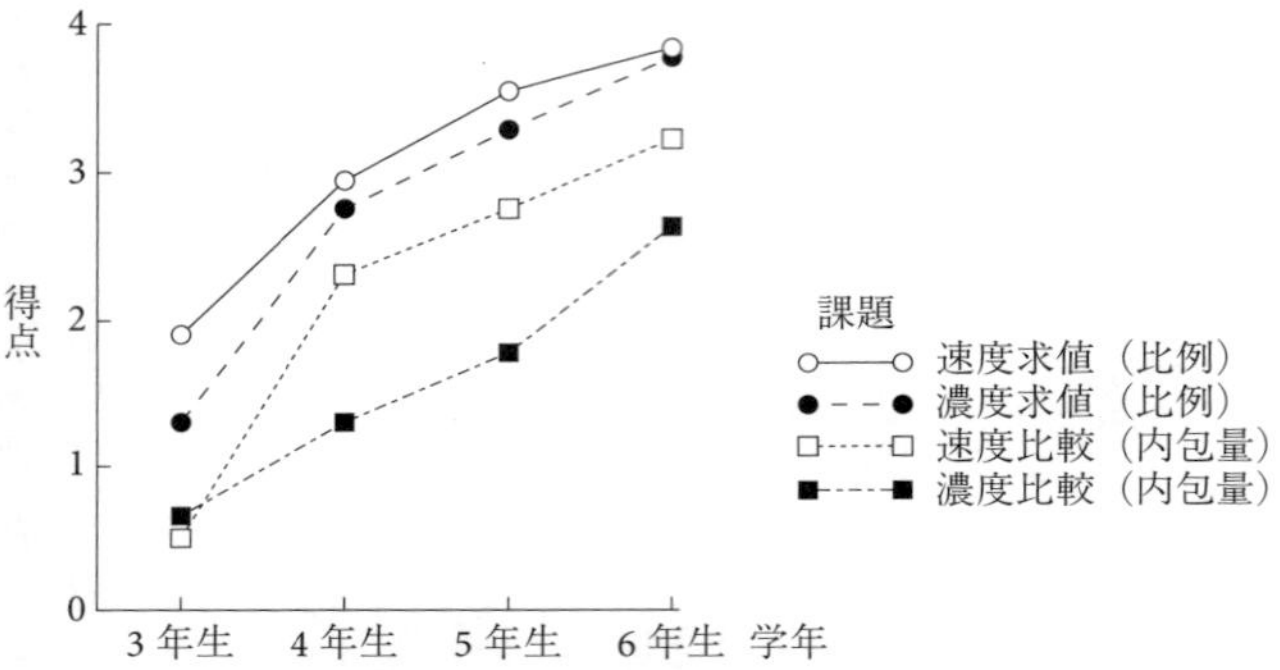

図 4-7　内包量と比例の各課題に関する学年別平均得点

（出典）　藤村（1993）[20]。

と３㎞を12分で走る人ではどちらが速いか）、②①とは量の関係が逆の場合（例：３㎞を12分で走る人と４㎞を12分で走る人ではどちらが速いか）、③２つの量ともに一方が他方の整数倍である場合（例：２㎞を12分で走る人と４㎞を24分で走る人ではどちらが速いか）、④２つの量がともに一方が他方の非整数倍である場合（例：３㎞を21分で走る人と４㎞を24分で走る人ではどちらが速いか）の４つの小問タイプが含まれており、各児童はそれぞれの小問で比較判断とその理由の記述を行った。なお、求値課題との比較を行うために、求値課題と数的関係の点で対応する③④のみを分析対象とした。先述の図４－４は速度の④、図４－６は濃度の④のタイプの小問にあたる。

数的関係に対応関係が見られる、求値課題（速度、濃度）の小問①②と比較課題（速度、濃度）の小問③④について、予測した数値や選択の正しさとそれに対する理由づけの適切性（倍数関係や単位あたりなどにもとづくこと）に各１点を与え、２種類の小問をあわせて各課題の得点とした（得点範囲：０～４点）。各課題についての平均得点の発達的変化を示したのが、図４－７である。

各課題の得点について、学年（３～６年生）×課題（比較、求値）×領域（速度、濃度）の三要因分散分析を行った結果、学年、課題、領域の主効果、課題×領域の交互作用、ならびに学年×課題×領域の交互作用が有意であった。二次の交互作用を検討したところ、領域の効果は、4、5、6年生における比較課題と3年生における求値課題で有意であり、他では有意でなかった。以上より、①求値（比例）、比較（内包量）課題ともに学年の進行とともに得点が向上すること、②学年を通じて求値課題（比例理解）の得点が比較課題（内包量理解）の得点よりも高いこと、③4～6年生において、求値課題（比例理解）には速度と濃度の領域差が見られない一方で、比較課題（内包量理解）には速度が濃度よりも得点が高いという領域差が見られることが明らかになった。求値課題（比例理解）の得点が高く、速度と濃度の領域差が小さいことは、第2節の個別インタビュー研究で見られた結果と一致している。

それでは、どうして内包量の理解は比例の理解よりも難しいのだろうか。また、どうして比例の理解では領域による違いが小さく、内包量の理解では速度と濃度という領域による違いが大きいのだろうか。その原因を明らかにするために、［1］で紹介した非整数倍型の4つの小問について、予測・判断とその理由づけの分析にもとづいて、各児童の問題解決方略を検討することにしよう。

［3］ 単位あたり量（内包量）の理解の発達② ――問題解決方略の詳細な分析

比例に関する問題解決方略

まず、比例の理解に関する求値課題（小問②）については、正答に至る適切な方略として、「単位あたり方略」が見られる。たとえば速度の小問②について、「3km が18分なので、1km あたりには 18 ÷ 3 = 6 分かかる。4km 走るには、6 × 4 = 24 分かかる」とするのが単位あたり方略の例である。他の

表 4-2　求値課題（比例概念）に関する問題解決方略と領域間の関連性（小問②：非整数倍型）

速度課題－濃度課題	3年生	4年生	5年生	6年生	合計
不完全方略　　－不完全方略	26 (81%)	12 (32%)	7 (21%)	4 (10%)	49 (34%)
単位あたり方略－不完全方略	3 (9%)	2 (5%)	3 (9%)	2 (5%)	10 (7%)
不完全方略　　－単位あたり方略	0 (0%)	1 (3%)	0 (0%)	1 (3%)	2 (1%)
単位あたり方略－単位あたり方略	3 (9%)	23 (61%)	24 (71%)	33 (83%)	83 (58%)
合計	32	38	34	40	144

（注）不完全方略には，「加法的推理」「倍数操作の拡大適用」，その他の方略（理由づけがないが予測が適切な場合も含む）が含まれる。数値は人数（括弧内は%）を示す。

適切な方略としては、「3kmが18分なので、1kmでは18÷3＝6分かかる。4km走るには、18＋6＝24分かかる」のように、加法を利用した「積み上げ方略」(build-up strategy：第2節参照）も4、5年生の26％に見られたが、本分析では、1kmや4kmという単位に着目して考えるという共通性に着目し、単位あたり方略に含めることとした。一方、正答には至らない不完全な方略には、「きょりが3kmから4kmまで1km増えているので、時間も1分増えて、18＋1＝19分になる」のように考える「加法的推理」や、「きょりが増えているので時間も倍にして、18×2＝36分」のように考える「倍数操作の拡大適用」などが見られた。

速度と濃度の非整数倍型の小問②（図4－3、図4－5参照）の間の方略の関連を人数分布として示したのが表4－2である。表4－2から、4年生以上では速度、濃度ともに、正答を導く単位あたり方略が60％以上の児童に用いられていることがわかる。また、速度、濃度の間で方略が一致する割合が各学年で高かった（3年生：91％、4年生：92％、5年生：91％、6年生：93%）。さらに、速度濃度とも不完全な方略である場合について、その内容を加法的推理、倍数操作の拡大適用、他の方略に細分し、方略間の関連を検討したところ、参加者全体で領域間の不完全な方略3種類の利用についての一致率は67%であった。以上のことから、比例的推理によって解決可能な求値課題では、単位あたりの関係に着目した適切な推理が、比較的年少の4年生から速度、濃度の領域ともに多く見られることや、不完全な方略も含めて領域間で類似した思考が見られることが明らかになった。

内包量（単位あたり量）に関する問題解決方略

次に内包量理解に関する比較課題（非整数倍型の小問④、図4-4、図4-6参照）の場合には、判断と理由づけが適切な方略として、「単位あたり方略」と、2量の相対的な差の大きさに着目する「増加率比較方略」が見られた。たとえば、速度の小問④について、「21÷3＝7，24÷4＝6，1kmあたりにかかる時間はたかお君のほうが短いので、たかお君が速い」とするのが単位あたり方略の例であり、「たかお君は、時間が3分しかちがわないのに1kmも多く進んでいるのでたかお君のほうが速い」とするのが増加率比較方略の例である。一方、小問④の判断や理由づけに不十分さが見られる不完全な方略には、「単位あたり算出後の比較判断の誤り」、2つの量（例：溶質量と溶液量）と内包量（例：濃度）の定性的な推理（変化の方向性についての推理）が適切でない「2量の誤った関係づけ」、定性的推理は適切であるが2量の増加率の相対的な比較が不十分な「増加率の比較判断の誤り」などが見られた。たとえば、濃度の小問④について、「14÷2＝7，18÷3＝6，7＞6なので、ともよさんのほうがこい」とするのが「単位あたり算出後の比較判断の誤り」の例である。また「さとうもさとう水も多いので、みちこさんのほうがこい」とするのが「2量の誤った関係づけ」の例であり、「さとうが1gしかちがわないのに、さとう水が4gもちがうので、ともよさんのほうがこい」とするのが「増加率の比較判断の誤り」の例である。判断として最終的には適切でない判断になっても、子どもなりにさまざまな知識を自発的に関連づけて理由づけを考えるという思考の多様性が見られる。

ここでこれまで紹介してきた問題解決方略どうしの関係について考えてみよう。そのために問題解決の認知プロセス[72,73]に着目すると、どのような問題解決方略を用いる場合にも、内包量の比較課題を解決するプロセスには、①問題に示された数の間の関係を考えて何らかの表象（関係表象）を形成するプロセスと、②その表象を利用して比較判断を行うプロセスという2つの下位プロセスが想定される。[25] たとえば、適切な判断を導く単位あたり方略には、先述の速度課題の例のように「21÷3＝7, 24÷4＝6」のように数的関係を表象するプロセスと、「1㎞あたりにかかる時間はたかお君のほうが（7分と6分で）短いので、たかお君が速い」のように単位あたりの数値の意味を考慮して比較判断を行うプロセスが想定される。不完全な方略のうちの「単位あたり算出後の比較判断の誤り」は、数的関係を表象するプロセスで単位あたりを算出できているが、比較判断を行うプロセスで、数値の意味を考慮せず数値の大小のみに依拠して内包量（速度や濃度）の大小を判断する方略であると考えられる。同様に、適切な判断を導く増加率比較方略にも、「時間は3分ちがって、距離は1㎞ちがう」のように数的関係を差に着目して表象するプロセスと、「たかお君は、時間が（21分と24分で）3分しかちがわないのに（3㎞と4㎞で）1㎞も多く進んでいるのでたかお君のほうが速い」のように増加率の大小（傍線部）とその意味を考慮して比較判断を行うプロセスが想定される。不完全な方略のうちの「2量の誤った関係づけ」や「増加率の比較判断の誤り」は、数的関係を表象するプロセスで、前

表 4-3 比較課題（内包量概念）に関する問題解決方略と領域間の関連性（小問④：非整数倍型）

速度課題－濃度課題	3 年生	4 年生	5 年生	6 年生	合計
不完全方略　　－不完全方略	28 （88%）	17 （45%）	15 （44%）	13 （33%）	73 （51%）
単位あたり方略－不完全方略	1 （ 3%）	9 （24%）	5 （15%）	11 （28%）	26 （18%）
増加率比較方略－不完全方略	1 （ 3%）	6 （16%）	6 （18%）	0 （ 0%）	13 （ 9%）
不完全方略　　－単位あたり方略 or 増加率比較方略	0 （ 0%）	1 （ 3%）	1 （ 3%）	1 （ 3%）	3 （ 2%）
単位あたり方略 or 増加率比較方略－単位あたり方略 or 増加率比較方略	2 （ 6%）	5 （13%）	7 （21%）	15 （38%）	29 （20%）
合計	32	38	34	40	144

（注） 不完全方略には，「単位あたり算出後の比較判断の誤り」「2 量の誤った関係づけ」「増加率の比較判断の誤り」などが含まれる（理由づけが適切でないが予測が適切な場合も含む）。数値は人数（括弧内は%）を示す。

者は大小（定性的）関係、後者は差の関係に着目するが、比較判断を行うプロセスで、増加率の大小やその意味の考慮が不十分で判断が誤りとなる方略であると考えられる。以上のように、認知心理学の視点から、課題場面を見てどのような数的関係を表象するか（関係表象プロセス）、その表象をどのように比較判断に生かすか（比較判断プロセス）に着目することによって、適切な判断に至る複数の方略と、判断や理由づけに不十分さが見られるいくつかの方略との関係を示すことができる。

非整数倍型の比較課題（小問④）について、速度と濃度の間の方略の関連を人数分布として示したのが表4－3である。判断・理由づけともに適切な方略には2種類があるため、速度課題で単位あたり方略を用いる場合と増加率比較方略を用いる場合とを区別して分類を行った。表4－3に見られるように、速度課題では単位あたり方略により正答するが濃度課題では不完全な方略となるタイプが4～6年生に多く見られた。そのタイプでの濃度課題の方略は、26人中23人（88％）が「単位あたり算出後の比較判断の誤り」であった。また、速度課題で増加率比較方略により適切に判断するが濃度課題では不完全な方略となるタイプが4、5年生に多く見られた。そのタイプ13人中の濃度の方略は、5人（38％）が「増加率の比較判断の誤り」、4人（31％）が「2量の誤った関係づけ」であった。以上のように、速度課題で単位あたり方略または増加率比較方略により正答するが濃度課題では不完全な方略となるタイプが、4～6年生に多く見られた。また、方略間の関係から、比較課題に対して速度課題と濃度課題で類似した数的関係を表象するが、濃度の場合には、その後の比較判断のプロセスで推理が不十分となるという傾向が見られた。一方、速度課題で不完全方略となり、濃度課題で単位あたり方略や増加率比較方略で適切に判断するタイプは4学年を通じて3人（2％）と少なかった。以上の分析結果から、速度の比較課題では単位あたり方略や増加率比較方略を用いて適切に判断するが、濃度の比較課題では、速度の課題と同様に適切に数的関係を表象できていても、比較する段階で表象された数的関係の意味の理解が不十分であるため、「単位あたり算出後の比較判断の誤り」や「増加率の比較判断の誤り」「2量の誤った関連づけ」のような不完全な方略となる児童が小学校4～6年生に多く見られたと考えられる。

以上より、内包量の概念的理解が求められる比較課題では、数的関係の適切な表象を形成できたとしても、その後の比較のプロセスで各内包量の深い概念的理解が求められるため、その不十分さから比例の理解を測る求値課題よりも正答率が低くなり、また各内包量に関する概念的理解の差が領域差として現れることがうかがえる。また、先述の速度・濃度間の問題解決方略の比較から、数的関係を表象するプロセスでは領域間で類似した表象を形成していたとしても（単位あたりに着目したり、増加率の違いに着目したりしていても)、濃度の場合は速度の場合よりも比較判断のプロセスで誤りが生じやすいことがうかがえる。異種の2量(時間、距離)の比として表現される速度に対して、濃度は同種の2量(溶液量、溶質量)の比で表現されること、濃度では溶質が「溶解」して溶液に含まれる関係にあることなどから、濃度では速度に比べて2量の区別と関連づけによる意味表象の形成が難しくなり、単位あたりの数値や増加率の違いにもとづく比較判断過程において誤りがより生じやすくなるのではないかと推測される。以上のように、内包量の概念的理解を深めるには、単位あたりや倍数関係に依拠した数的関係の精緻な表象の形成に加えて、速度や濃度といった各内包量の概念的表象(意味表象)をそれらに統合する必要がある。そこに本章で示したような子どもの自生的な概念発達をベースとしながら、いかに概念的理解を深めさせるかという教育上の課題も見えてくる。

なお、同種の比較課題を小学校4年生から中学校1年生にかけて実施した調査では、各内包量の概念的理解の深さが問われる逆内包量型・非整数倍型の課題で、中学校1年生(13歳)で速度の正答率が48%、濃度の場合は21%にとどまっており[17]、内包量、とくに濃度に関する深い概念的理解が中学校入学後も課題として残されていることがうかがえる。それは、国際比較調査(PISA2012年調査)において、内包量の一種である増加率、変換率、削減率、燃費などの内包量に関連する非定型問題に対する日本の高校1年生の正答率が低い(19%)という結果(第2章第2節参照。詳細は、藤村[37]も参照)とも関連していると考えられる。また日本国内で実施された全国学力・学習状況調査(2021年度)において、中学校3年生に対して砂時計の砂の質量と砂が落ちきるまでの時間を示した表やグラフから、2分測るのに必要な砂の質量を求める方法を記述させる非定型問題の正答率が低く(28%)、グラフや表を用いることは書いていても、質量と時間のどちらの値を読み取るか(*x*軸か*y*軸か、xの値かyの値か）についての記述が欠けている者が多く、流量（単位時間あたりの変化量）という内包量の概念的理解の不十分さがうかがえるという結果にもつながっていると考えられる（２０２１年度全国学力・学習状況調査については、国立教育政策研究所ウェブサイトを参照）。

【４】小学生の内包量理解の発達――本節のまとめ

以上の分析から、第２節で検討した比例概念と比較すると、内包量（単位あたり量）の概念的理解は相対的に難しく、その原因は、数的関係についての表象を形成した後の、各内包量の意味を考慮した比較判断プロセスにあることがうかがえた。

一方で、内包量の比較課題であっても、とくに速度の場合は、単位あたり量や比例を学習する以前の５年生でも、図４－７に示されるように平均得点が４点中２・５点程度であり、表４－２に示されるように34名中18名（53％）が非整数倍型・逆内包量型の比較課題に正答できている（この比率は、２０１８～２０２３年に筆者が同種の比較課題を用いて複数の地域の小学校で実施している調査においてもおおよそ同等である）。これは、整数倍型の比較課題に対してほとんどの５年生が倍数操作方略（整数倍の関係にもとづく等価性の判断：「時間もきょりも倍になっているから速さは同じ」といった方略）を用いて正答できていることに加えて、非整数倍型・逆内包量型の比較課題に対しても、単位あたり方略（増加方向で４㎞などに単位をそろえて比較する「個別単位方略」を含む）や増加率比較方略を用いて半数程度の児童が適切に判断と理由を記述できていることを表している。単位あたり量や比例を学習する以前の児童の内包量に関する思考の豊かさが、とくに、歩く速さや車の速さなどで日常的に経験することが多いと想定される速度に関わる非定型問題に取り組むプロセスで現れると考えられる。

4　単位あたり量（内包量）の理解の縦断的変化

【1】縦断的研究のデザイン

第3節では、内包量（速度や濃度）の概念的理解は比例関係の理解に比べて難しく、単位あたり量や比例を学校で学習した後の小学校6年生や中学校1年生でも課題が残されている一方で、速度に関しては、小学校3年生から5年生にかけて日常経験にもとづきながら、整数倍型課題に対する倍数操作方略、非整数倍型課題に対する個別単位方略（積み上げ方略）、単位あたり方略、増加率比較方略などの自生的な問題解決方略を発達させるなど、一定の概念的理解を発達させていることも明らかになった。

ところで、単位あたり量（内包量）は小学校算数では一般に5年生後半で学習する内容である。小学校の授業における単位あたり量の学習は、児童の内包量に関する概念的理解にどのような影響を及ぼすのであろうか。同じ単元の授業であっても、授業時に扱われる問題や発問の内容や種類といった「学習内容（コンテンツ）」や、児童自身による解決・討論、手続きの適用練習といった「学習方法」によって、児童の概念的理解に及ぼす効果は異なってくることが想定される（児童の概念的理解をより促進することを目的として構成された授業とそのプロセスや効果については、第9章で紹介する）。ここでは、おもに教科書を用いながら定型問題の解法の確認とその解法の手続きの適用練習を中心に実施された授業の前後、および一定期間経過後に同一の児童の内包量に関する理解がどのように変化するかを縦断的に検討した研究を紹介しよう。

この研究では、公立小学校5年生38名に対して、同一の内包量比較課題が半年ごとにほぼ一定の間隔で3回実施された[18]。実施時期は、①単位あたり量を学習する以前の5年生6月、②単位あたり量を学習した直後の5年生12月、③単位あたり量を学習して半年後の6年生6月であった。実施された課題は、速度と濃度に関する比較課題で、正内包量型・逆内包量型、整数倍型・非整数倍型の数値タイプが含まれていた。算数科の単位あたり量に関する学習は5年生12月(第2回目の課題を実施する直前)に、算数の教科書を利用して行われた。

[2] 速度の理解の縦断的変化

速度の比較課題における理解水準の移行過程を矢線で示したのが、図4-8である。概念的理解の水準としては、正内包量課題(距離2桁、時間1桁:2桁÷1桁の除法の結果の数値の大小が速度の大小と一致する)と逆内包量課題(距離1桁、時間2桁:2桁÷1桁の除法の結果の数値の大小が速度の大小と逆転する)の整数倍型課題(距離の数値が42㎞と84㎞、時間の数値が2時間と4時間のように、各次元の一方が他方の整数倍になっている課題。この例は正内包量型)でともに正答した場合(判断が正しく「時間と距離も倍になっているから速さは同じ」のように倍数操作方略などで説明した場合)を水準Ⅰ(倍数関係の理解)とした。正内包量課題か逆内包量課題のいずれかの非整数倍型課題(距離の数値が3㎞と4㎞、時間の数値が21分と24分のように、各次元の一方が他方の整数倍になっていない課題。この例は逆内包量型)で正答した場合(判断が正しく単位あたり方略か個別単位方略で説明した場合)を水準Ⅱ(部分的な単位あたり理解)とした(実際に水準Ⅱになるのはほとんどが正内包量課題で正答、逆内包量課題で誤答の場合であった)。水準Ⅱでは、「大きな数値(2桁)÷小さな数値(1桁)」という単位あたり計算を行うが、その計算結果につ

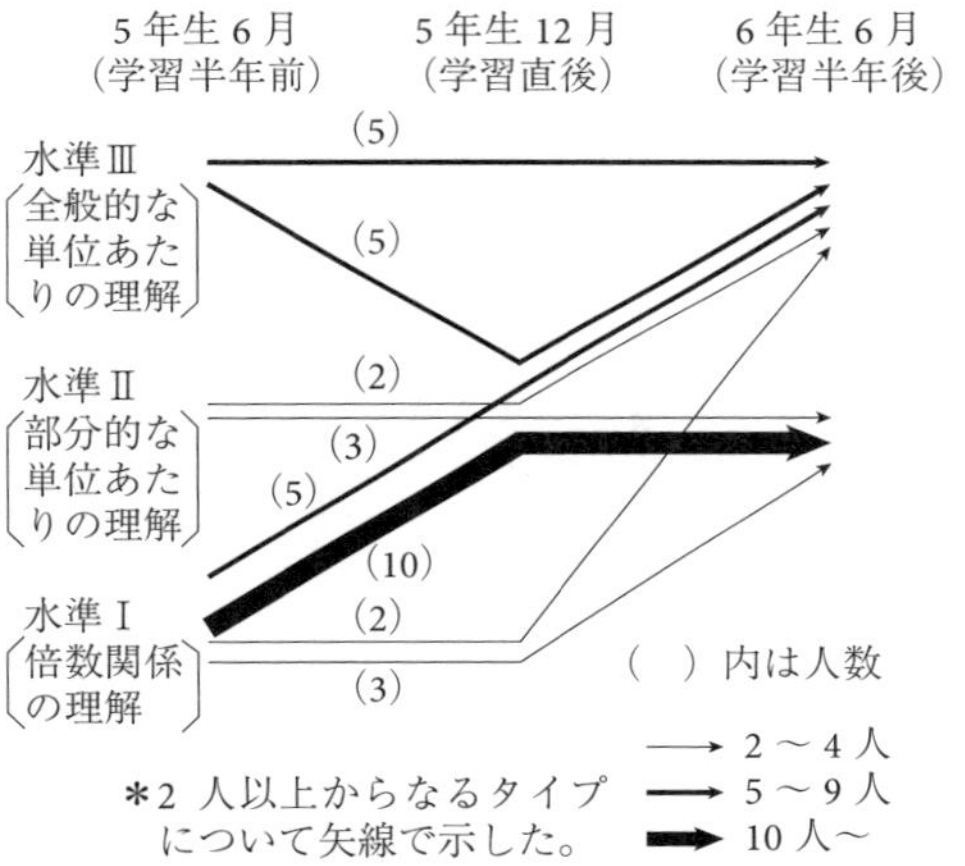

図4-8　速度の比較課題における理解水準の移行過程

（出典）　藤村（1990b[18]）。

いての意味理解が伴わないためにいずれかの課題（おもに逆内包量型課題）で速度の大小判断に誤りが生ずることから、部分的な単位あたり理解の水準とした。さらに、正内包量課題と逆内包量課題の両方の非整数倍型課題で正答した場合を水準Ⅲ（全般的な単位あたり理解）とした。水準Ⅲでは、単位あたりの計算結果の意味を十分に理解して正内包量型、逆内包量型の両課題で速度の適切な大小判断を行うことから、全般的な単位あたり理解の水準とした。

図4－8から次のようなことがわかる。

第1に、単位あたり量を学習する半年前の小学校5年生6月には、クラスの半数近くの児童が部分的あるいは全般的な単位あたり理解の水準（水準Ⅱ・Ⅲ）にあり、さらに3割程度の児童は全般的な単位あたり理解の水準（水準Ⅲ）に達していることである（同様の傾向は、2000年代以降実施している国際比較調査や国内の調査研究においても継続的に見られてきている。藤村[33,38]や恒吉と藤村[121]など）。この場合の方略には、4㎞あたりなど任意の単位にそろえる個別単位方略や、1㎞にそろえる単位あたり方略が含まれている。学校での単位あたり量の学習以前に速度の概念的理解が一定の水準に達していることは、第3節［2］で見てきた5年生の結果とも一致している。

第2に、小学校5年生6月から12月にかけての変化を見ると、学校の授業での単位あたり量の学習（おもに定型問題の解決）の直後には、倍数関係の理解（水準Ⅰ）から部分的な単位あたりの理解（水準Ⅱ）に半数近くの児童が理解を高める一方で、5名（13％）の児童は以前に示していた深い概念的理解（水準Ⅲ）が見られなくなり（計算結果についての意味理解が伴わなくなり）、一時的に部分的な単位あたり理解の水準（水準Ⅱ）に低下していた。学校の授業における定型問題の解決手続きとその適用を中心とした学習は、単位あたり計算という手続きを獲得することを促進し、教科書で扱われることが多い正内包量型の数値タイプの課題解決を容易にする（水準Ⅰ→水準Ⅱへの向上）一方で、教科書ではほとんど扱われない逆内包量型の数値タイプの課題解決には結びつかない（大きな数値÷小さな数値という表面的な手続きを過剰般化して誤答となる）。さらに、個別単位方略などの自生的な方法で逆内包量課題を解決していた児童にとっては、学校で学習した新しい手続き（単位あたり計算）の意味理解が伴わず、表面的な手続きのみを適用することで、半年前に正答できていた逆内包量型課題に対して誤答となる（水準Ⅲ→水準Ⅱへの低下）ことがうかがえる。なお、大きな数値÷小さな数値という手続きの獲得により、正内包量型課題の解決が促進される一方で、逆内包量型課題の解決が抑制されるという同様の変化は、濃度の比較課題においても見られている[18]。

第3に、単位あたり量の学習直後の5年生12月から半年後の6年生6月にかけての変化を見ると、逆内包量の意味理解を伴った全般的な単位あたり理解の水準に移行するタイプ（水準Ⅱ→水準Ⅲへの向上）と、部分的な単位あたり理解の水準にとどまるタイプ（水準Ⅱ→水準Ⅱの無変化）に分かれていた。この6年生6月の人数分布は、第3節の横断的研究で見てきたような、小学校6年生や中学校1年生でも、逆内包量の理解を含む内包量の深い概念的理解の水準に達する児童・生徒が半数程度にとどまるという結果とほぼ一致している。また、6年生に関する逆内包量課題の結果は、同一の速度比較課題で小学校児童の数学的思考を比較した国際比較研究における日本の6年生の結果[27,33]とも類似しており、ここで紹介した学校以外の小学校においても類似した理解水準の推移が見られる可能性が推察される。

5年生12月から6年生6月にかけての半年間の変化に関して、この半年の期間に単位あたり量に直接関連する学習が行われていないことを考慮すると、学校の授業における定型問題の解決手続きとその適用を中心とした学習の後、およそ半年間をかけて、3割程度の児童は（学習以前に自生的な方略で深い概念的理解を示していた児童を含めて）、学校で学習した手続きと自身の既有知識を関連づけて概念的理解を深める、あるいは多様な知識を再構成して以前の水準に回復するが（水準Ⅱ→水準Ⅲへの向上）、半数程度の児童は教科書で扱われるのと同型の問題に対する解決は手続きの適用で可能であるが、逆内包量課題を解決可能なほどに概念的理解を深めるには至らないことがうかがえる。これらのタイプが分かれる背景としては、学校での定型的な手続きを重視した授業を同様に経験していたとしても、その後のプロセスにおいて、理解や思考を重視してみずから多様な知識の関連づけを試みるか（「理解・思考」型学習観）、定型的な手続きの暗記・再生を重視するか（「暗記・再生」型学習観）という児童の側の学習観の違い[30,112]が影響している可能性も推察される（学習観については、第2章も参照）。

【3】 小学生の内包量理解の縦断的変化——本節のまとめ

以上のことから、①算数での5年生の単位あたり量の学習以前に、児童は速度の概念的理解を自生的に発達させており、深い概念的理解が必要な逆内包量課題も個別単位方略などで解決する児童も3割程度見られること、②単位あたり量に関する定型問題や定型的な解決手続きを中心とした授業は、授業で扱われる問題と同種の問題（正内包量課題）の解決を促進する一方で、深い概念的理解を要する逆内包量課題の解決を導くことは少なく、定型的な手続きに焦点化されることで、以前に自発的に達成されていた逆内包量課題の解決（深い概念的理解）が妨げられる可能性があること、③学校での手続き中心の学習後、一定期間（約半年）が経過することで、3割程度の児童においては学校で学習した定型的手続きが自身の既有知識に統合されて深い概念的理解を達成、あるいは回復することで逆内包量課題の解決が可能になるが、一方で、半数程度の児童では、手続き的知識の適用による同種の問題（正内包量課題）の解決のみにとどまること、両者の違いには学習観などの影響が推測されることが明らかになった。

発達心理学では、新たな手続きや考えを獲得する際のU字型成長曲線（U-shaped behavioral growth）の存在が指摘されてきた。[55,109] たとえば、同じ量の水が入った2つのカップ（AとB）にそれぞれ同じ量の砂糖を加えて砂糖水をつくり、一方のカップ（A）の砂糖水を半分に分けて（A1とA2）、その1つ（A1）と元のもう1つのカップ（B）でどちらが甘いか、甘さは同じかを尋ねた研究[109]では（正答は「甘さは同じ」）、正答率が4歳から8歳にかけて低下した後、8歳から12歳にかけて向上することが示されている。同じ正答でも幼児期（4〜6歳）には「どちらも砂糖と水がある」といった存在に関する理由づけが多いのに対して、児童期後半（10〜12歳）では「砂糖も水も半分になっている」といった定量的に関連づける理由づけが多かったことから、8歳頃の正答率の低下には2つの量を定量的に関連づけるようになる移行過程での一時的な停滞がうかがえる。新たな考えや手続きを獲得する際に既存の枠組みとの関係で一時的な混乱や不整合が生ずることが、本節で紹介した研究における一部の児童（水準Ⅲ→水準Ⅱ→水準Ⅲの移行タイプ）にもあてはまるのではないかと考えられる。

一方で、クラスの半数の児童が、学校での手続き中心の学習後、半年間を経過しても手続き的知識の適用による定型問題解決の水準（正内包量課題を解決できるが逆内包量課題を解決できない水準Ⅱ）にとどまっていることについては、学校において定型的手続きの獲得が中心の学習とは異なる理念（目標）や方法にもとづいて学習を構成することで別の変化のプロセスを描くことも可能であり、また必要ではないかと考えられる。算数の授業で定型問題の解決（手続きの獲得と適用練習）を中心とした学習が行われることは、新しい手続きを多くの児童に一様に獲得させること（教科書と同型の正内包量課題を解決すること）には有効に機能すると考えられる。それに対して、教科書ではあまり見かけない課題（多様なアプローチが可能な非定型課題）に対して自分自身で知識を関連づけて意味を判断して解決を導くような深い概念的理解を達成するには、概念的理解の深まりを志向する別のタイプの学習が必要であることが示唆される。どのような理念や方法にもとづく授業によって、概念的理解が深まるか、「わかる学力」が高められるかについては、第9章でくわしく検討することとしよう。

5　フィンランドの小学生の「わかる」——日本の小学生との共通点と相違点

同一の課題を用いた国際比較調査は、その国の児童の概念的理解や手続き的知識の水準だけでなく、問題解決方略やその表現形式といった、各国の児童・生徒の思考プロセスの特徴を明らかにしてくれる。筆者は、中国やシンガポール、アメリカ合衆国といった国々との国際共同研究（詳細については、藤村[33]や、恒吉と藤村[121]を参照）を発展させて、2010年頃から北欧のフィンランドの研究者や実践者との国際共同研究を行ってきている。ここでは、フィンランドの小学生に対する数学的思考の個別面接調査から、国を超えた「わかる」の発達の共通性とそれぞれの国の独自性を明らかにすることを試みてみよう。

［1］　調査への参加者と実施課題・手続き

フィンランドのヘルシンキ近郊都市の公立小学校における3年生、5年生、各8名に対して、以前に日本の小学生に実施した内容と同一内容の数学的思考課題と学習観に関する質問を個別面接形式で実施した。数学的思考課題は、算数としては未習ではあるが、日常的知識や既習の計算を組み合わせることで小学校中学年の児童でも解決可能なものとした（学習観に関する質問の内容と結果については、藤村[36]を参照）。

児童の概念的理解の深まりを問うために、濃度（ジュースの濃さ）と速度（模型自動車の速さ）に関する比較課題を3題実施した（5年生については、応用的な理解を問う速度課題をさらに1題実施したが、本稿では発達的変化の検討を行うために、分析の対象外とした。内容については、藤村[36]を参照）。課題文脈と数値設定から、課題1（濃度領域、整数倍・等価）、課題2（濃度領域、非整数倍・非等価）、課題3（速度領域、整数倍・非等価）の3課題を設定した。数値の設定については、本章第3節、第4節で紹介した研究や、他の先行研究[23,27]から、内包量比較課題に関しては、次元内の数的関係に関して整数倍課題よりも非整数倍課題が、比較結果に関して等価課題よりも非等価課題が、また速度領域の課題よりも濃度領域の課題が、それぞれ難しいことが明らかにされており、小学校中学年から高学年にかけてそれらの課題解決の水準が向上することが示されていることから、3年生から5年生までの発達的変化が想定される課題として、以上の課題（小問）を設定した。各課題では、絵カードで課題場面を示しながら、速度や濃度の大小判断とその判断の理由を問い、その理由に不明確さが見られた場合などには、その内容を明確化するための補足質問を追加した。

各課題はフィンランドの小学校の図書室において、個別面接形式で実施された。面接者（筆者）による質問内容は熟練した通訳者によって同時通訳して児童に伝えられ、次に児童の回答内容は通訳者によって面接者に伝えられ、さらにそれに応じて面接者が補足質問を実施するという形式で進められた。

【2】フィンランドの小学生の数学的思考――内包量の概念的理解

まず、各課題に対して児童が行った判断とその理由を分析し、各課題に対する問題解決方略を同定した。同定の際には、本章第3節、第4節で紹介した研究や同種の内包量比較課題を用いた先行研究[23,25,27]で示された分類基準をベースとした。全般的な傾向を明らかにするために、各課題に対する問題解決方略を、厳密な正答基準を満たす方略（倍数操作方略、個別単位方略〔積み上げ方略〕、単位あたり方略―2種類の量が定量的に適切に関連づけられている方略）と、緩やかな正答基準を満たす方略（定性的比例方略、増加率比較方略―2種類の量が定性的に〔変化の方向性として〕、または部分的に定量的に〔変化の大きさとして〕適切に関連づけられている方略）、およびそれ以外の不完全な方略の3つに区分した。

具体的な問題（濃度・速度の比較課題）に即して見てみよう。

課題1（濃度領域、整数倍・等価）「ミーナは濃縮オレンジジュース2カップと水4カップを混ぜてジュースを作り、ハンナは濃縮オレンジジュース4カップと水8カップを混ぜてジュースを作りました。どちらのジュースが濃いでしょうか」では、倍数操作方略（濃縮ジュースも水も一方が他方の倍なので濃さは同じ）、単位あたり方略（どちらも濃縮オレンジジュース1カップに水2カップが入っているので〔比率は同じなので〕濃さは同じ）を用いた場合には厳密な正答基準を満たす。一方、定性的比例方略（濃縮ジュースも水も一方が他方よりも多いので濃さは同じ）を用いた場合には緩やかな正答基準を満たすことになる。

課題2（濃度領域、非整数倍・非等価）「センナは濃縮オレンジジュース2カップと水8カップを混ぜてジュースを作り、ティーナは濃縮オレンジジュース3カップと水9カップを混ぜてジュースを作りました。どちらのジュースが濃いでしょうか」では、単位あたり方略（濃縮オレンジジュース1カップに加える水のカップ数が違うので〔センナは4カップ、ティーナは3カップなので〕ティーナが濃い）、個別単位方略（濃縮ジュース3カップにして比べると、センナは水12カップ、ティーナは水9カップなのでティーナが濃い）を用いた場合には厳密な正答基準を満たす。一方、増加率比較方略（ティーナはセンナに比べて濃縮ジュースが1カップ増えているのに水が1カップしか増えていないのでティーナが濃い）を用いた場合には緩やかな正答基準を満たすことになる。

課題3（速度領域、整数倍・非等価）「赤い模型自動車は2秒間で4m進み、青い模型自動車は4秒間で6m進みました。どちらの模型自動車が速いでしょうか」では、単位あたり方略（1秒で赤い模型自動車は2m進み、青い模型自動車は1・5m進むから、赤い模型自動車の方が速い）、個別単位方略（4秒間で比べると赤い模型自動車は8m、青い模型自動車は6m進むから、赤い模型自動車の方が速い）を用いた場合には厳密な正答基準を満たす。一方、増加率比較方略（赤い模型自動車と比べると青い模型自動車は2m道のりが長くて2秒も多くかかっているから、赤い模型自動車の方が速い）を用いた場合には緩やかな正答基準を満たすことになる。

一人ひとりの児童が3つの課題に対して行った判断と理由づけ、およびそれにもとづいて同定された問題解決方略を示したのが表4－4である。濃い網掛けは厳密な正答基準を満たす方略を、薄い網掛けは緩やかな正答基準を満たす方略を示している。少人数データではあるが、小学校3年生から5年生にかけての発達的変化の全般的傾向を把握するために、3課題中の平均正答数の学年差について統計的検定を行った。その結果、厳密な正答基準を用いた場合には、3年生（平均＝0.25, *SD*＝0.43）と5年生（平均＝1.50, *SD*＝1.22）の間の平均正答数の差が有意であり、一方で緩やかな正答基準を用いた場合には、3年生（平均＝1.00, *SD*＝0.71）と5年生（平均＝1.87, *SD*＝1.09）の間の平均正答数の差は有意でなかった。このことから、フィンランドの児童は3年生から一定程度、2つの量（溶液量と溶媒量、時間と距離）を定性的または部分的に定量的に、適切に関連づけることが可能であり、5年生になると定量的な関連づけがより適切になる（洗練される）ことが示唆された。

次に、5年生に多く見られた、厳密な正答基準を満たす方略の内容を検討したところ、自分で一方の量の単位を増加方向または減少方向に設定して他方の量を比較する個別単位方略（表4－4の「個別単位」）が8人中4人（50％：表4－4の51、54、56、58）に見られた。一方で、1秒あたりや1カップあたりの数値を比較する単位あたり方略（表4－4の「単位あたり」）は2人（25％：表4－4の52、56）にしか見られず、うち1人（56）は個別単位方略も用いていた。また少数ながら見られた単位あたり

表 4-4　内包量比較課題に対するフィンランドの児童の問題解決方略

<table>
<tr><td rowspan="4"></td><td colspan="3">課題 1
（濃度，整数倍・等価）</td><td colspan="3">課題 2
（濃度，非整数倍・非等価）</td><td colspan="3">課題 3
（速度，整数倍・非等価）</td></tr>
<tr><td></td><td>ミーナ</td><td>ハンナ</td><td></td><td>センナ</td><td>ティーナ</td><td></td><td>赤</td><td>青</td></tr>
<tr><td>オレンジジュース</td><td>2 カップ</td><td>4 カップ</td><td>オレンジジュース</td><td>2 カップ</td><td>3 カップ</td><td>かかった時間</td><td>2 秒</td><td>4 秒</td></tr>
<tr><td>水</td><td>4 カップ</td><td>8 カップ</td><td>水</td><td>8 カップ</td><td>9 カップ</td><td>進んだきょり</td><td>4 m</td><td>6 m</td></tr>
<tr><td>31</td><td colspan="3">同じ。水とジュースの量が多いか少ないかだけで，（水とジュースの量の）割合は同じ。→単位あたり（意味）</td><td colspan="3">ティーナ。このようにやったことはないけれど，（ティーナのオレンジジュースとみずから）1 カップ，1 カップとると同じで，ジュースが増えているから濃いと思う。→増加率比較</td><td colspan="3">赤。2 秒で 4 m も行くのに，6 m で 4 秒もかかるから。→増加率比較</td></tr>
<tr><td>32</td><td colspan="3">ミーナ…やっぱり同じ。水が増えていてジュースも増えているだけだから。→定性的比例</td><td colspan="3">同じ…やっぱりティーナがちょっと濃い。ジュースが 1 カップ多いから。〈水はどうかな〉ちょっと多いかな。→増加率比較</td><td colspan="3">同じ。秒が増えているから。→「一方の量のみに着目した判断」</td></tr>
<tr><td>33</td><td colspan="3">ハンナが多い…濃いような気がします。ジュースも多いけれど水も多いから。→「増加率の比較判断の誤り」</td><td colspan="3">ティーナが濃い。こっち（センナ）は 2 つしかジュースがないのに，水が 8 カップある。こっち（ティーナ）はジュースが 1 つ増えて，水は 1 個しか増えていない。→増加率比較</td><td colspan="3">青。6 m の方はずっと長いけれど，短い時間で済んだから。4 秒が短い。→「増加率の比較判断の誤り」</td></tr>
<tr><td>34</td><td colspan="3">同じ。ハンナは，ジュースと同じくらい水が多いから。→定性的比例</td><td colspan="3">同じ。ティーナは水が 1 つ増えて，オレンジジュースも 1 つ増えているから。→「加法的推理」</td><td colspan="3">同じ。赤い自動車に比べて，青い方は秒と m のどちらも 2 増えているから。→「加法的推理」</td></tr>
<tr><td>35</td><td colspan="3">ミーナ。ジュースが多いから。→「一方の量のみに着目した判断」</td><td colspan="3">センナの方が少し濃い。ティーナはジュースが 3 で水が多い。センナはジュースが 2 だけど水が少ない。→「増加率の比較判断の誤り」</td><td colspan="3">同じ。時間は赤が 2，青が 4 で 2 倍になっている。動いた距離は赤が 4，青が 6 で，6 は 4 より大きい。→「倍数操作にもとづく判断」</td></tr>
<tr><td>36</td><td colspan="3">同じです。水もジュースも 2 倍になっているから。→倍数操作</td><td colspan="3">同じ。水は 1 個増えてジュースも 1 個増えて，1 個ずつ少ないから同じ→「加法的推理」</td><td colspan="3">同じ。（時間も距離も）どちらも 2 倍になっているから。→「倍数操作にもとづく判断」</td></tr>
<tr><td>37</td><td colspan="3">同じ。（ハンナの方は）ジュースも多くなったし，水も同じように多くなっているから。同じくらいの量が増えている。→定性的比例</td><td colspan="3">同じ。ティーナは水も増えて，ジュースも増えている。センナは水も少なくてジュースも少ない。→「定性的比例にもとづく判断」</td><td colspan="3">ほとんど同じ。さっき（課題 2）のジュースと同じ。青は時間もかかっているし，その分だけ距離も長くなっているから。赤は距離が短くて，時間も少ない。→「定性的比例にもとづく判断」</td></tr>
<tr><td>38</td><td colspan="3">ミーナの方。ジュースが多くあるから。水も多くあるからです。→「2 量の誤った関係づけ」</td><td colspan="3">センナの方。水が少ない。センナの方は水が増えているけれど，ジュースも増えているから。→「増加率の比較判断の誤り」</td><td colspan="3">両方とも同じ…青かな…やっぱり赤かな。2 秒で動いたから（時間が短いから）→「一方の量のみに着目した判断」</td></tr>
</table>

51	同じ。2のジュースに4の水を入れている。ミーナは2に4を入れていて，ハンナはもう一つの2が4に入っている。（水とオレンジジュースが）倍になっている。→倍数操作	ティーナ。センナはジュースの2個に（それぞれ）水が4つ入っている。ティーナはジュースの3個目にも同じように水が4つ分ないといけないのにそれだけの水がないから，ジュースが（相対的に）多い。→個別単位	青がゆっくり。赤は2秒で4m。青は同じスピードだと8m進まないといけないのに6m。→個別単位
52	同じ。2と4，4と8で，同じ比率で入っているから。→単位あたり（意味）	ティーナ。（センナは）水が4倍で，こっち（ティーナ）は水が3倍。→単位あたり（意味）	赤。短い間に長い距離を行っている。…ちょっとわかりにくくなってきた…やっぱり同じ。倍の4秒かかっているけれど，進んだ距離が長い。→個別単位
53	ミーナ…やっぱりハンナかな。水の量が少ないから。→「一方の量のみに着目した判断」	センナ。水で比べたら少ない。→「一方の量のみに着目した判断」	同じ。2秒で4mで，4秒で6mで，あー，よくわかんない。（時間と距離の）両方とも伸びているから。→「定性的比例にもとづく判断」
54	ミーナ。ジュースの部分が多いから。〈水の部分はどうかな？〉…考え直したら，同じだと思う。2と4，4と8で同じくらい，倍に増えているから。→倍数操作	同じ。（ティーナは）9と3。（センナは）8のときに2で，少なくなっているから。→「定性的比例にもとづく判断」	赤。2秒で4m，4秒で6mだから。青は4秒で倍の時間かかっているけれど，6mだと（倍より）少ない。→個別単位
55	同じくらい。説明がよくできません。〈何か気づくことある？〉こっち（オレンジジュース）が多くて，こっち（水）が少ない。→定性的比例	ティーナ。理由はない。→「理由説明なし」	同じ。理由はない。→「理由説明なし」
56	同じ濃さ。ハンナは作った量が少ない。2と4を比べると，オレンジジュースの倍の4カップの水で薄める。ミーナはジュースも倍だけど，（ジュース4に水8で）ジュースの倍の水がある。→単位あたり（意味） 量はミーナが多いけど，1つのカップの中に半分の水がある。→倍数操作	ティーナ。（センナは）ジュースの量が水の1/4。（ティーナは）ジュースの量が水の1/3だからです。→単位あたり（意味）	赤。1秒で2m。（青は）2秒で3m。〈もう少しくわしく説明して〉もし同じスピードだとしたら，（赤が6mになるのは）3秒だから。→個別単位
57	同じ。うまく説明できないけど，8と4で水が増えているけれどジュースも増えている。→定性的比例	こっちの方がもっと難しい。ちょっとわからない。→「理由説明なし」	青。4秒で6mも進んだからです。→「増加率の比較判断の誤り」
58	同じ。ジュースが半分，水が半分だからです。→倍数操作	ティーナ。ジュースのカップが多いけれど，水は1つしか増えていないから。→増加率比較	赤。1秒で2m動く。青は4秒で6mだから2秒で3m。（赤の方が）短い時間でたくさん動くから。→個別単位

（注） 方略名（濃い網掛け）は厳密な正答基準を満たす方略を，方略名（薄い網掛け）は緩やかな正答基準を満たす方略を，「方略名」は不完全な方略をそれぞれ示している。
〈　〉は面接者（インタビュアー）の発言を示す。

児童の番号について，31〜38は小学校3年生を，51〜58は小学校5年生を示す。

（出典） 藤村（2017）[36] を一部改変。

方略においても4事例中4事例が具体的な量とその関係による意味づけ（表4－4の「単位あたり（意味）」）がなされていた。

さらに、3年生に多く見られた、正答に至らない不完全な方略の内容を検討したところ、非等価課題（課題2、3）に対して、定性的比例方略や倍数操作方略といった等価課題（課題1）で有効な方略を用いて解決しようとする方略（表4－4の「定性的比例にもとづく判断」や「倍数操作にもとづく判断」）や、増加率の比較などによって2つの量を関連づけるが判断の際に誤りとなる方略（表4－4の「増加率の比較判断の誤り」「加法的推理」「2量の誤った関連づけ」）が、緩やかな基準で全問正答となる1人（31）を除いた7人中6人（86％：表4－4の33～38）に見られた一方、「一方の量のみに着目した説明」や「理由説明なし」は、不完全な方略と分類された15事例中3事例（20％）にすぎなかった。

［3］ フィンランドと日本の小学生の共通点と相違点

以上のことから、フィンランドの児童は、①3年生の時点から2つの量を定性的、あるいは部分的に定量的に関連づける推理を（最終的な判断が適切であるかどうかは別として）ほとんどの者が行っていること、②5年生になるとより洗練された定量的な推理を行う者が増加するが、その推理は具体的な文脈情報を生かして2つの量を関連づける、自発的に構成された方略（個別単位方略など）が中心であることが示された。本章第3節で紹介した同種の内包量比較課題に対する日本の児童に対する研究結果と比較すると、3年生から5年生にかけて、倍数操作方略、個別単位方略、単位あたり方略など、より洗練された定量的な推理が増加するという発達的傾向は共通している。また、5年生の時点での正答率という点に関しても、本節で紹介した3つの課題を同一の個別面接の手続きで日本の5年生32

名（「速さ」の単元は未習）に実施した研究（未発表）では、先述の３つの方略（倍数操作方略、個別単位方略、単位あたり方略）の利用にもとづく適切な判断を基準（先述の厳密な正答基準）として分析を行った結果、各課題の正答率は、課題１が72％、課題２、３がともに59％であり、本節で取り上げたフィンランドの児童の正答率（厳密な正答基準）とほぼ同等であり、統計的に有意な差は見られなかった。一方で、問題解決方略の種類や表現形式という点では、日本の３年生に比較的よく見られるような、一次元的方略（速度の比較課題で、道のりの長短や時間の長短のいずれかのみで判断する方略）や、意味をあまり考慮せずに数のみを組み合わせて判断を理由づける方略、５年生によく見られるような、単位あたり方略のうち数のみに着目した手続き重視の説明の出現頻度は相対的に低かった。たとえば、先述の日本の5年生32名を対象にした研究では、単位あたり方略を利用した児童（13名）のうち、数のみに着目して手続き的な説明を行う（たとえば、課題１で、「４÷２＝２、８÷４＝２で濃さは同じ」と説明する）児童は、課題１で13名中８名（62％）、課題２で13名中７名（54％）見られたのに対して、先ほどの分析で見られたようにフィンランドの児童では、少数の事例による研究ではあるが、単位あたり方略を用いる場合には日常的な量やその関係にもとづく概念的な説明を行っており、数のみに着目した手続き的説明を行う児童は見られなかった。以上のことから、フィンランドの児童は、日本の児童に比べて、日常世界の中の「量」に着目して、それに関わる多様な知識を関連づけて思考を構成する傾向が強いことが示唆される。

【4】 フィンランドと日本の相違点を導く教育的背景

フィンランドの児童の数学的思考に関して、３年生から5年生にかけて、２つの量を関連づける、より洗練された定量的な推理が増加する（概念的理解が発達する）という日本の児童と共通する発達的変化の方向性が示唆された。一方で、フィンランドの児童は、「数」に着目する傾向が相対的に強い日本の児童に比べて、3年生の時点から、日常世界の中の「量」に着目して、それに関わる多様な既有知識を自分なりに関連づけて思考を構成する傾向が一貫して強く、それが正答（適切な判断と理由づけ）につながる方略であっても判断や理由づけに不十分さが見られる不完全な方略であっても、問題解決方略の種類や内容に表現されているようである。

なお、フィンランドの児童に対して、ここで紹介した数学的思考を検討する個別面接研究と同時に実施した、学習観を検討する個別面接研究[36]では、学習場面での他者との協同の意義については3年生から意識されているが、5年生にかけて、その意味づけが「共有の楽しさ」から「協同することで得られる成果」へと発達的に変化することが示唆されている。また、思考の結果（解答の正誤）よりも思考のプロセス（判断の理由や過程）を重視する「理解・思考」型の学習観が、3年生の時点での結果重視や並立・未分化が共存する状況から、5年生にかけて発達的に形成されることも示されている。そのようなフィンランドの児童における学習観の形成過程と、先述の多様な既有知識を関連づけた数学的思考の深まりが関連しているのではないかと考えられる。その背景には、日常世界に関連づけて多様な知識を活性化し、思考のプロセスの表現を重視する授業過程を経験している可能性が推測される。

終章で関連する研究を紹介するが、フィンランドの初等・中等教育に関して、フィンランドの小学校や総合学校（小中一貫校）で行われている算数授業について観察を行い、1単位時間（45分）の構成を心理学的な視点から分析した研究[34]では、フィンランドの算数授業の特質として、教師による内容や解法の説明と個別演習を組み合わせた授業形態といった知見[67]に加えて、①1単位時間中の多様な学習内容（さまざまな視点からの定型的発問）、②日常的事象と関連づけられた教材、③思考のプロセスや理由を問う発問、④ペアやグループ、クラス単位での適宜の話し合い、⑤教師の発案による非定型発問（一方での、多様な解法を関連づける討論やその後の個別探究の不足）といった特徴が明らかになっている。また、日本の算数授業のビデオを対比的な視聴材料としてフィンランドの教師に質問を行い、フィンランドの学習内容や学習方法の特質を検討した研究[44]では、教師に対する質問紙調査やグループ・インタビューを通じて、先述の特徴（①～⑤）が、フィンランドの算数授業の構成要素となることが確認されている。また、教師に対するグループ・インタビューにより、「子ども一人ひとりの特質に応じた教育」といった理念や、「知識や技能を関連づけて日常的な問題を解決する」ことを目標とする教育観が、先述のフィンランドの授業の構成や児童の活動を方向づけていることも明らかにされている。

以上のことを総合して考えると、本節で紹介した個別面接研究を通じて見出された結果は、子ども一人ひとりの特質に応じ、知識や技能を関連づけて日常的な問題を解決することを重視する、フィンランドの教師の教育観やそのもとに構成された授業を経験することが、フィンランドの児童の数学的思考を、多様な日常的知識を関連づけて構造化する方向で発達させるという可能性を示しているのではないかと考えられる。

[5] フィンランドと日本の小学生の数学的思考の発達——本節のまとめ

以上の研究から、フィンランドの小学生と日本の小学生を比較すると、3年生から5年生にかけて、内包量（単位あたり量）の理解に関して、倍数操作方略や個別単位方略、単位あたり方略といった、2つの量を定量的に関連づける洗練された思考が自生的に発達するという国を超えて共通する発達的変化のプロセスが見出された。一方で、思考の構成プロセスや表現形式に着目すると、フィンランドの児童には、日本の児童と比べると、適切な判断や理由づけには至らなくても2つの量を日常文脈に照らして自分なりに関連づけて説明しようとする傾向が3年生の時点から強く、5年生の時点でも意味（日常文脈）にもとづいて問題解決方略を構成し、説明する傾向が顕著であり、日本の5年生に一定の割合で見られるような数のみを関連づけるような説明は見られなかった。フィンランドの少人数の小学生を対象とした研究の結果であり、結果の解釈や一般化には慎重である必要があるが、授業観察、児童への個別面接、教員へのグループ・インタビュー、質問紙調査といった、同一対象校における多面的方法を用いた一連の研究から見えてくるのは、一人ひとりの児童の考えを尊重し、日常的・社会的事象と関連づけるフィンランドの教育によって、日本に比べて相対的に、各児童においてより多様かつ柔軟に知識が関連づけられ、より顕著に日常的意味にもとづいた思考（問題解決方略の構成と説明）が実現されるという可能性であろう。それが第2章で言及したような、TIMSS調査で具体的な日常的事象・事物を扱った非定型問題（「体積と重さ」「地形図と等高線」「月の満ち欠け」などの問題）に対するフィンランドの児童・生徒の思考の水準の高さにもつながっていることが推察される。全般的な発達的変化の方向性の普遍性とともに、問題解決方略の種類や説明の様式といった、思考プロセスの国による違いにも着目することにより、それらを実現する教育内容や教育方法を考える手がかりが得られるであろう。

このことについては、終章でさらに検討していくことにしよう。

第5章 「わかる」の発達①：数学的概念がわかるⅡ

かけ算やわり算の問題をつくってみる

問題が解けることと、問題を自分でつくることができることにはどのような関係があるのだろうか。「1箱に6個ずつクッキーが入っています。4箱あるとクッキーは全部で何個になるでしょうか」という問題（文章題）に対して式を立てて答えを算出するのが文章題解決のプロセスである（一般に「6×4＝24、答え24個」のように書くと正答になる）。それに対して、「式が6×4＝？になるような文章題を考えましょう」という問題に対して、自分が考えた問題を記述するのが作問（文章題生成）のプロセスである。

文章題解決は、たとえば、かけ算の計算という獲得した手続き的スキルを活用する問題として算数の教科書でも多く扱われているが、一般に解き方は一つに定まっており、また、「かけ算を用いる」という文脈で提示されることもあり、第2章で述べた認知プロセスとの関係では定型問題の解決に対応すると考えられる。

一方で、作問（文章題生成）の場合は、算数の授業で文章題を学習した直後であれば、記憶している文章題を再生する方略をとることもできるかもしれないが、先述のような式から文章題を生成するタイプの作問の場合、文章題を学習して一定の時間が経過した後であれば、自分なりに日常的知識を含む多様な知識を関連づけて、さまざまな内容や構造の文章題を生成することが可能である点で、非定型問題の解決に対応すると考えられる（どのような内容や構造の文章題が生成可能か、国による違いはあるかなどについては、藤村[27,33]などにくわしい説明がある）。子どもの概念的理解に関しては、多様な知識を関連づけて枠組みを構成するという点で、定型の文章題解決よりも、非定型の作問（文章題生成）に概念的理解がより反映されやすいと考えられる。実際に算数・数学教育の領域では、作問が学習内容の理解を測る指標として、また文章題解決を促進する手段として用いられてきている。[104]一方で、作問に関わる多くの研究は具体的な場面を文章や絵で設定して文章題を生成させたり、あるいは文章題を構成する要素（文や句など）を提示して組み立てさせたりする方法を用いている。そのような方法は、文章題の構成要素と解決を導く数式との関係の把握を容易にし、その後の（定型的な）文章題解決を促すのに有用であるかもしれない。[51,105,106]一方で、式などの最小限の手がかりをもとに考えるという自由度のより高い状況において、子ども自身がどのように多様な既有知識を柔軟に関連づけて思考を構成するか、その思考プロセスに概念的理解の深まりがどのように反映されるかを明らかにするという心理学の観点からの検討は十分ではないと考えられる。

小学校段階における文章題解決や作問（文章題生成）の研究は、1980年代より、おもに加減法を中心に展開されてきた。同種の量に関する一次元的演算である加減法は、異種の量に関する二次元的演算である乗除法に比べると構造がシンプルであり、小学校低学年を主たる対象に、課題提示文脈が文章題解決に及ぼす影響（例：加減法の文章題で、比較〔例：一方が6個で他方はそれより2個多い〕の文脈は、合併〔例：6個と2個をあわせる〕や変化〔例：6個あって2個もらう〕よりも難しいこと）[83]、児童の作問のタイプに見られる文脈の偏り（例：ひき算の式から作問を行う場合には、比較や合併〔全体－部分〕よりも変化〔求残〕の作問が生起しやすいこと）[57]などが明らかにされてきた。

加減法に比べると、乗除法は2つの次元を組み合わせる演算であるために構造が複雑である。本章の冒頭に示した文章題に見られるような「1あたり量」に関する文脈（数学的には「測度の同型性[123]」）の場合、乗法（1あたり量×いくつ分＝全体量）、等分除（全体量÷いくつ分＝1あたり量）、包含除（全体量÷1あたり量＝いくつ分）の3つの演算が相補的に1つの乗法的構造（multiplicative structure）を構成する。また、乗除法の文脈には、「1あたり量」の他に、「倍」（数学的には「パラメーター」）、「面積（縦横）」（数学的には「測度積[123]」）という3つの種類が含まれており、それぞれ先述の3つの演算を構成可能である。さらに、1あたり量には「1箱に6個」「1台に6人」「1人に6本」など多様な組み合わせの対象（意味内容）を含めることができる。以上のように、乗除法には、構造、文脈、対象の多様性があり、それだけに日常世界におけるさまざまな構造を豊かに表現することができる。

本章では、日常場面に含まれる多様な世界を乗除法の枠組みで小学校の子どもたちがどのように捉えているのか、その捉え方にはどのような発達的変化が見られるのかについて、子どもが行う作問（文章題生成）を中心に見てみることにしよう。そこには、数学的内容としてのかけ算やわり算を日常世界とつなげて考えようとする児童の思考の豊かさや柔軟さが現れてくるだろう。まず、第1節では、児童が乗除法の意味をどのように理解しているのかを明らかにするうえで、文章題解決と作問（文章題生成）という2つのプロセスが心理学的にどのような違いと関連性をもつのかについて考えてみよう。次に、第2節では、実際に小学校4年生から6年生の児童がどのように作問に取り組むか、各児童の作問内容を分析し、日常世界と関連づけた乗除法の概念的理解がどのように発達するかを見てみよう。第3節では、小学校4年生の子どもたちが2年後の6年生の時点で同じ作問課題にどのように取り組むかについて分析する縦断的研究によって、発達的変化が一様なものなのか、いくつかのタイプが見られるのか、またその発達は、第4章で見てきたような内包量（単位あたり量）の理解とどう関連するかについて見てみる。そして第4節では、小学校3年生から6年生の児童が行う作問と文章題解決の関わりについて、学校ではあまり扱われないタイプの文章題も取り入れて検討し、子どもたちがどのように乗除法の意味理解を深めていくかを明らかにすることにしよう。

1　乗除法の意味の理解を測るには――文章題解決と作問

日本の小学校では、整数についての乗法（かけ算）は2年生の、除法（わり算）は3年生の算数科の学習内容となっている。それにもかかわらず、4年生や5年生でも乗除法の意味理解は十分ではなく、乗除法の文章題から立式して答えを導くことはできても、逆に式から問題（文章題）をつくることが難しいことが以前から授業実践を通じて指摘されてきた。[116,128] また、高校生を対象とした研究ではあるが、連立方程式（$x + y = 8, 5x + 7y = 50$）を解くことはできても、その連立方程式で解けるような、日常場面を対象とした文章題（乗法と加法を含む文章題）を生成できるのは、連立方程式を正しく解決できる生徒のうちの24％にとどまることも示されている。[6]

国際比較調査などでも、日本の子どもは乗除法に関する文章題の立式や求答は得意としていても意味の理解が難しいことが示されている。たとえば、小学校4年生を対象としたTIMSS2019年調査では、「水槽に12リットルの水が入っていました。その水槽にラヴィは3リットルの水を入れ、インディラは別の3リットルの水を入れました。水槽の中の水の量は次のどの式で計算できますか。①12＋(3＋2)、②(12＋3)＋(12＋3)、③(12＋2)×3、④12＋(3×2)」という式選択型の文章題（正答は④）に対して、日本の児童の正答率は79％（国際平均は53％）で、58カ国・地域の中で1位であった。[64] また、ＴＩＭＳＳ２０１５年調査では、「あつこさんはひもを12本、丸いビーズを40こ、平らなビーズを48こ持っています。あつこさんはひもを1本と、丸いビーズを10こと、平らなビーズを8こ使って、1つのブレスレットを作ります。あつこさんは上と同じブレスレットをいくつ作ることができるでしょうか。①40、②12、③5、④4」という解答選択型の文章題（正答は④）に対して、日本の児童の正答率は66％（国際平均は37％）で、50カ国・地域の中で3位であった（1位は韓国の77％、2位は香港の71％）[61]。乗法や除法が含まれる文章題の立式や求答は、他の演算や判断が含まれる場合でも、国際的に見て高い水準にあることがうかがえる。

また、２０１８年に国内で実施された全国学力・学習状況調査（6年生算数）では、「０・４ｍの重さが60ｇの針金があります。（中略）針金1ｍの重さを求める式を①から④までの中から一つ選んでその番号を書きましょう。①60＋0.4、②60×0.4、③60÷0.4、④0.4÷60」という式選択型の文章題（正答は③）の正答率は66％であった。一方で、同年度の調査において除法の意味を問う問題では、「答えが12÷0.8の式で求められる問題を①から④までの中からすべて選んでその番号を書きましょう。①1ｍの重さが12kgの鉄の棒があります。この鉄の棒０・８ｍの重さは何kgですか。②０・８Ｌで板を12㎡ぬることができるペンキがあります。このペンキ1Ｌでは板を何㎡ぬることができますか。③赤いテープの長さは12cmです。白いテープの長さは赤いテープの長さの０・８倍です。白いテープの長さは何cmですか。④長さが12ｍのリボンを０・８ｍずつ切っていきます。０・８ｍのリボンは何本できますか」という文章題選択型の問題（正答は②④）の正答率が40％であった。乗除法の文章題解決に関して、除数が1未満の除法の場合の立式の正答率（66％）は必ずしも高いとは言えないが、それと比べても、式を表す文章題を選択するという除法の意味理解の正答率（40％）の低さは、乗除法の立式はできても概念的理解が難しいことを示していると考えられる（これらの結果については、国立教育政策研究所ウェブサイト[f]を参照）。

それでは、どうして小学生にとって、かけ算やわり算の問題をつくることや意味の理解が難しいのだろうか。それには2つの理由が考えられる。1つは、乗除法の数学的構造である。先述のように加減法（たし算やひき算）が同種の量の演算であるのに対して、乗除法は異種の量の演算であり、2種類の量（次元）を関連づけて理解することが必要となる。第4章では、比例や単位あたり量という2つの次元を関連づける数学的概念の理解が小学校3年生から6年生にかけて高まっていくことを見てきたが、乗除法の理解についても同様の発達的変化が見られるかもしれない。もう1つは、問題（文章題）をつくることと文章題を解くことの認知プロセスの違いである。文章題の解決については、適切な問題表象を形成できなくても、文章中に含まれている数の大小関係（たとえば、文章題に含まれる2つの数の一方が2桁の数で、他方が1桁の数であり、一方が他方で割り切れるといった関係）や、「全部で」「分けると」といったキーワードを手がかりにして演算の選択（立式）が可能であることが指摘されている[75]。一方で、文章題の生成（作問）については、そのような表面的な代替方略（backup strategy）を用いることができないため、適切な問題表象を形成するための乗除法の構造的理解（深い概念的理解）が問われることが想定される。

そこで、小学校中学年から高学年にかけての児童に対して乗除法の作問課題を実施し、その作問内容の発達的変化を分析することで、乗除法についての概念的理解の深まりを検討することとした。

2 乗除法の作問の発達的変化（横断的研究）
――学年によってつくられる問題にどのような違いが見られるか

乗除法は、数学的構造としては、先に述べたように、乗法（1あたり量×いくつ分により全体量を求める）、等分除（全体量÷いくつ分により1あたり量を求める）、包含除（全体量÷1あたり量によりいくつ分を求める）の3つの演算から構成されている。日常的に用いられている「わり算」には、このように2種類の除法（等分除と包含除）が含まれている。同じわり算でも等分除と包含除では異なる意味があり、学校教育においても小学校3年生のわり算（除法）の導入の際に区別されて扱われている。

[1] 子どもの作問の力を測る――自由作問と手がかり作問

まず1つ目の研究では、乗法と除法の作問がいつ頃から可能になるか、乗除法の3種類の演算に対応する作問に発達的な差異は見られるのかについて、異なる学年の作問内容を同時期に比較検討する横断的研究（cross-sectional study）を用いて検討することにした。そのために、公立小学校4年生38名、5年生38名、6年生43名を対象として、乗法や除法の式から文章題を生成させる自由作問課題と、単位と名称を付した式から文章題を生成させる手がかり作問課題が、課題冊子の形式でクラス単位で実施された[23]。自由作問課題では、まず児童が作問という課題形式を理解するために加法（4＋3）による作問例（「りんご4ことりんご3こをあわせるとぜんぶで何こになりますか」）の説明と減法（5－2）

表 5-1　手がかり作問課題

①7こ×4さら＝？ （みかん）	②18こ÷6人＝？ （りんご）	③15こ÷3こ＝？ （あめ）（あめ）
④6本×3はこ＝？ （ジュース）	⑤16ひき÷4こ＝？ （めだか）（水そう）	⑥14こ÷2こ＝？ （くり）（くり）

6 × 4 ＝ ?

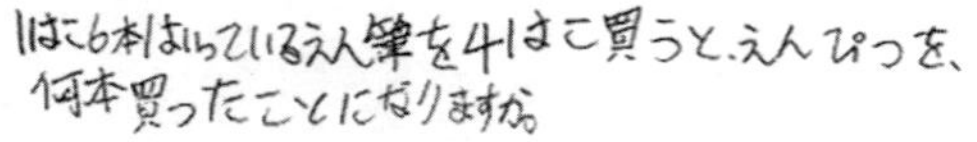
1はこ6本はいっているえん筆を4はこ買うと.えんぴつを、
何本買ったことになりますか。

〈説明部分〉　1はこ6本はいっているえん筆を4はこ買うと、
〈質問部分〉　えんぴつを、何本買ったことになりますか。

図 5-1　自由作問（①乗法：6 × 4）に対する児童の作問例

の作問の問題が1問実施された後、各児童は「計算がつぎの式であらわせるような問題をつくりましょう。答えは書かなくてかまいません」という教示のもとに、①6×4＝？と②18÷3＝？に対する文章題を生成した（①乗法自由作問、②除法自由作問）。手がかり作問課題では、まず減法（7本（花）－3本（花）＝？）の作問例（「花が7本あります。そこから3本とると、のこりは何本になりますか」）の説明を聞いて加法（5こ（みかん）＋3こ（みかん）＝？）の作問に取り組み、その後、自由作問課題と同様の教示のもとに、表5－1に示されている6つの式に対応する文章題を生成した。

①④は乗法、②⑤は等分除、③⑥は包含除にそれぞれ対応する手がかり作問課題である。手がかり作問課題を設定した主たる理由は、2種類の除法を区別して文章題を生成することにある。また文脈の異なる同一構造の文章題を生成することを求めるため、2種類の小問をそれぞれの演算に設定した。図5－1に自由作問①（乗法）に対する児童の作問例を、図5－2に手がかり作問③（包含除）に対する児童の作問例を示す。いずれも適切な

③15こ÷3こ＝？
（あめ）（あめ）

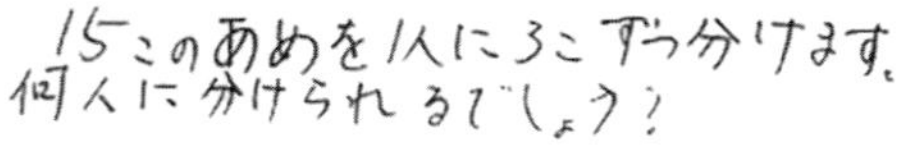
15このあめを1人に3こずつ分けます。
何人に分けられるでしょう？

〈説明部分〉　15このあめを1人に3こずつ分けます。

〈質問部分〉　何人に分けられるでしょう？

図5-2　手がかり作問（③包含除：15こ÷3こ）に対する児童の作問例

作問（正答）と分類される例である。

文章題は、図5－1、図5－2に示されるように、説明部分と質問部分から構成される。生成された文章題が説明部分、質問部分ともに適切である（文章題として解決可能である）場合に作問課題に対する正答とした。

［2］自由作問課題に対する子どもの作問の発達的変化

まず、自由作問課題の正答率を示したのが、図5－3である。乗法の正答率の全般的な学年差が統計的に有意であり、4年生から5年生にかけて有意な正答率の向上が見られた一方、除法の正答率に有意な学年差は見られなかった。除法の自由作問は4年生から正答率80％前後の高い水準にある一方で、乗法の作問には4年生から5年生にかけての発達的変化が見られた。なお、除法には先述のように等分除と包含除の2種類の構造が含まれるが、自由作問の除法課題の作問内容を見ると、ほとんどが等分除であった。算数教育では乗法が2年生、除法が3年生で導入されるが、概念的理解としては除法、とくに等分除が乗法に先行することがうかがえる。その理由については、作問内容の分析も含めて後に考察することにしよう。

参考までに、小学校2年生で乗法を学習済みであるが、3年生で除法を学習する以前である3年生の学年当初に作問課題を実施した研究[22]では、乗法（6×4）の自由作問の正答率は44％であったのに対して、減法（5－

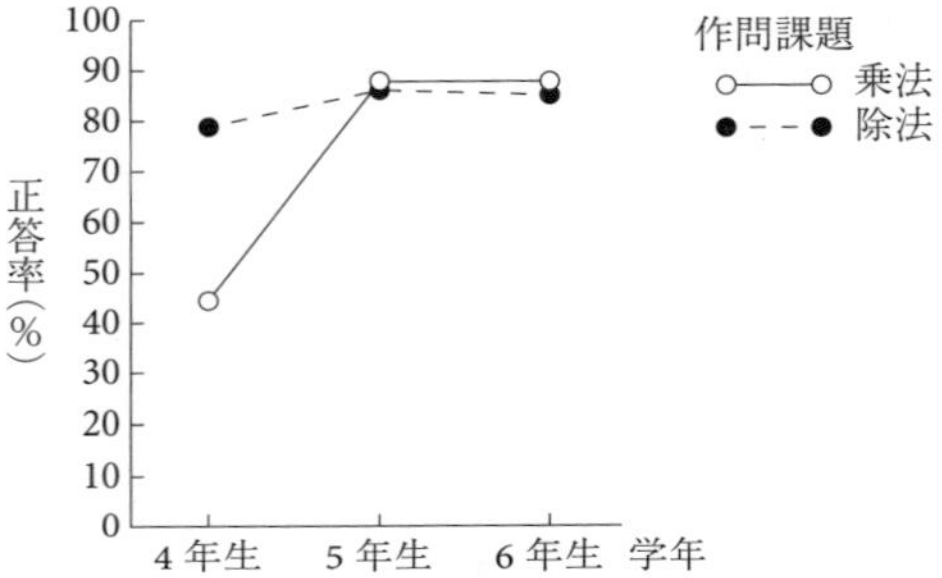

図 5-3　自由作問課題の正答率

（出典）　藤村（1997[23]）。

2）の自由作問の正答率は93％であった。乗法を2年生の算数で学習して間もない3年生の学年開始時でも2つの次元を関連づける乗法の作問は難しく、それに対して1つの次元内で考えられる減法の作問は容易であることがうかがえる。このことは、乗法の作問には、乗法や減法に共通する自分で文章を構成する言語的能力に加えて乗法の構造的な理解が必要であり、おもに後者が作問の難しさを規定していることを示していると考えられる。

なお乗除法の自由作問課題はその後の国際比較研究[27,33,38,121]、国内の複数地域の小学校における調査でも用いられてきているが、おおむね図5－3に示される発達的変化に対応するような傾向が見られている。

[3]　手がかり作問課題に対する子どもの作問の発達的変化

次に、手がかり作問課題の正答率を示したのが、図5－4である。手がかり作問については各演算に2問ずつの小問が含まれるため、2問ともに正答の場合をここでは正答の基準とした。まず、乗法の正答率の全般的な学年差が統計的に有意であり、4年生から5年生にかけて有意な正答率の向上が見られた。また、包含除の正答率の全般的な学年差が有意であり、5年生から6年生にか

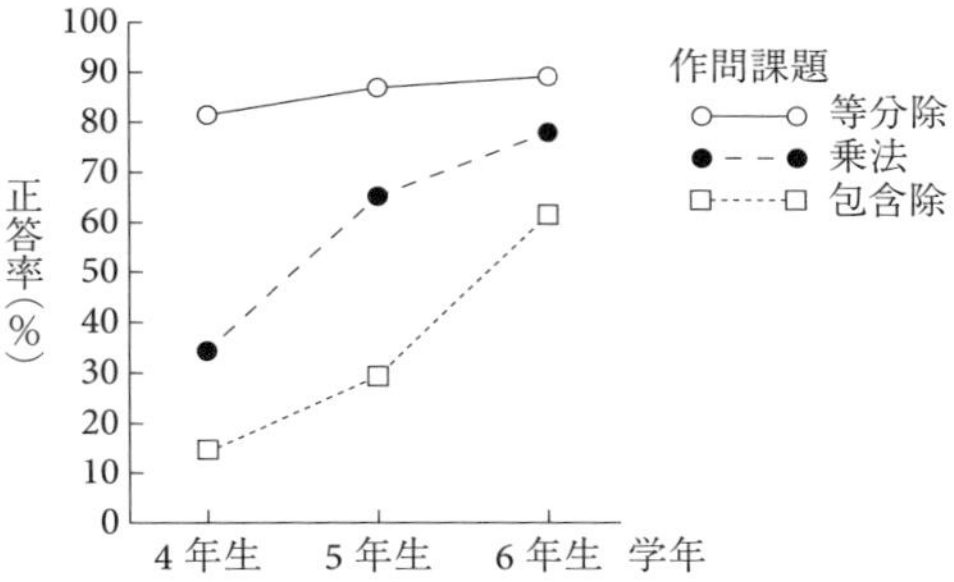

図 5-4　手がかり作問課題の正答率

（出典）　藤村（1997）[23]。

けて有意な正答率の向上が見られた。一方で、等分除の正答には有意な学年差は見られなかった。以上のことから、4年生から等分除の作問が一定して正答率80％以上の高い水準にある一方、乗法では4年生から5年生にかけて、包含除では5年生から6年生にかけてそれぞれ発達的変化が見られる。同じ除法でも、作問課題に対する取り組みという点から分析を行うと、等分除と包含除には概念的理解に大きな発達差が見られることがうかがえる。

さらに小学校4年生から6年生にかけての乗除法概念の発達的変化のプロセスを詳細に明らかにするために、正答率の有意な向上が見られた乗法（自由作問）と包含除（手がかり作問）について、誤答（説明部分か質問部分の一部にその演算として適切でなかったり不十分であったりする表現が含まれるために、その演算による解決が難しい作問）として分類される作問タイプとその出現割合を検討することとした。そこからは、子どもなりに乗法や除法の状況を捉えて表現しようとする柔軟な思考の枠組みが見えてくる。

まず、乗法（6×4の自由作問）に関して、誤答として分類されるような作問の内容を見てみよう。誤答に分類された作問の中の比率で見ると、「等分除的説明」が45％と最も多く、次に「加法的説明」が14％に見られた。多数の児童が行っている「等分除的

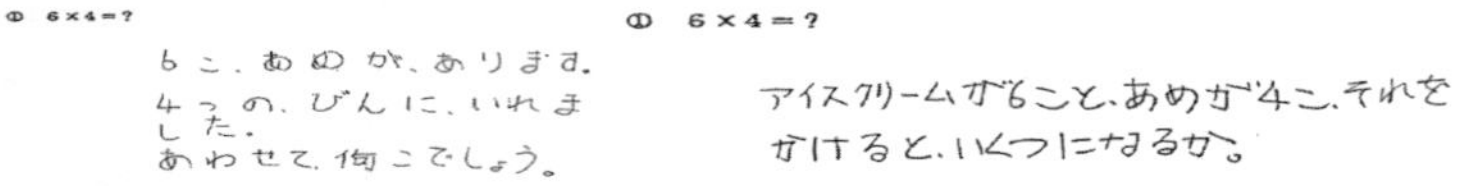
① 6×4=?
6こ、あめが、あります。4つの、びんに、いれました。あわせて何こでしょう。
① 6×4=?
アイスクリームが6こと、あめが4こ、それをかけると、いくつになるか。

(a)「等分除的説明」の作問例　(b)「加法的説明」の作問例

図5-5　自由作問（乗法：6×4）に対する児童の作問例

説明」とは、6×4の自由作問課題に対して、「6こあめがあります。4つのびんにいれました。あわせて何こでしょう」のように、生成された文章題の説明部分（傍線）が等分除のような状況を示しているものである（図5-5(a)）。傍線部の認知プロセスとしては、少なくとも容器にあたる対象（瓶）と内容物にあたる対象（あめ）という2つの次元を区別できている。もしかすると、1つの瓶に6個のあめが入っており、その瓶が4つあるという状況を視覚的に表象できている可能性もあるかもしれない。一方で、乗法の状況（単位となる量〔6個〕がそれぞれに均等に分布している状況）を想定すること（乗法の深い概念的理解）によって、「6個のあめがあります」と書くと全体の量が6個であることを示すことになることから、そのような表現を抑制し、「1つのびんに6個のあめが入っています」や「6個のあめが1つのびんの中にあります」のように表現して、2つの量（この場合はあめの個数と瓶の本数）を「容器内の個数と容器の数」の関係として関連づけることが可能になるとも考えられる。そのような概念的理解の深さをここでは乗法の構造的理解と捉え、自分なりに「容器内の個数と容器の数」の関係を捉えた表現を行っている作問を正答（乗法の深い概念的理解の状態）と判断している。なお、相対的に少数の児童に見られた「加法的説明」とは、「アイスクリームが6ことあめが4こ、それをかけるといくつになるか」のように、説明部分（傍線）が加法の状況を示すものである（図5-5(b)）。この作問例での2つの量は「個数」という同種（同次元）の量であり、乗法的に「容器内の個数と容器の数」という異種の量の関係として2つの量を関係

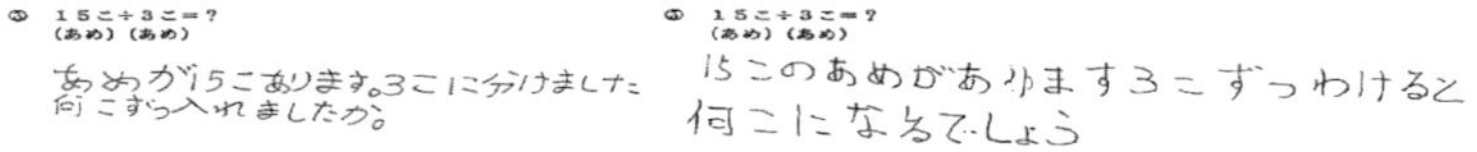
⑤ 15こ÷3こ=?
(あめ)(あめ)
あめが15こあります。3こに分けました
何こずつ入れましたか。
⑤ 15こ÷3こ=?
(あめ)(あめ)
15このあめがあります3こずつわけると
何こになるでしょう
(a)「等分除的説明」の作問例　(b)「新単位未生成」の作問例

図 5-6　手がかり作問（包含除：15 こ ÷ 3 こ）に対する児童の作問例

づけるのとは異なる、加法的（一次元的）な関連を行っていると考えられる。学年別に誤答の中に占める割合を見ると、「等分除的説明」は4年生21名中10名（48％）、5年生5名中2名（40％）、6年生6名中2名（33％）であり、4年生から5年生にかけて誤答者数が急速に減少する一方で、等分除的説明が誤答に占める割合は学年とともに緩やかに低下していた。それに対して、「加法的説明」は4年生21名中3名（14％）、5年生5名中1名（20％）に見られ、6年生に見られなかったことから、出現頻度自体が多くないが比較的早期に現れることがうかがえる。

次に、包含除（15こ〔あめ〕÷3こ〔あめ〕の手がかり作問）に関して、誤答として分類されるような作問の内容を見てみよう。誤答に分類された作問の中の比率で見ると、「等分除的説明」が24％と最も多く、次に「新単位未生成」が19％に見られた。「等分除的説明」とは、「あめが15こあります。3こに分けました。何こずつ入れましたか」のように、生成された文章題の説明部分（傍線）が等分除のような状況を示しているものである（図5-6(a)）。「分けられる全体量」としての15個のあめと、「分ける先」としての3個のあめが区別され、分ける先に15個のあめを3等分していくような状況が示されている。本来であれば、人、袋、皿といった別の単位を設定して等分の状況を表現したいところであるが、問題には「3こ（あめ）」と表記されているので、自身が表象しやすい「等分」の枠組みにその情報を「同化」して、すなわち3個のあめを人、皿などと同種の配分先の場所と解釈して、等分除としての作問を完成させたと考えられる。ある意味で「等分除」の発展的理解ともいえるかもしれない。一方で、「新単位未生成」とは、「15このあめがあります。3こずつわけると、何こになるでしょう」のように、説明部分はほぼ適切に包含除の状況を示しているが、質問部分（傍線）中のいくつ分の単位（「こ」）が説明文中の全体量の単位（「こ」）と区別されておらず、図5-2の作問例に見られる「人」のような新たな単位を自発的に生成できていないタイプである（図5-6(b)）。先ほどの「等分除的説明」のように、想起しやすい等分の枠組みに同化するのとは異なり、もう1種類の除法としての包含除の枠組み（全体量から単位にあたる量をとっていく状況）を問題文の情報に合わせて「調節」して構成する点に特徴がある。すなわち、15個のあめからまず3個取り出し、次に3個取り出し、その操作をあめがなくなるまで続けていくという状況が表現されていると考えられる。調節による構成の不十分さが、新たな単位（人、皿、箱など）の非明示という点で現れているが、「全体の量を一定量入る容器で順次、汲み出していく（あるいは量り取っていく）」ような枠組みで捉えられる包含除の概念的理解は一定水準にまで高まっているとも考えられるだろう。なお、学年別に誤答の中に占める割合を見ると、「等分除的説明」は4年生32名中5名（16％）、5年生27名中5名（19％）、6年生17名中1名（6％）であり、5年生から6年生にかけて誤答が減少するとともに、等分除的説明が誤答に占める割合も低下することが明らかになった。一方、「新単位未生成」は4年生32名中2名（6％）、5年生27名中5名（18％）、6年生17名中5名（29％）に見られ、「3個ずつ分けていく」という包含除の発想で作問できるようになる児童の割合が高学年にかけて増加することがうかがえる。

以上のように、乗法や包含除の作問のうち誤答として分類されるものには、「等分除的説明」のタイプが最も多く、ついで、各演算固有のタイプ（乗法と加法が未分化な「加法的説明」、包含除の枠組みで捉えるが新たな単位の生成については不十分な「新単位未生成」）が見られることが明らかになった。

【4】作問内容から見えてくる子どもの乗除法の概念的理解の発達――本節のまとめ

以上の結果から、児童の作問内容に着目して分析を行うと、小学校中学年から高学年にかけての乗除法の概念的理解に、等分除（1あたりを求める除法）→乗法→包含除（いくつ分を求める除法）という緩やかな順序性が見られることが明らかになった。これについて作問に求められる認知プロセスの観点から考えてみよう。まず、「18個のあめを3人で分ける」ように、①一つの量を他方の量（人、箱、皿などの分離量）に均等に配分する「均等配分」の枠組みが先行して発達すると考えられる。このことが等分除に関する適切な作問を他の作問に比べて容易にすると同時に、乗法や包含除の状況（式や手がかりとなる言葉）を既有の枠組みである「均等配分」の枠組みに同化して解釈して作問する「等分除的説明」が小学校4、5年生を中心に多く見られることにつながっていると考えられる。従来の研究では、幼児期において分離量や連続量に関する均等配分が可能になることが示されており[81,127]、日常経験を通じた「均等配分」の認知的枠組みの生成が等分除の概念的理解のベースとなっていると考えられる。次に、「1箱に6本入っている鉛筆を4箱買う」のように、②一方の量（分離量としての「箱」）あたりの他方の量（鉛筆の本数）の値（6本）を固定して他方の量（4つの箱）に均等に分布させる「均等分布」の枠組み、言い換えれば、「容器内の個数（6本）と容器の数（4箱）」の関係として2つの量を乗法的に関連づける枠組みが発達すると考えられる。この枠組みが「1箱に6本入っている」や「1人が6個もっている」といった「1あたり」の表現を可能にし、乗法に関する適切な作問（自由作問や手がかり作問）につながると考えられる。均等分布に関しては、平面上のドットの粗密から「混みぐあい」（分布密度）を直観的・視覚的に判断することが小学校低学年になると可能になることが示されており、[106] そのような直観的・日常的知識の形成も乗法の概念的理解につながると考えられる。そして、「15個のあめを3個ずつ分けると何人に分けられますか」のように、③明示されていない量（単位としての分離量：「人」）を自発的に設定して、その一単位あたりの別の量（3個）を固定し、その単位あたり量（1人に3個ずつ）で別の全体量（15個）を区分していく「単位生成・区分」の枠組み、言い換えれば、「全体量を一定量入る容器（単位）で量り取る」枠組みが発達すると考えられる。③の「全体量を一定量入る容器で量り取る」枠組みは、②の「容器内の個数と容器の数を関係づける」枠組みと「一定量入る容器（単位）」（傍線箇所）の表象を形成する点では共通しているが、本研究で対象としている包含除の作問では、「容器」にあたる単位自体を自発的に生成することが必要であることから、③の枠組みの発達により、包含除の作問も可能になると考えられる。このような新たな単位の生成とその柔軟な活用は、包含除の概念的理解の深さを示しており、第4章で見てきたような速度や濃度といった単位あたり量（内包量）の理解とも関連をもつかもしれない。この可能性については、以下の第3節の研究で検討することにしよう。

以上に示したような①②③の枠組みの漸進的な構成過程によって、乗除法の構造的理解が発達的に変化することが推察される。

3 乗除法の作問の発達的変化（縦断的研究）

——同じ子どもの作問内容はどのように変化するか

第2節では、児童の作問内容について異なる学年を比較して横断的に分析することで、乗除法の概念的理解の発達に関する緩やかな順序性が明らかになった。そうした発達的変化は一人ひとりの児童においても見られるのだろうか。また、作問の発達にはいくつかのタイプが見られるのだろうか。それらの点について明らかにするために、同一児童に対して期間を空けて同一課題を実施する縦断的研究（longitudinal study）を実施した。

【1】 作問内容の個人内の変化を測る

公立小学校4年生35名を対象に、4年生の時点と6年生の時点で同一の課題を実施した。4年生から5年生にかけて小学校のクラス替えが行われたため、6年生の時点では4クラス151名全員に対して課題を実施し、そのうち4年生の時点で調査に参加していた35名を選び出して主たる分析の対象とした。課題は、第2節の研究で実施した内容と同一の手がかり作問課題（乗法、等分除、包含除、各2問）と自由作問課題（乗法、除法、各1問）であり、第2節の研究と同一の手続きでクラス単位で実施された。また、6年生の時点では、内包量（単位あたり量）の理解との関連を検討するために、6年生の対象者151名全員に対して内包量の比較課題も実施した。内包量の比較課題については、第4章第2節で紹介したような、速度と濃度の領域の比較課題（「2人の子どもはどちらが速く歩いたか、それはどうしてか」「2人の作った砂糖水はどちらが濃いか、それはどうしてか」のように、速さや濃さの比較判断とその理由づけを問う課題）を実施した。

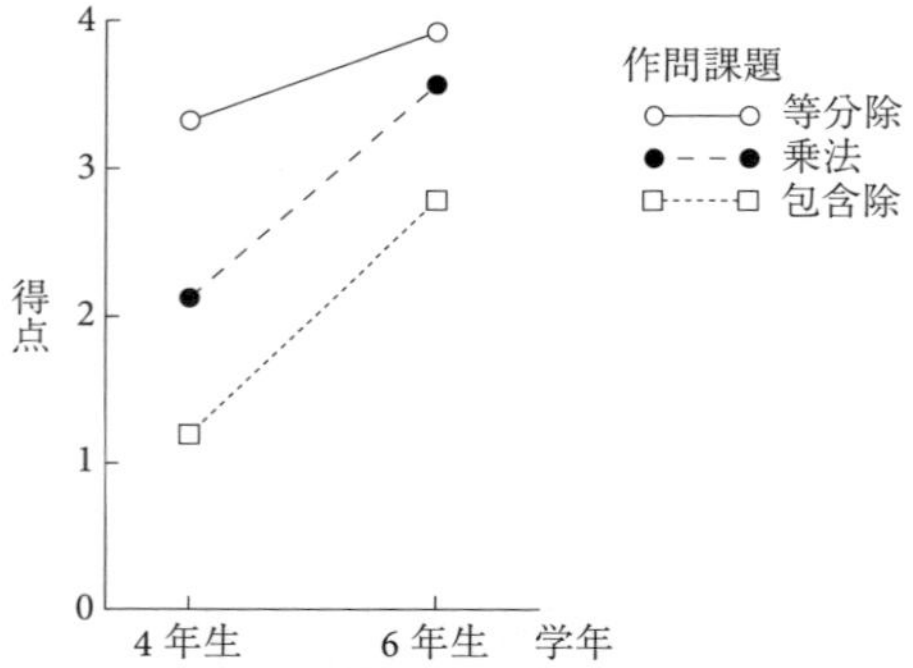

図 5-7　手がかり作問課題の平均得点

（出典）　藤村（1997[23]）。

〔2〕 小学校4年生から6年生にかけての作問得点の変化

手がかり作問課題6問の各問について、生成された文章題の説明部分、質問部分が適切である（解答可能である）場合にそれぞれ1点を与えた。平均得点の4年生から6年生にかけての変化を示したのが、図5－7である。学年（4年、6年）×演算の種類（乗法、等分除、包含除）の2要因分散分析の結果、学年×演算の種類の交互作用が有意であり、学年差は乗法と包含除で有意であること、演算間の差は4年生では各演算間の差が有意であり、6年生では等分除・乗法と包含除との差が有意であることが明らかになった。作問課題の得点の観点から考えると、等分除の概念的理解は4年生から高い水準にある一方、乗法の概念的理解は4年生から6年生にかけて上昇して等分除に近づき、また包含除の概念歴理解も4年生から6年生にかけて上昇するが、等分除や乗法の概念的理解の水準には至らないことがうかがえる。以上の分析から、縦断的な作問研究においても、第2節の横断的研究に見られた、等分除から乗法を経て包含除に至るという乗除法の概念的理解の発達の順序性が確認された。

表 5-2　作問水準（乗除法の構造的理解）の 4 年生から 6 年生にかけての変化

		6 年生		
		水準Ⅰ	水準Ⅱ	水準Ⅲ
4 年生	水準Ⅰ 等分除のみ or なし	5	10	6
	水準Ⅱ 等分除＋乗法 or 包含除	0	2	9
	水準Ⅲ 等分除＋乗法＋包含除	0	3	0

（注）（　）内は，作問が 2 問とも適切（解答可能）であった演算の種類を示す。
　　　数字は各水準として同定された人数を示す。

（出典）　藤村（1997）[23]。

［3］ 小学校４年生から６年生にかけての作問水準と作問内容の縦断的変化

次に、４年生から６年生にかけての発達的変化の質的様相（向上タイプ）を分析するために、等分除、乗法、包含除の各演算に関して、２問とも解答可能な作問を行った場合（先述の得点が４点であった場合）をその演算に関する作問の達成水準（深い概念的理解の水準）とし、第２節で示された順序性を参考にして、乗除法の構造的理解に関する３段階の作問水準を設定した。作問水準Ⅰは、作問が２問とも適切（解答可能）であった演算が等分除のみかあるいは一つもなかった場合とした。作問水準Ⅱは作問が２問とも適切であった演算が、等分除と乗法か、等分除と包含除である場合とした。さらに作問水準Ⅲは、等分除、乗法、包含除ともに作問が２問とも適切であった（すべての演算に関する得点が４点であった）場合とした。４年生における作問水準と６年生における作問水準の関連を示したのが、表５－２である。

表５－２に見られるように、４年生から６年生にかけての変化のタイプとしては、水準Ⅰ→Ⅱの変化が10名（29％）に見られ、水準Ⅱ→Ⅲの変化が９名（26％）に見られた。このことから、作問水準の発達的変化、すなわち乗除法の構造的理解の発達は比較的漸進的であり、包含除を含めた乗除法の包括的理解に至る過程には、その前段階とし

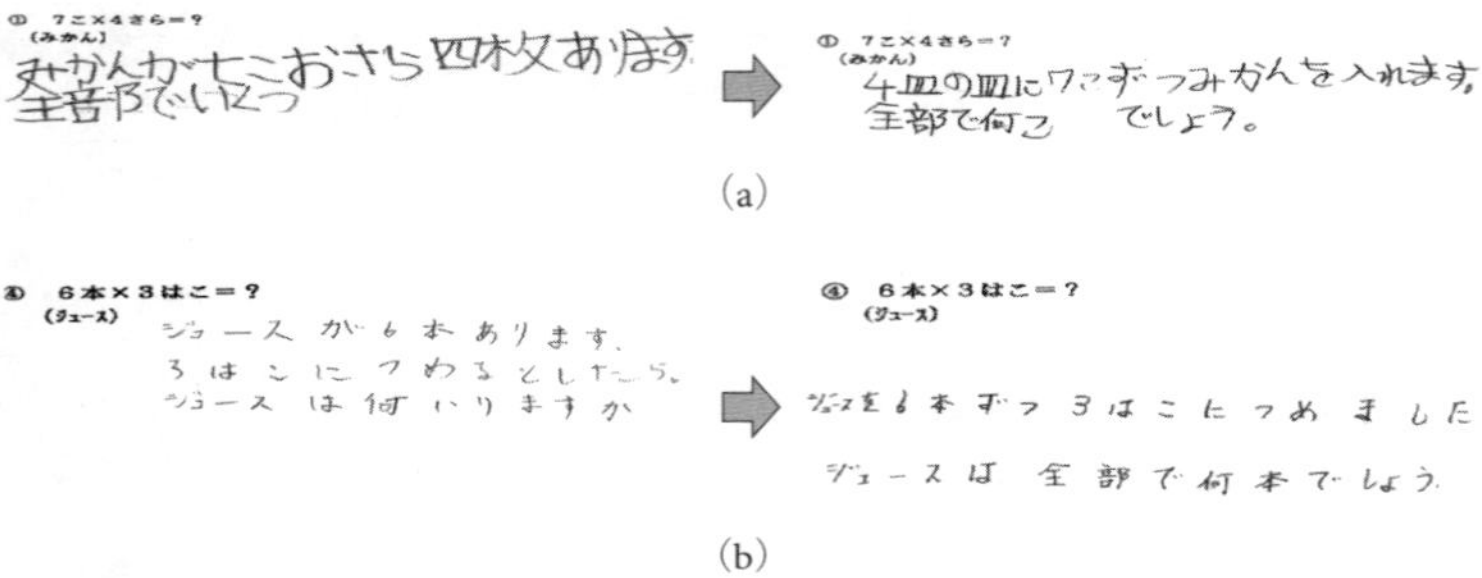
① 7こ×4さら＝?
(みかん)
みかんが七こおさら四枚あります
全部でいくつ
① 7こ×4さら＝?
(みかん)
4皿の皿に7こずつみかんを入れます。
全部で何こ　でしょう。
(a)
④ 6本×3はこ＝?
(ジュース)
ジュースが6本あります。
3はこにつめるとしたら。
ジュースは何いりますか
④ 6本×3はこ＝?
(ジュース)
ジュースを6本ずつ3はこにつめました
ジュースは全部で何本でしょう
(b)

図 5-8　手がかり作問課題（乗法）に対する同一児童の作問の変化（左：4 年生, 右：6 年生）

て2つの演算を概念的に理解する水準があることがうかがえる。

水準Ⅰ→Ⅱに分類される変化の例として、同一児童の乗法の手がかり作問がどのように変化したかについて見てみよう（なお、この2人の児童は6年生の時点でもまだ包含除に関する適切な作問の構成には至っていなかった）。図5-8(a)に示されている児童の例では、4年生の時点では、みかん7個と皿4枚を並列的に捉える「加法的説明」を行っていたが、6年生の時点では、1つの皿にみかんが7こずつ入っているという「1あたり量」の均等分布の状況を適切に説明できるようになっている。また、図5-8(b)に示されている別の児童の例では、4年生の時点では、ジュース6本を3はこに詰めるという「等分除的説明」を行っていたが、6年生になると、1つのはこにジュースを6本ずつ詰めるという「1あたり量」の均等分布の状況を適切に説明できるようになっている。

また、水準Ⅱ→Ⅲに分類される変化の例として、同一児童の包含除の手がかり作問がどのように変化したかについて見てみよう（なお、この2人の児童は4年生の時点で乗法については適切な作問を構成できていた）。図5-9(a)に示されている児童の例では、4年生の時点では、15このあめを3このあめに分ける（3等分する）よ

(a)

(b)

図5-9　手がかり作問課題（包含除）に対する同一児童の作問の変化（左：4年生，右：6年生）

うな「等分除的説明」を行っていたが、6年生になると、新たな単位の「人」を自発的に生成して全体量を「1人3こずつ」という「1あたり量」で区分していく包含除の状況についての適切な説明ができるようになった。また、図5-9(b)に示されている別の児童の例では、4年生の時点では、14このくりと2この「あまぐり」を区別し、あまぐりが1こずつ入った2つのさらに14このくりを均等に配分していくという「等分除的説明」が、2種類のくりを区別するという独自性が高く精緻な状況設定のもとで行われていた。同じ児童が6年生になると、図5-9(a)の例と同様に、新たな単位の「人」を生成して全体量を「1人2こずつ」という「1あたり量」で区分していく包含除の状況を適切に説明するようになっている。

以上、4名の児童を例として乗法や包含除の手がかり作問の作問内容に具体的にどのような変化が見られたのかを見てきた。問題文に示された情報から、等分除的な均等配分の考え方をベースとしながら、何とかして2つの対象を乗除法的に関連づけようとする思考の柔軟性が4年生の時点からうかがえる。そして6年生にかけての2年間は、直接、整数の乗除法についての学習を行うことはないものの、乗法や包含除の構造的把握がより精緻になり、

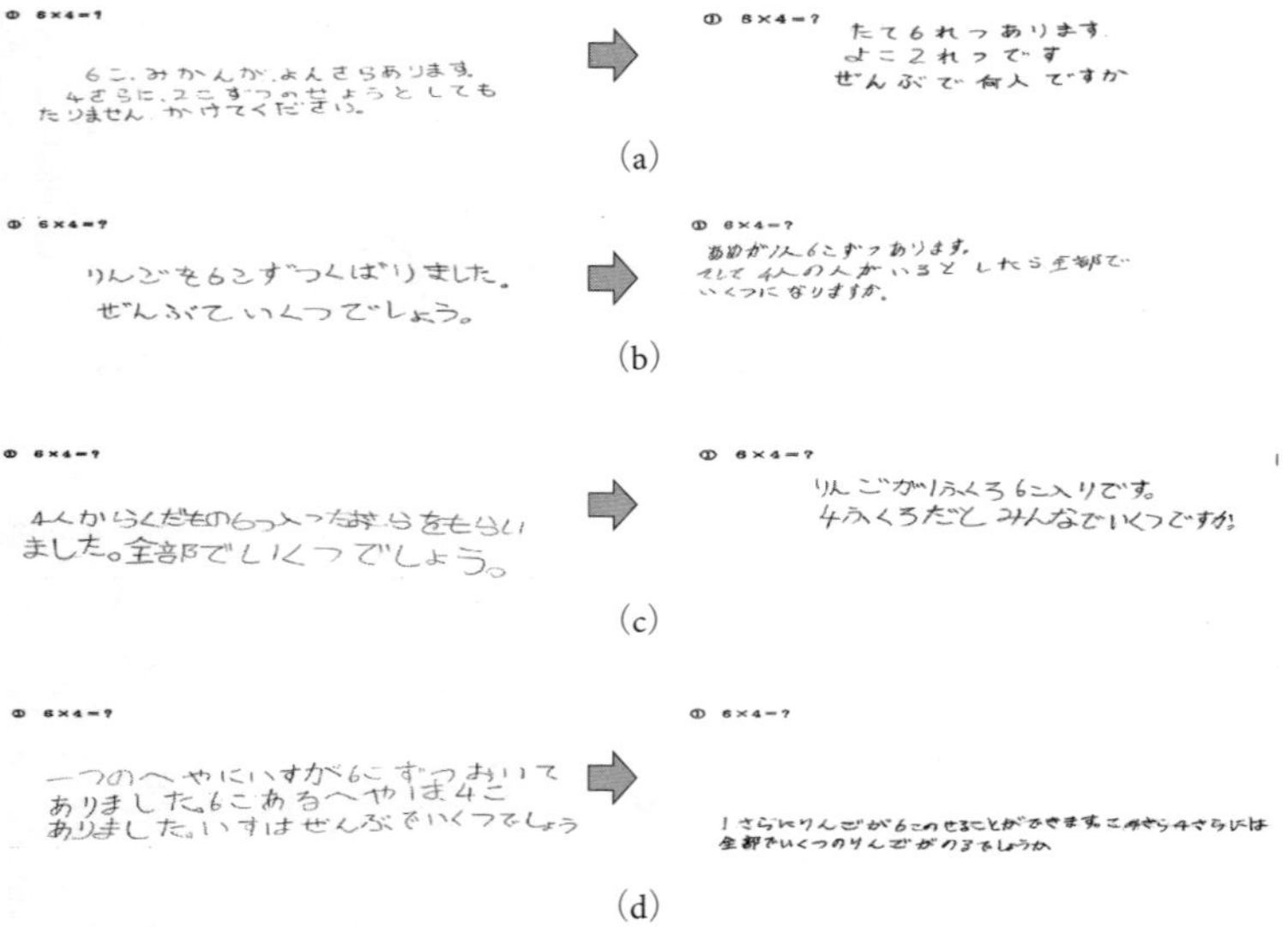

図 5-10　自由作問課題（乗法）に対する同一児童の作問の変化（左：4 年生，右：6 年生）

より柔軟で包括的な乗法的構造の理解が内的に形成されることが各児童の作問における2つの次元の関連づけの変化から推察される。

【4】 小学校4年生から6年生にかけての作問内容の個人内変化（自由作問課題の分析）

さらに4年生から6年生にかけての思考プロセスの変化を詳細に明らかにするために、手がかり作問よりも自由度の高い、乗法の自由作問（6×4）にどのような変化が見られるかについて4人の児童の事例で見てみよう（図5-10）。

図5-10(a)(b)(c)について見ると、4年生の時点で(a)は「4さらに2こずつのせようとしてもたりません」のように等分除の状況のように捉えている。(b)(c)は乗法として状況を捉えているが、(b)では

「何人にくばるか」が示されておらず、(c)では「4人からくだもの6つ入ったおさらを」それぞれもらったことが明記されていない点で、表現にやや不十分さが見られる。一方で(d)は、「一つのへやにいすが6こずつおいて」あることが明確に示された適切な作問と考えられる。いずれの児童も2年後の6年生の時点では「縦×横」(a) あるいは「1あたり量×いくつ分」(b)(c)(d) の関係で乗法の状況を適切に表現できるように変化しており、とくに(a)(b)(c)については乗法の構造的理解の発達がうかがえる。

一方で、一人ひとりの児童がどのような内容をどのように表現しているかを見ると、それぞれの学年の思考の特質も見えてくる。この4名の6年生の時点の作問内容を見ると、「りんごが1ふくろ6こいりです。4ふくろだと、みんなでいくつですか」(c) のように、必要最低限の情報が「みんなで」「全部で」といった合計を示すキーワードとともに乗法的状況を示す「状態」(state) として的確に表現されており、一様性の高さ、言い換えれば個人間の差異の少なさが感じられる。それに対してこの4名の4年生の時点の作問内容を見るとどうだろうか。先述のように乗法の表現としては不十分な点も見られるが、「のせようとしても」(a)、「くばりました」(b)、「もらいました」(c)、「おいてありました」(d) のように、一人ひとりの児童が自分なりに状況を想像し、それぞれに動詞を選んで、「行為」(action) の文脈を構成しようとしているように思われる。もちろん4年生の時点から先述の6年生のような簡潔で一様性の高い作問を行う児童も一定数見られるが、同一児童の4年生の時点の作問と6年生の時点の作問を比べると、先述の4名の例に示されているように、4年生の作問の方が個人間の思考の多様性の高さ、言い換えれば、各児童がそれぞれの既有知識を関連づけながら自分なりの乗法的な文脈を構成しようとする傾向が強いことがうかがえる。同様の傾向は、除法（18

図 5-11　自由作問課題（除法）に対する同一児童の作問の変化（左：4 年生，右：6 年生）

÷3）の作問にも見られる。図5－11の児童の例では、4年生の時点の作問では「友だちが2人きました」という設定で自分も含めて3人に18個のスナックを配るという日常的な文脈が構成され表現されているのに対して、6年生の時点の作問では（教科書等によく見られるような果物を何人かで分けるという文脈で）「1人ずつきん等に」「1人あたりいくつ」と、抽象的な数学的表現が的確に用いられるように変化していることがうかがえる。背景には、小学校中学年から高学年にかけて、数学的構造に関する理解が進む一方で、各児童の思考の方向性やその背景となる教科観（算数観）が変容していく（教科書や授業で扱われることの多い対象や表現を用いた思考に収束し、一様化していく）可能性も推測される。

本研究とは異なるが、小学校1年生から6年生にかけて地方の小学校の1クラス20名の児童を半期に一度、6年間、追跡調査したプロジェクトにおいても、中学年では「子どもが4人います。ひとりが6つずつ竹とんぼをつくります」のような日常生活に結びつけていると考えられるような問題を（場合によっては絵も加えて）作成していた児童が多かったのに対して、高学年にかけて菓子や果物を題材とした一様な作問へと縦断的に変化する傾向も見られている。第6章で紹介する小学生の価格の理解に関する個別面接研究に関して述べることとも関連するが、一人ひとりの子どもの日常的な意味の世界の豊かさやその価値を維持したうえで、いかに数学的・科学的思考としての精緻化を図っていくかが小学校中学年から高学年にかけての課題になるのかもしれない。

表 5-3　作問の水準と内包量理解の水準の関連

		内包量（速度）理解の水準		
		Ⅰ	Ⅱ	Ⅲ
作問	水準Ⅰ	4	14	0
	水準Ⅱ	9	32	16
	水準Ⅲ	4	31	41

		内包量（濃度）理解の水準		
		Ⅰ	Ⅱ	Ⅲ
作問	水準Ⅰ	6	11	0
	水準Ⅱ	9	37	2
	水準Ⅲ	12	48	16

（注）　数字は各水準に位置する人数を示す。網掛けは，他の作問水準に比べて内包量理解の水準別の人数が有意に多いことを示す（有意水準：$p < .01$）。

またそのことは、以前から指摘され、PISA2022年調査などにおいても課題として挙げられている（国立教育政策研究所[65]ウェブサイト[k]などを参照）、日本の子どもにおける「日常生活と結びつけて思考する力の弱さ」を克服する一つの方向性を示しているとも考えられるだろう。

[5]　子どもの作問の水準と内包量の理解はどのように関連するか

子どもの作問に見られる乗除法の構造的理解と速度や濃度などの内包量の概念的理解の関連性を検討するために、6年生151名を対象として、記述型の調査を集団形式で実施した。内包量理解の水準については、第4章第3節の内包量理解の縦断的研究の枠組みを用いた。具体的には、倍数関係の理解あるいはそれ以前を水準Ⅰ、部分的な単位あたりの理解（手続きとしての理解）を水準Ⅱ、全般的な単位あたりの理解（逆内包量も含めた意味理解）を水準Ⅲとした。

表５－３にもとづいて作問の水準と内包量理解の水準の関連性の分析を行った結果、作問の水準により内包量（速度、濃度）の概念的理解の水準の人数分布に有意な差が見られることが明らかになった。下位検定の結果、作問水準Ⅲでは、作問水準Ⅰ・Ⅱに比べて速度や濃度の水準Ⅲに分類される人数の割合が相対的に多かった。以上のことから、とくに乗除法を包括的に理解する作問水準Ⅲにあるときに、速度や濃度を逆内包量まで含めて深く概念的に理解する水準Ⅲが多いことが示され、両者の関係性が示唆された。一方で、包含除まで含めて乗除法の概念的理解を深めている作問水準Ⅲにあったとしても包括的に単位あたりを意味理解する水準Ⅲに達している児童は、速度で76名中41名（54％）、濃度で76名中16名（21％）にとどまっており、乗除法の構造的理解は同型構造にある内包量の概念的理解の深まりの前提にはなるが、後者には、各領域（速度、濃度）固有の理解も必要になることが推察される。

［6］　乗除法の作問の発達的変化（縦断的研究）——本節のまとめ

小学校４年生の児童が２年後の６年生の時点で同じ作問課題にどのように取り組むかを分析することで、第２節の横断的研究で示したのと同様の、等分除→乗法→包含除という概念的理解の発達的な順序性が確認された。一方で個人のレベルで見ると概念的理解の発達は比較的緩やかであり、２年間をかけて乗除法を構成する他の一つの演算の概念的理解を深めていく者が多いことも明らかになった。また、作問に見られる乗除法の概念的理解は単位あたり量（速度や濃度のような内包量）の深い概念的理解（逆内包量も含めた理解）の前提を構成するが、一方で内包量、とくに濃度の深い概念的理解には固有の難しさもあることもうかがえた。

4　乗除法の作問と文章題解決の発達的関連性

——問題をつくることと解けることとの関係は？

第2節、第3節の研究では、乗除法の作問には、2つの量（次元）を関連づけることによる構造的理解（概念的理解）が必要とされ、その概念的理解が小学校4年生から6年生にかけて発達的に向上することを、異なる種類の演算（乗法、等分除、包含除）に関する作問の正答率や児童の作問内容の分析から明らかにしてきた。一方で、乗除法に関して、本章の第1節では、文章中に含まれる言葉や数値の大小が演算決定の手がかりとなるような典型的な文章題の解決は、さまざまな手続き的知識の直接的な適用により可能であることから、日本の小学生の文章題解決は作問に比べて高い水準にあることを見てきた。それでは、そうした文章中の言葉や数値の大小が手がかりにならないような非典型的な文章題を含めて文章題解決のプロセスを考えたとき、そこには発達的な変化が見られるのだろうか。また、作問課題の解決との間に関連が見られるのだろうか。

【1】　児童の作問と文章題解決の発達的変化を測る

以上のような問題意識から、公立小学校3年生37名、4年生37名、5年生38名、6年生43名を対象として、第2節、第3節で紹介した研究で用いられた、乗法や除法の単位と名称を付した式から文章題を生成させる作問課題（手がかり作問課題）6問に加えて、乗除法の文章題9問が課題冊子の形式でクラス単位で実施された。[23] この研究は、各学年における作問と文章題解決の関連や、それぞれの発達的変化の全般的傾向を明らかにするために、第2節の研究と同様の横断的研究の方法で行われた。

乗除法の文章題は、乗法、等分除、包含除、各3問から構成されていた。そして、含まれる数値の大小や演算決定のためのキーワードも手がかりにしながら解決する（立式し答えを求める）手続き的知識・スキルの適用（できる学力）ではなく、乗除法に関する概念的理解（わかる学力）を測ることを中心とするために、次の4点に留意して課題が構成された。第1に、立式のみを求め、計算の実行（手続き的スキルの正確な遂行）は求めなかった。第2に、含まれる数値と求められる演算に関して、1桁×1桁、2桁÷1桁のように教科書（とくに乗法や除法の導入単元）で用いられることが多く熟知度の高い演算タイプに加えて、1桁×2桁、1桁÷2桁のように熟知度の低い演算タイプも加えた。すなわち、乗法には、1桁×1桁、2桁×1桁、1桁×2桁の3種類の演算タイプ、等分除と包含除には、それぞれ、1桁÷1桁、2桁÷1桁、1桁÷2桁の3種類の演算タイプからなる文章題を設定した。傍線部は、教科書等の乗法や除法の導入単元で用いられることの多い典型的な演算タイプである。乗法の導入単元では、「九九」という乗法の手続き的スキルの適用問題として文章題が位置づけられ、また除法の導入単元では、「九九」の逆演算としての除法の手続き的スキルの適用問題として文章題が位置づけられることが多い傾向にあるため、それらの演算タイプの文章題が多く扱われていると推測される。第3に、文章題に含まれる2つの数値は、大きい方の数値が小さい数値よりも先に現れるようにし、前者が後者で割り切れる、すなわち、前者が後者の整数倍となるように統一した。第4に、説明部分の動詞は、9問中8問で「分ける」に統一した（包含除の1問は速さに関わる問題のため「走る」とした）。以上の点に留意して文章題を構成することにより、含まれている数値の関係（桁数の違い、割り切れるかどうかなど）や含まれている言葉を手がかりにするのではなく、文章題に表現されている状況が、乗法的状況、等分除的状況、包含除的状況のいずれかを内的に表象することによって解決（立式）が可能になるようにすることで、児童の乗除法の概念的理解を明らかにすることを試みた。

課題例を以下に示す。①は乗法の非典型的問題、②は等分除の非典型的問題、③は包含除の典型的問題の例である。

「次の文章題について考えましょう。
書くのは式だけで答えは書かなくてかまいません。
① 24人の子どもに色紙を4枚ずつ分けると、色紙は何枚いるでしょうか。
② 20このコップに4リットルの牛乳を同じように分けると、1このコップに牛乳は何リットル入るでしょうか。
③ 12このおかしを1人に3個ずつ分けると、何人に分けられるでしょうか。」

①は数値設定や用いられている動詞（「分ける」）を手がかりにすると除法（24 ÷ 4）が想起されやすいと考えられるが、実際には乗法（4 × 24）の状況を示している。また、②は数値設定と用いられている動詞（「分ける」）だけを見ると20 ÷ 4の除法が想起されやすいと考えられるが、実際には4 ÷ 20の除法（等分除）の状況を表している。なお、他のスキル等との関係を見るために、マトリックス課題や文章完成課題も実施したが、本書では分析の対象外とした。

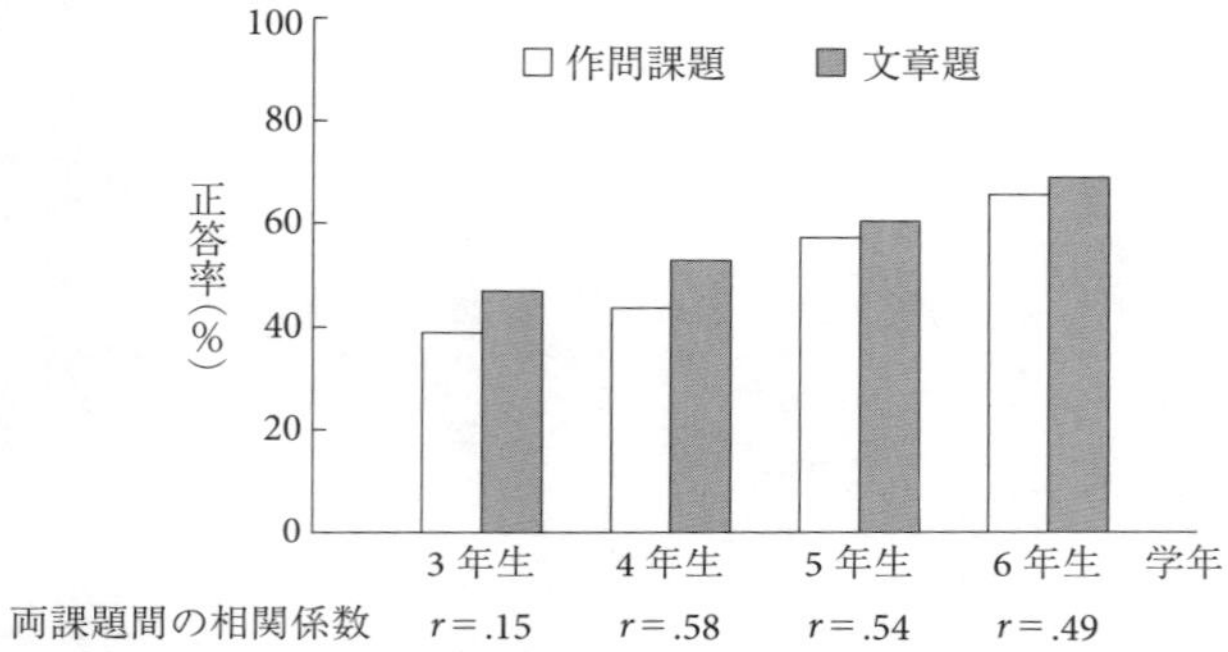

図5-12　作問課題・文章題の平均正答率の変化

（出典）　藤村（1997[23]）。

【2】 児童の作問と文章題解決の関わりの発達的特徴は？

作問課題では生成された文章題が解答可能である場合（説明部分、質問部分がともに適切である場合）を正答とし、文章題では立式が正しい場合を正答とした。図5－12に作問課題、文章題の学年別の平均正答率が示されている。作問課題の正答数については学年の効果が統計的に有意であり（一要因分散分析）、3、4年生と6年生の間の学年差が有意であった。また、文章題の正答数についても学年の効果が統計的に有意であり（一要因分散分析）、3年生と5、6年生、4年生と6年生の間の学年差が有意であった。

また、作問と文章題解決の関連を検討するために、作問課題の正答数と文章題の正答数について、学年ごとにピアソンの相関係数を求めたところ、図5－12に示す値となり、両者の相関は3年生では統計的に有意でなく（r = .15, ns）、4～6年生ではそれぞれ統計的に有意な中程度の相関が見られた（r = .58; r = .54; r = .49、いずれも$p < .001$）。

以上のことから、作問や、非典型的な問題も含めた文章題解決には発達的な変化が見られ、乗除法の概念的理解が小学校3年生から6年生にかけて漸進的に高まることが明らかになった。また、小学校4年生以降で、作問と文章題解決の関連が強くなることも明らかになった。文章題には、乗法や除法の導入単元で多く用いられる、熟知度が高い数値タイプの典型的問題が3問、先述の単元で扱われるが頻度が高くない、熟知度が中程度の準典型的問題が2問、先述の単元では扱われず後続の単元で扱われることもあるが頻度が高くない、熟知度が低い数値タイプの非典型的問題が4問、それぞれ含まれていた。また、非典型的問題に正答できる児童は典型的問題や準典型的問題にほぼ正答していた。以上のことを踏まえて図5-12の文章題解決の正答率を見ると、非典型的な文章題も含めて解答が可能になりはじめるのが小学校4年生以降であると推測される。このことから、小学校4年生以降に、乗除法の概念的理解が、作問と非典型的文章題解決の両者に必要な意味表象の形成という点でも深まっていくことが推察される。

【3】乗除法の作問と（非典型的な）文章題解決の発達的関連性——本節のまとめ

以上の結果から、乗除法の作問と文章題解決については、教科書とは異なるタイプの文章題についても解決が可能になりはじめる小学校4年生以降、相互に関連しながら発達することが示唆された。日常世界との関わりでの乗除法の意味表象の精緻化は小学校4年生から6年生にかけて緩やかに進行し、それが1あたり量を明示することが必要な乗法の作問や自発的な単位の生成を含む包含除の作問、教科書とは異なる数値タイプであっても課題文脈にもとづいて適切な演算を選択する文章題解決を可能にしていくことがうかがえる。文章題解決と作問の関係に関しては、文章題解決の全般的成績が高い者が低い者に比べて作問の成績が高い（解決可能な問題や構造が複雑な問題の生成数が多い）ことがアメリカの6、7年生（日本の小学校6年生、中学校1年生に相当）を対象とした研究で示されている。[5 105] 本節で紹介した研究では、文章題に（教科書で扱われることの少ないタイプの）非典型的文章題を加えることで概念的理解の側面を測ることを試み、意味表象の形成を媒介とした作問と文章題解決の関連がいつ頃から生起するかを発達的に明らかにしようとした。こうした知見にもとづいて作問や非典型的文章題を授業時の学習内容として組織し、多様な作問内容や文章題解決のプロセスをクラスで検討することにより、乗除法に関する意味表象の形成が促され、多くの子どもの乗除法の概念的理解（わかる学力）が高まるのではないかと期待される。

5　乗除法についての概念的理解の深まり——作問を通じて見えてくること

数学教育の領域では、乗除法の文章題解決については、文章題を提示して解決に必要な演算を選択させる演算決定課題を用いて、おもに12歳以降の生徒（中学生）を対象に検討が行われてきた。そこでは、用いられている数値の種類（整数か小数かなど）が問題の難しさに及ぼす影響などが検討されてきており、たとえば、乗法の文章題の場合、乗数（かける数）が、整数、1以上の小数、1以下の小数の順に難しくなることが指摘されている。[2,3] また、乗除法の作問についても、提示されている数値の種類の効果などが検討されており、12、13歳を対象に乗除法の式から文章題を生成させた研究では、18÷3のように整数のみからなる式の場合は解答可能な文章題が生成される割合が高いが、8.7÷59.1のように小数を乗数や除数（わる数）に含む場合には適切な文章題が生成される割合が低くなることが示されている。[2,13] これらの研究では、小数の乗除法を小学校で学習した後の中学生でも、とくに乗数や除数に小数が含まれる場合には文章題解決や作問（文章題生成）が難しいことが示されている。

「×小数」については、「1あたり量×いくつ分」から「単位あたり量×分布量（連続量）」への乗法の意味の拡張が、また、「÷小数」については、「均等に配分したときの1あたり量（1人分など）を求めること」（等分除の場合）から「連続量どうしの関係における単位あたり量（1㎤あたり何gなど）を求めること」への除法の意味の拡張が必要であり、乗除法の意味の拡張（包括的枠組みの形成）に中学校段階でも難しさがあることを示唆している。

一方で、本章で示してきたのは、乗除法に含まれる数値が整数に限られる場合でも、作問（文章題生成）のプロセスに着目して考えると乗除法に関わる数学的思考の内容は複雑であり、小学校2、3年生で乗除法の計算や典型的文章題を学習して以降の小学校中高学年（9～12歳）の時期に、乗除法の構造や内容に関わる概念的理解が緩やかに発達していくということである。その発達過程には、「等しく分けること」（均等配分）に関する原初的な枠組みをベースとしながら、「1つの単位にどれだけ載っているか、含まれているか」を捉える単位あたりの枠組みを生成し、さらに「ある単位が全体には何単位含まれるか」について単位を自発的に生成して推理する枠組みを加えていくといった、知識構造あるいは認知的な枠組みの漸進的な構造化や再構造化が見られる、また、そのような枠組み（乗除法に関わる意味表象）の漸進的な生成は、日常的事象について乗除法の枠組みで多様な知識を関連づけながら把握することを可能にし、そのことを通じて、学校で直接、学習しないような非典型的な文章題の解決も可能になると考えられる。

なお、先に述べたような、小数を含む乗除法構造への拡張には、本章で見てきたような整数をベースとした乗除法の構造的理解の発達に、第4章で検討した内包量の理解の発達が統合されていくことが有効に働くだろう。本章の第4節では乗除法の概念的理解が内包量の概念的理解の深まりの前提となることを示したが、逆に内包量の概念的理解の発達が乗除法のさらなる理解の発達に寄与するのではないかということである。たとえば、6×4.5の作問には、ある単位が4個と半分、含まれるような状況を想起することが有効であり、そのような状況の説明も含めた6×4.5の作問は、小学校6年生（12歳）でも30％程度の児童に可能である。[27,33] 本章で見てきたような整数の乗除法に関して児童が発達させてきている精緻な意味表象や、「半分」や「10個に分けた1つ」のような日常的な既有知識も生かしながら、分離量に関わる1あたり量としての枠組みを、連続量に関わる単位あたり量の枠組みに漸進的に拡張していくことで、児童期（小学校段階）から思春期（中学校段階）にかけて、日常的事象を捉える乗除法の枠組みがさらに豊かに発達していくことが期待されるだろう。

第6章　「わかる」の発達②：社会や経済がわかるⅠ

値段や流通についてどう考えるか？

子どもは、店の商品を見たり、買い物をしたりしながら、身近な商品や商店についてのさまざまな知識を得るだけでなく、みずからの思考を高めるためのベースとなる認知的な枠組みを発達させてきている。身近な商品などを子ども自身の「思考の出発点」にすることで、小学生はどのように自分自身で思考を構成していくか、そのことを通じて、身近な商品の背後に潜む社会や経済の仕組みやメカニズムについて、どのようにみずから理解を深めていくか、そのプロセスにはどのような学年（年齢）による特徴が見られるかについて、小学生に対するインタビュー研究（個別面接研究）をもとに見ていくことにしよう。

1　値段の仕組みを考える

社会状況の変化に応じて商品の価格は変化し、また消費者のニーズに応じた商品の多様化も進んでいる。同じカテゴリーの商品でも、価格の異なるいくつかの商品が販売されており、そのような傾向は、たとえば菓子や文具、ハンバーガーなどのファストフードなど、子どもに身近な商品にも及んでいる。また、同じ商品でも小売店、コンビニ、スーパーマーケット、量販店では販売価格が異なることも多い。そのような状況のもとで、子ども自身は商品の値段の仕組みについて、どのように考えているのだろうか。

【1】社会や経済に関する素朴理論

商品の値段に関わる内容を需要や供給との関わりで学習するのは中学校3年生の社会科（公民分野）であるが、それ以前に商品の購買などの日常経験を通じて、商品の値段などに関して子ども自身で多様な考えを発達させてきていると考えられる。1990年代以降の認知発達研究では、身近な生き物、人の心、物の運動などについて、子ども自身が日常経験をもとに一貫した思考の枠組み（素朴理論）を各領域で形成してきていることが明らかにされてきている（第3章第2節参照）。また、その思考の中では、第3章で見てきたように、領域内の知識の首尾一貫性や存在論的区別とともに因果関係の推理や説明が重要な位置を占めることも指摘されている。[126] 社会や経済に関する思考（societal thinking）に関しても、子どもが日常経験をもとに、商品の販売[103,119]、お金の意義と利用[4]、銀行の仕組み[115]などについての思考を発達させており、経済に関わる内容についての素朴理論（素朴経済学）が形成されていることが推測される。商品の価格（値段）についても、子ども自身が日常経験や関連する日常的知識をもとに因果関係を推測できるのではないだろうか。

商品の値段の仕組みを考えるには、品質など商品の目に見える属性だけではなく、生産や流通など、その商品の背後にある社会的関係についても推測することが必要である。社会認識の発達研究では、社会的関係に着目した説明が、小学校中学年から高学年にかけて増加することが指摘されている。[118]

そこで、小学校4年生から6年生の児童を対象に個別インタビューを実施し、身近な商品の値段の仕組みを子ども自身がどのように推理し、説明するかについて明らかにすることとした。以下、具体的な個別インタビュー研究[26]を通して、子どもの思考の発達を検討しよう。

【2】 経済学的思考の発達に関するインタビュー研究――値段の違いについてどう考えるか

身近な商品として、生鮮品のイチゴ、マツタケ、加工品の豆腐、ポテトチップス、消しゴムの5つを選んで場面を設定し、絵カードを用いて、それぞれ同種の商品でなぜ値段が違うのかを子どもに尋ねた。たとえば、5月のイチゴは1パック300円、12月のイチゴは1パック600円で値段が違うのはどうしてかを質問した（図6－3参照）。また、因果関係の推理を詳細に明らかにするために、子どもの回答に対して、因果の系列を明らかにするための補足質問（因果追究型質問）を体系的に実施した。たとえば、「珍しいから高い」と答えた子どもには、「どうして珍しいと高くなるのか」について質問した。インタビュー研究の結果について、3つの視点から見てみることにしよう。

① どのような要因に着目するか

まず子どもの回答内容を、経済学における価格決定の観点から、利用価値（便利、新鮮、貴重など）、需要（みんなが欲しがるなど）、供給（あまりとれないなど）、コスト（手間、人件費、袋代など）、利益・売上（高い方が儲かるなど）の5つの要因とそれ以外に分類した。これら5つのうち、利用価値と需要は消費者（買い手）の要因であり、供給、コスト、利益・売上は生産者（売り手）の要因である。

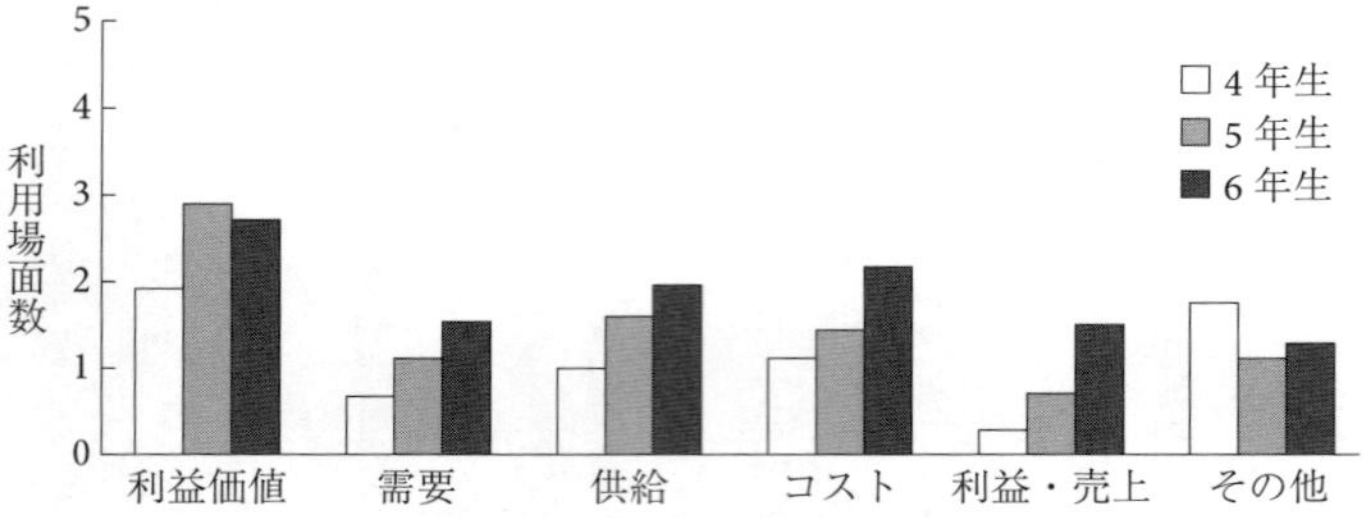

図 6-1　推理の際に着目する要因の発達的変化

（出典）　藤村（2002）[26]。

図６－１は、先に設定した５つの場面のうちいくつの場面で、子どもが各要因に着目しているかを示している。利用価値という買い手の要因には４年生でもある程度着目できているが、５、６年生にかけて、買い手の要因に加えて、供給、コスト、利益・売上といった売り手の要因にも因果関係を考えていくなかで着目できるようになっていくことがわかる（発達的変化が統計的に有意であった）。６年生では、およそ６割の子どもが、５つの課題全体として見ると５つの要因すべてに言及していた。このように、小学校中学年から高学年にかけて、消費者側の要因に加えて、商品そのものからは直接的には見えない生産者・販売者側の要因にも着目して推理のレパートリーが広がっていくことがうかがえる。

それでは、小学生は、商品の種類によって着目する要因を変化させているのだろうか。経済学的には、生鮮品にはその商品の需要と供給の状況が価格により反映されやすく、加工品には、加工プロセスに要するコストやブランド等に見られるような利用価値がより反映されやすいことが想定される。この研究では、生鮮品としてイチゴとマツタケ、加工品として豆腐、ポテトチップス、消しゴムを子どもたちが考える対象として想定した。そのうち、先述の５つの要因への言及数の合計が最も少なかったポテトチッ

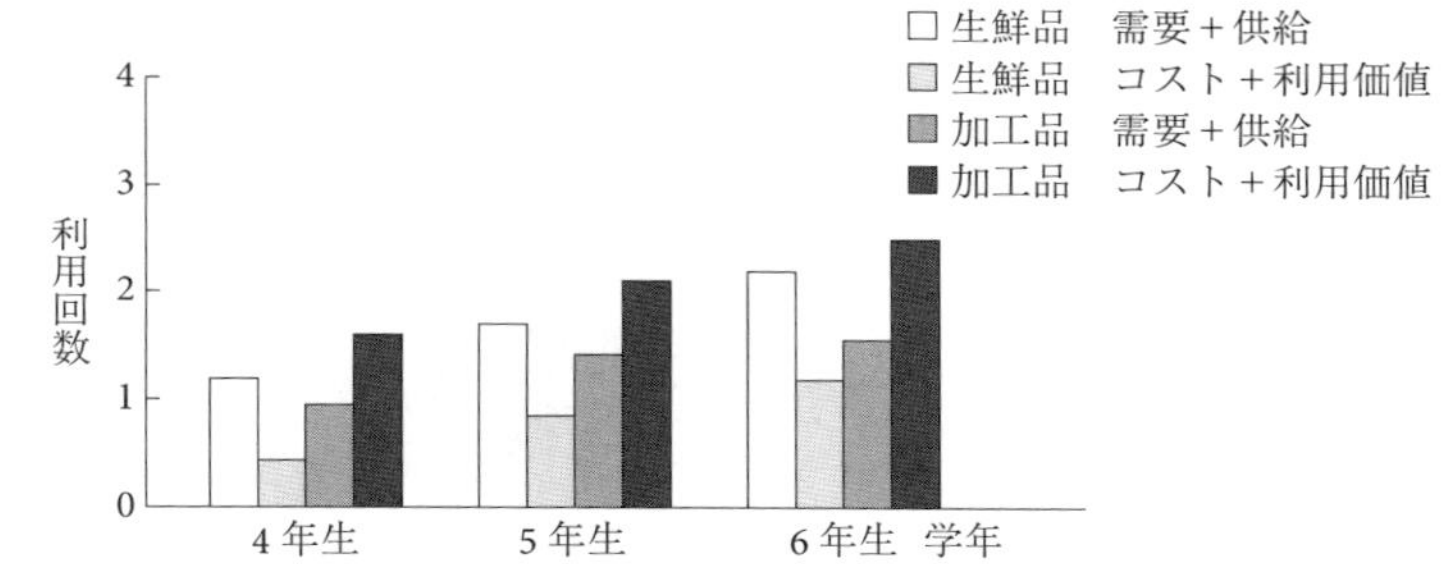

図6-2　商品の種類別に見た各ルールの利用回数

（出典）　藤村（2002[26]）。

プスを除いて、生鮮品（イチゴ、マツタケ）と加工品（豆腐、消しゴム）で、需要・供給への言及数とコスト・利用価値への言及数が異なるかどうかを検討してみた。その結果を示したのが、図６－２である。学年の進行とともに４つのルール全体への言及数が統計的に有意に増加することと同時に、それぞれの学年で生鮮品と加工品で主要に用いるルールが有意に異なることが明らかになった。具体的には、４年生から、生鮮品の場合には需要や供給に多く言及し、加工品の場合にはコストや利用価値に多く言及することが示された。価格の決定因を教科の学習の中で明示的に学習するのは、先述したように需要曲線と供給曲線の関係などが扱われる中学校３年生の社会科（公民分野）であるが、それらの経済学的な価格決定の原理を学習する以前の小学校中高学年の児童が、経済学的な原理に一致するような形でみずから思考の枠組みを構成し、さらに副次的な他の要因も組み込みながら思考の枠組みを発達的に精緻化させていくことがうかがえる。

②　どのように推理を構成するか

では、そのような要因に着目しながら、子どもはどのように自分自身の推理を構成するのであろうか。図６－３のような図版を

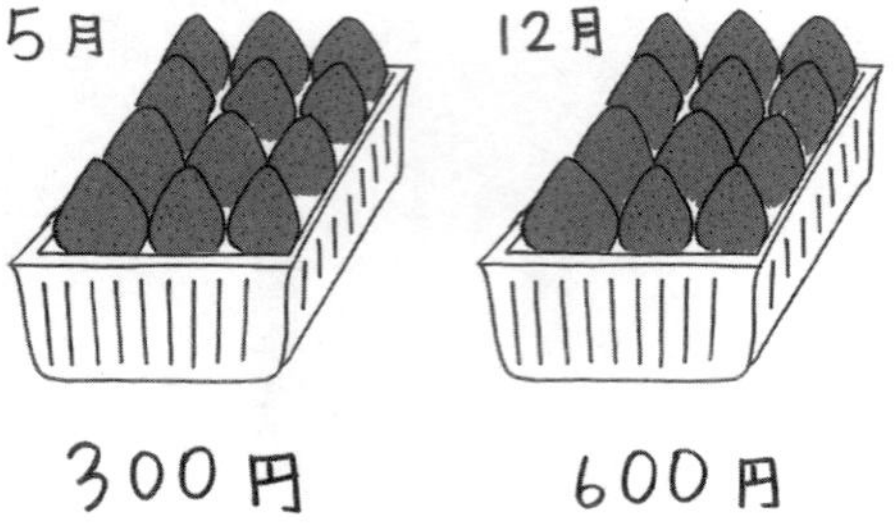

図6-3　イチゴ課題で用いた図版

見ながら、5月のイチゴと12月のイチゴの値段が異なる理由について、子どもが回答した内容を例に見てみよう。

表6-1は、子どもの回答に多く見られた推理を自生的なルールとして取り出し、それらのルールが用いられた割合（利用率）を学年ごとに示したものである。ルール3〜5は2段階のルールであり、子ども自身が自発的に答えた場合と、因果追究型質問（例：あまりとれないと値段が高くなるのはどうしてかな）を通じて回答が生成された場合が含まれている。

ルール1は買い手の要因である需要に、ルール2は売り手の要因である供給に、ルール6は課題場面には直接関連しない品質にそれぞれ着目した1段階のルールであり、これらのルールの利用率には統計的に有意な学年差が見られなかった。見方を変えれば、それぞれ4割程度の4年生が、需要と供給という経済学的に重要な要因に気づき、それを自分の言葉で表現していることになる。一方で、ルール4とルール5は、売り手側の要因である供給と値段の高低との間を、売り手側の別の要因であるコストや利益を介在させて自発的に結びつけた2段階のルールであり、4、5年生よりも6年生に多く見られた。コストや利益は商品そのものからは見えない（その背後にある）社会的要因であるが、それらの媒介要因に気づき、みず

表 6-1　イチゴ課題における推理の発達的変化（各ルールの利用率）

ルール名	ルールの特徴	4 年生（n = 25）	5 年生（n = 33）	6 年生（n = 24）	学年差
1. 需要	クリスマスでケーキに使う→高い	36	21	25	
2. 供給	あまりとれない→高い or よくとれる→安い	44	42	38	
3. 供給＋利用価値	あまりとれない→珍しい／貴重→高い	4	21	13	
4. 供給＋コスト	あまりとれない→手間／お金がかかる→高い	16	6	33	5 年＜6 年
5. 供給＋利益	あまりとれない→安いと儲からない→高くする	4	12	42	4，5 年＜6 年
6. 品質（無関連）	甘い／おいしい→高い or すっぱい→安い	24	21	21	
7. その他		4	9	21	
平均利用ルール数		1.32	1.33	1.92	4，5 年＜6 年

（出典）　藤村（2002[26]）。

からの推理に自発的に組み込むことが小学校6年生になると十分に可能になることがわかる。また、これらの2つのルールが学年とともに増加することが、全体としてのルール数（平均利用ルール数）の統計的に有意な増加につながっている。一方で、商品の品質と価格の高低を結びつけるルール6が、4～6年生の各学年の2割程度に見られるのも興味深い。「おいしいものは高い」「品質のよいものは高い」という単純なルールに思えるかもしれないが、「おいしい」「品質のよい」などは、経済学的に見れば、需要者にとっての利用価値を示しており、価値と価格の間の重要な関係に小学校中学年からすでに気づいていることがうかがえる。実際に、近年のイチゴ農家は、新品種の開発などで、甘さ、大きさ、美しさといった付加価値を高めることにコストをかけていると考えられ、そのような経済学的な原理に小学生がみずから気づいていることがわかる。

このように、小学校中学年の児童は、消費者の視点から需要や価値と価格の関係に着目するとともに、生産者側の要因である供給量と価格の関係にも気づいている。さらに高学年になるにつれて、生産者側の要因であるコストや利益を組み込んだ2段階のルールを考案し（推理の系列化）、全体として思考のレパートリーも増加させる（推理の多様化）ことがうかがえる。

③ どのように考えを表現するか

①で見てきた価格に関連する要因への着目の仕方、②で見てきた推理の多様化・系列化とあわせて、自分自身の考えの説明の仕方にも発達的な変化が見られる。ポテトチップスの値段の違い（同じ分量で比べると、大袋は1個で100円、小袋は3個で150円になること）の理由を尋ねる質問に対する具体的な回答を、4年生と6年生について見てみることにしよう。

4年生の回答には、次の例のように、小袋（1個50円）の方が割高な理由として買い手にとっての利便性を挙げ、自分の経験と結びつけて具体的に説明するものが多い。

4年生の例1

小さいのを1人で食べたりすると、その分、余んなくなったりするから、こっち（小袋）の方が食べやすいということで50円ぐらいで売れたりするから。100円のこっち（大袋）だとさ、みんなで分けるんだったらこっちをガーッて出した方がいいけど、こっち（小袋）だと、もし3人だったら3人にこうやって（1袋ずつ）渡せば、1人1個（1袋）ぐらいは食べれるから、足りないってことは言わないと思う。

この例では、お菓子を分けるという日常経験にもとづいて、分けやすさや過不足のなさの点で小袋の方が便利であることを値段の高さの理由として挙げている。また、次のように、買い手のニーズに着目した回答も見られる。

4年生の例2（〈 〉はインタビュアーの質問）

こっち（大袋）の方は、買い物とか行くとよく売ってるから安くしている。……大人用とか子ども用とか売ってるから、こっち（小袋）は子ども用で高くして、大人用（大袋）は安くしている。〈どうして子ども用の方が高いのかな?〉子どもには人気だから、大人はあまり人気がない。

この例では、買い手としての日常経験をもとに「大人用」「子ども用」という区別を考えたうえで、子ども用（としての利便性の高さ）と値段の高さを人気の高さ（需要）を介在させて結びつけて説明している。

一方、6年生になると、具体的な日常経験には直接言及せず、製造や販売に関するプロセスや数量関係に関する概念や単語を利用し、それらを結びつけて、一般的な説明を行うことが多くなる。

6年生の例1
〈小袋は〉バラバラで買えたりするから（高い）。〈どうしてこっち（小袋）が高くて、こっち（大袋）が安いのかな？〉うーん…こっち（大袋）はたぶんけっこう、売れ残ったりしちゃったりして、誰も買わないから少し安くしている。

6年生の例2
大きいポテトチップスは袋1つ、小さいポテトチップスは袋3つ分のお金がかかる。

6年生の例3
袋、包装の大きさはそんなに変わらないとしても、しめたりするところ（袋ののりづけ）が3倍かかる。印刷も3倍かかるから、その分、機械をいっぱい使うことになるから高くなる。

例1では、買い手の利便性（バラバラで買える）に加えて「売れ残り」に注目し、買い手の需要に応じた価格設定という販売者の視点でも考えることができている。また、6年生では、例2や例3のように生産者のコストに着目した説明も多くなる。例2では、「袋○個分のお金」（包装材の費用）を対比させ、例3では「包装」「印刷」「機械」などに着目し、コストの点から小袋と大袋の関係を「3倍」と関係づけている。このように、6年生では、製造や販売のプロセスや数量関係に関わる概念や単語を用いて概括し、要因と要因を関連づけるような説明が多く見られるようになる。

【3】 経済学的思考の発達と教育

以上のように、4年生から6年生にかけて、①買い手（消費者）の視点だけではなく売り手（生産者や販売者）の視点も考慮するようになること、②売り手の視点も含み込んだ、より多様で系列的な推理を構成するようになること、③説明の仕方が、具体的な日常経験と結びついた説明から、言葉で概括し、言葉どうしを関連づける説明へと変化することが明らかになった。

このことは、小学校中学年から高学年にかけて、商品の値段という身近な事象の背景にある社会的関係についての推理が進むようになることを示す一方で、自分自身の具体的経験と結びついた、リアリティのある説明が乏しくなっていくという傾向も示唆している。また6年生の推理にも、経済学的な関係理解としては十分に精緻化されていない面も見られる。たとえば、①儲けや売上といった言葉は使えるが、生産に要するコストと生産者の利益が明確に区別されていない、②生産過程のコストに着目できているが、生産者は需要の見込めない商品にはコストをかけないことは十分に理解されていない、③「よく取れるものはよく売れる」のような、消費者の需要の高さを前提とした推理を行うといった特徴が見られる。それでは、コストと利益の区別（①）や需要とコストの関係に関する理解（②）はどのようにすれば進むのだろうか。本章第2節や次章（第7章）では、児童が供給者の視点に立って考えることでそれらの理解が深まるのかどうかについて、個別面接研究を通じて検討することにしよう。

経済現象など社会に関する思考を発達させていくうえでは、４年生に見られるような具体的な経験と結びついた思考を大切にしながら、経済学的関係に関する思考を洗練させていくことが、小学校高学年以降の課題になるであろう。それを通じて、消費者としての主体的な選択ができるようになることを含めて、子ども自身が、直接、見ることのできない社会の仕組みを推測し、それにもとづいて主体的に判断し行動できるようになるのではないだろうか。第９章第３節では、子どものそのような具体的な経験と結びついた多様な思考を引き出し、それらをクラス全体で関連づけるような授業（協同的探究学習による授業）を組織することによって、どのように経済学的思考が高まりうるかについても、中学校３年生を対象とした授業を題材として見てみることにしよう。

2　流通の仕組みを考える

第１節では、小学校４年生から６年生にかけて、商品の値段という身近な事象の背景にある社会的関係についての思考が深まること、一方で、６年生の推理にも、コストと利益が明確に区別されていない場合が見られるなど、生産者や販売者といった供給者の視点に立った推理には不十分さも見られることが明らかになった。一方で、子どもたちは、普段の生活の中で、商品だけではなく、商店という供給者にも触れる機会があり、それを手がかりにして、社会に関する思考を発達させている可能性も想定される。

【1】 商品の流通経路と価格の変化についてのインタビュー研究

そこで、果物屋という、小学生にとって比較的身近と考えられる商店を取り上げて、商品の流通についての説明を求めることにより、供給者の視点に立つことによって捉えられる、社会科学的思考の発達過程を明らかにすることにした。具体的には、小学校4年生24名、5年生32名、6年生28名の児童に対して、第1節の研究と同様の個別インタビューの形式で、絵カードを用いて以下の質問を行い、自分の考えを表現するように求めた。

① 商品の流通経路：果物屋は売っているリンゴを誰から買ったのか（それとも自分でつくったのか）を尋ねた。

② 流通に伴う商品価格の変化とその理由：果物屋は100円で売っているリンゴをいくらで買ったと思うか。どうしてそう考えたのかを尋ねた。

個別インタビューは、絵カードを用いながら、次のようなストーリー仕立てで進められた。まず、果物屋に行ったことがあるかを尋ね、果物屋ではリンゴが1個100円で売られていることを説明した（図6－4(a)）。次に、果物屋の店主（おばさん）がリンゴを誰から買ったのか、それとも自分でつくったのかを尋ねた（先述の質問①）。子どもが答えた対象が、市場の人、運送業者など農家以外の人であった場合には、さらにその人はリンゴを誰から買ったのかを尋ね、子どもが答えた順に（果物屋から農家まで遡る順に）、こんな人かなと確認しながら、リンゴ農家にたどり着くまで絵カードを並べた（図6－4(b)：流通経路の推理）。さらに、果物屋は100円で売っているリンゴをいくらで買ったと思うか、どうしてそう考えたかを尋ねた（先述の質問②）。先の①の質問で市場の人や運送業者など中間業者を答えた場合には、農家にたどり着くまで、その人のリンゴの購入価格と判断理由を尋ねた

(a)

(b)

(c)

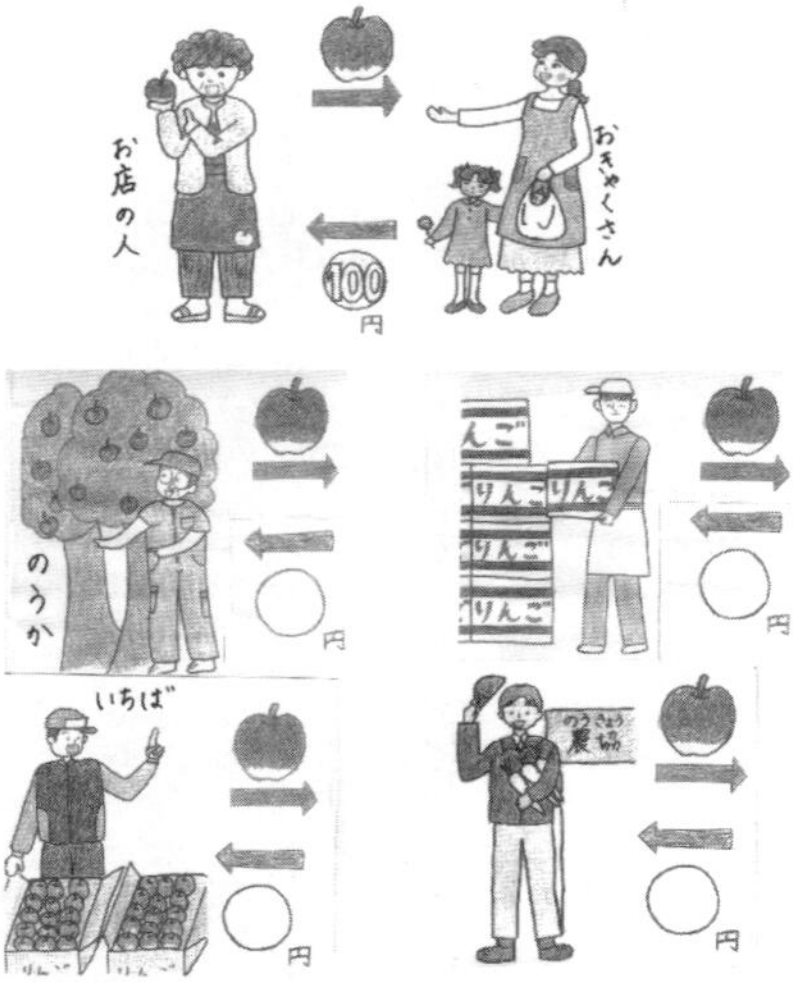

図 6-4　流通経路と価格変化についてのインタビュー（提示図版）

表 6-2　リンゴの流通経路についての小学生の思考の発達

	4 年生（n = 24）	5 年生（n = 32）	6 年生（n = 28）
1. 農家→市場など（売買）→果物屋	4（17%）	7（22%）	10（36%）
2. 農家→市場など（運搬）→果物屋	3（13%）	7（22%）	6（21%）
3. 農家→果物屋	9（38%）	13（41%）	11（40%）
4. その他（他店が栽培→果物屋など）	8（33%）	5（16%）	1（ 4%）

（図6－4（c）：購入価格の推理）。

［2］　インタビュー研究についての結果

①　商品の流通経路

果物屋がリンゴをどのようにして手に入れたのか、そのリンゴはどこから来たのかについての子どもの回答を、流通経路の点から分類し、学年別の人数分布として示したのが、表6－2である。

小学校4、5年生では各3名（10％）が果物屋自身がリンゴをつくっていると回答するなどさまざまな回答（4）も若干見られたが6年生になると有意に減少し、小学校4～6年生の多くの子どもは農家がリンゴを生産していることを理解していた。流通経路に関しては、4年生から5年生にかけて市場など仲介業者の存在を意識するようになること（1、2）、6年生になるとその役割（売買）の理解がさらに進むこと（1）が傾向としてうかがえる。一方で、農家との直接取引（3）を挙げる児童も各学年を通じて4割程度見られ、スーパーマーケットなどでの産直品販売、地産地消などに関する知識も反映されているようである。

② 商品の流通に伴う価格の変化

果物屋が、その店で100円で売っているリンゴ（小売価格100円のリンゴ）をいくらで買ったと思うか（仕入れ価格はいくらか）、その価格で買ったのはどうしてかを尋ねることで、商品の流通に伴う価格の変化についての理解を明らかにすることを試みた。

また、個別インタビューであることの利点を生かして、子どもが答えた内容と購入価格の設定との間に別の要因が介在すると想定される場合や、その要因についてより具体的に表現することが可能であると想定される場合には、第1節の研究と同様に、子ども自身に因果関係や根拠を追究させる「追究型質問」（inquiry question）を実施した。たとえば、前者の場合には、〈どうしてもう少し安い値段で売るの？〉のように、また、後者の場合には、〈儲けたお金はどうするの？〉のように、それぞれ子どもが説明した内容についてさらに質問を重ねた。なお、「追究型質問」は、第9章で述べるように、各教科の授業の場面では、クラス全体の話し合い（協同探究場面）において、教科や単元の本質に向かわせるための「追究型発問」として教師によって設定され、どのような「追究型発問」を設定したら、子どもたちがより深い概念的理解に達することができるかの研究が進められている。[45]

子どもの回答を、小売価格との関係で分類し、学年別の人数分布と主たる理由づけを示したのが、表6-3である。

表6-3に見られるように、4年生から5年生にかけて、小売店である果物屋が商品を安く仕入れて高く売ることで利益を得ていることについての理解が深まることがうかがえる（1）。具体的なインタビュー場面の発話を見てみよう。たとえば、農家から80円くらいで買うとした5年生は、「こっち（農家）から仕入れたより高く売った方が儲かるから」〈儲けたお金はどうするの？〉「うーん

表 6-3　リンゴの仕入れ価格についての小学生の思考の発達

	4 年生 （n ＝ 24）	5 年生 （n ＝ 32）	6 年生 （n ＝ 28）	学年差
1. 100 円より安い価格	6（25%）	21（66%）	19（68%）	4 年生＜ 5，6 年生
2. 100 円	6（25%）	0（ 0%）	0（ 0%）	4 年生＞ 5，6 年生
3. 100 円より高い価格	9（38%）	8（25%）	9（32%）	

（①で「果物屋が自分で作った」と答えた場合を除く）
［主たる理由づけ］
100 円より安い：果物屋の利益（34 名）
100 円より高い：農家や市場の労力・コスト（10 名），品質・鮮度の良さ（4 名）

と、自分の家庭などで使ったり、えーと、他のフルーツなどを違う農家から買ったりする」のように説明していた。また、「市場の人」から50円くらいで買うとした6年生は、「売るより高い値段だと損しちゃうから、安い値段で買う」〈買ったよりも高い値段で売るとどうなるのかな?〉「こっちの人（果物屋）は儲かる」〈儲かったお金はどうするの?〉「家族のお金にする。生活費とかそういうの。後は違う果物を買ったりする」と説明していた。これらの児童の例のように、小学校高学年になると、たんに儲けるためだけではなく、「儲けたお金」（小売価格と仕入れ価格の差額）の使途についても言及する子どもも増加した。また、「宅急便屋さん」から50円で買うとした6年生は、「（100円の）半分」〈宅急便屋さんは農家の人からいくらくらいで買ったのかな?〉「10円」〈どうして安くしたのかな?〉「安く買って高く売る。この人（果物屋）もこの人（宅急便屋さん）もみんな得する」のように理由を説明していた。6年生になると、価格の変化と利益との関係の説明を系列的に展開することも可能になることがうかがえる。

一方で、購入価格（仕入れ価格）は販売価格（小売価格）よりも高いと判断する児童（3）も各学年を通じて、3割前後見られた。リンゴ農家や流通業者（市場等）が果物屋に売る（卸す）価格（果物屋にとっての仕入れ価格）と果物屋（小売店）が消費者に売る価格（小売価格）との区別が不十分であることなどのために経済学的判断としては適切とはいえないが、子どもが行った理由づけにはさまざまな経済学的要因に着目した多様な説明が見られた。たとえば、市場から150円くらいで買うとした4年生は、その理由として、「市場で売ってたのが150円だから、それを買ったらもう少し安い値段で売るかなと思った〈どうしてもう少し安い値段で売るの?〉そうすると買ってくれる人が多い」と説明していた（需要への着目）。また、市場から120円とかで買うとした4年生は、その理由として、「たぶん、新鮮だから。ちょっと普通にお店で売るときとかは時間がかかって新鮮じゃなくなっちゃうから、新鮮なうちに買うとちょっとお金が高くなったりするから」と説明していた（品質＝利用価値への着目）。流通に伴う価格の変化について適切に判断することには不十分さが見られることもあるが、個別インタビューという方法で理由づけを深く尋ねることによって、子どもが自分なりに多様な知識（需要や品質など）を関連づけて、因果関係や根拠を柔軟に推測していることが明らかになった。

さらに高学年になると、生産者や流通業者の視点をとることでコストや労力に着目できるようになっていることを反映した理由づけも見られるようになる。たとえば、農家から300～400円で買うとした5年生は、その理由として「農家の人が一生懸命作ったから」と答え、110円で買うとした6年生は、「運んできてくれるから、その分少し高くなる」と答えていた。また生産している人から、150円くらいで買うとした6年生は、「なんていうんだろうなあ……種とか植えて、そのお金の分だけ高くなってる?〈育てているとなんで高くなるのかな?〉いろんな費用がかかるから〈どんな費用?〉水道代とか買ったものとか……いろいろ」と説明していた。価格の変化を時間や物の流れと逆行して考えることには難しさがあったことが推測されるが、理由づけとして、農家のコストへの着目はできており、たとえば、原材料費を設定したうえで、どのように卸価格を設定するかといった順行的な判断を求めた場合には、原材料費以外のコストや農家の利益などにも着目した理由づけに加えて、判断も適切に行えることが推測される。第1節で見てきた研究と同様に小学校高学年の児童が農家や流通業者のコストを意識することができているが、提示された図版では矢印の先に100円から変化した価格を答える必要があったため、変化の方向性としては逆転させて答えたのかもしれない。

[3] 本節のまとめと社会科教育の課題

以上の結果から、果物屋といった日常的な対象を用いて場面を設定することにより、①商品の流通過程、とくに中間過程で売買がなされていることについての理解が小学校中学年から高学年にかけて深まること、②商店主（果物屋）の立場で仕入れを考えることで、小学校高学年になると商店主が自身の生活に用いるためなどの利益の分を確保するために売値よりも安く仕入れることを多くの児童が推理できるようになること、③第1節の研究で見てきた結果と同様に、コストや利益など生産者側の要因（価格の構成要素）についての理解は高学年にかけて深まるが、それを流通に伴う価格の変化に結びつけて適切に判断することには、高学年でもやや難しさも見られることなどが明らかになった。

小学校5年生社会科の学習内容に関しては、「我が国の農業や水産業における食料生産」に関して、「食料生産に関わる人々は、生産性や品質を高めるように努力したり輸送方法や販売方法を工夫したりして、良質な食料を消費地に届けるなど、食料生産を支えていることを理解すること」や「生産の工程、人々の協力関係、技術の向上、輸送、価格や費用などに着目して、食料生産に関わる人々の工夫や努力を捉え、その働きを考え、表現すること」が目標とされている（2017年改訂小学校学習指導要領 社会、文部科学省ウェブサイト参照）。このような内容に関して社会科学的な思考を高め、概念的理解を深めるには、本節で示したように子どもに身近な場面を設定して子ども自身に流通経路や価格の変化などについての判断や理由づけを求めること（日常的事象に関連づけた非定型問題の設定と理由の探究）により、子どもの既有知識に依拠した社会科の概念的理解が深まるのではないかと考えられる。また、流通のプロセスや価格の変化についての子どもの判断や理由づけが多様であったことから、授業場面で子どものさまざまな考えを発表させてそれらを関連づけることも社会科学的思考を深めることに役立つと考えられる。

3　児童期後半における経済学的思考の発達――本章のまとめ

本章で紹介した2つの個別面接研究から、身近な商品の価格をテーマにして児童が価格の違いや変化について推理を行うこと、その推理に対してさらに深める質問（因果追究型質問）を行うことによって、小学校4年生から6年生にかけての児童が多様な知識を関連づけて経済学的な思考を柔軟に展開することが明らかになった。

小学校4年生（10歳）では、価格差を生ずる媒介要因や商品の流通過程に着目することはまだ難しいことが多いが、農家が育てたリンゴを（何らかのプロセスで）仕入れて商店が販売していること、季節によってイチゴの収穫量には違いがあることなど、需要者（購入者）の視点だけでなく、供給者（生産者、販売者）の視点に立つ推理も可能であることが明らかになった。生鮮品と加工品で着目する要因も区別して推理を行っており、因果関係の推理や存在論的区別といった素朴理論の特徴[126]を満たす思考や、対象に応じた要因の適応的選択[96]のような柔軟な思考が4年生の時点で十分に展開されていることがうかがえる。

小学校5年生（11歳）になると、価格差を媒介する要因としての利用価値（希少性など）に気づくと同時に、販売者の視点に立つことで、販売価格には販売者の得る利益も含まれていることについても推理することができるようになる。小学校6年生に比べるとコストの意識は明確ではないが、価格の違いや変化に関して、需要者・供給者双方の視点から媒介要因を探索する試みが多く展開される。

そして小学校6年生（12歳）になると、生産者のコストや利益を媒介とした価格差の推理が多様に展開し、価格の変化についての一貫した説明（中間業者の場合も含めて、利益とコストを見込んで売値を設定すること）も可能になる。商品の価格差をテーマにした従来の研究においても、小学校4年生に比べると6年生では社会的要因に着目した説明[118]やコストに着目した推理[68]が緩やかに増加することが示されていたが、本章で紹介した研究では「因果追究型質問」も組織的に実施することで、コストや利益を媒介要因として組み込んだ系列的推理が場面を越えて見られ、また因果の系列も個人内で多様化する（利用ルール数が有意に増加する）ことなどが明らかになり、6年生にかけて経済現象を捉える思考の枠組み、あるいは知識構造の再構造化が進むことが推察される。小学校5年生後半から6年生後半にかけての社会科の学習内容がおもに歴史や公民に関わる内容であることを考慮すると、本章で紹介した研究で見られた5年生から6年生にかけての変化は、さまざまな日常経験や、社会科や理科での以前の学習（農業に関するビニールハウス栽培など）によって獲得された多様な既有知識が自発的に関連づけられ、内的に再構造化されていくプロセスと考えられるのではないだろうか。

本章の第2節では、供給者（商店主）の立場で考えることによって、流通や価格についての概念的理解が深まる可能性が示された。供給者の視点に立って社会的事象について考えることは、いつ頃から可能であり、またそれはどのような幅広い理解につながるのだろうか。次章（第7章）では、以上のような発達的可能性について、児童期全般を対象とした個別面接研究から見てみることにしよう。

第7章　「わかる」の発達②：社会や経済がわかるⅡ

商店をどう経営するか？

第6章では、イチゴやリンゴ、ポテトチップス、消しゴムなど、身近な商品を対象に、同一または同種の商品の値段の違いや流通過程での商品の値段の変化、それらの違いや変化が生ずる理由を考える場面を設定することで、消費者（買い手）の視点をスタートにして、小学生がみずから社会や経済の本質に迫っていく様子を明らかにした。そこでは、小学生が、商品の価値、需要といった消費者の視点にとどまらず、供給量、コスト、利潤といった生産者の視点を組み合わせた説明を自分自身で考案すること、そしてその説明は小学校中学年から高学年にかけて質的な高まりを示すことが明らかになった。

本章では、身近な商店という「思考の場」（子どもがより自発的に思考を展開させる場面）を設けることによって、小学生が生産者（作り手）や販売者（売り手）といった経営者の視点に立って、社会や経済についてどのように考えるかについて見ていくことにしよう。

1　商店をどこに開くか？——商店の立地戦略

子どもにとって、商店をどこに開くかという立地の問題は目新しいテーマであると考えられるが、商店街や商店などについては日常経験や社会科、総合的な学習などでの学習内容も生かしながら、自分なりに考えを構成できる内容であるとも考えられる。そこで、小学校4～6年生を対象に、商店の立地についての小学生の思考を、第6章で見てきた研究と同様に、個別インタビューの方法で検討することにした。

個別インタビューの参加者は、小学校4年生24名、5年生32名、6年生28名である。各児童に絵地図を用いて以下の質問を行い、自分の考えを表現するように求めた。［1］では、小学生が商店の立地に関して需要と供給の両者を考慮できるか、需要と供給が拮抗する葛藤状況ではどちらの要因を優先するか、それらについてどのような理由づけを行うかを明らかにすることを目的としていた。また、［2］では、小学生が商店の立地に関して需要と供給に加えてコスト（賃料）の要因も考慮できるか、需要とコストが拮抗する葛藤状況（供給の要因は同一）ではどちらの要因を優先するか、それらについてどのような理由づけを行うかを明らかにすることを目的としていた。

［1］ 商店の立地に関する質問［1］——需要と供給の関係

まず、インタビューに参加した児童に、商店街の絵地図が示された（図7-1：商店立地の図版A）。その絵地図には、表7-1に示したような条件を満たす4箇所（ア、イ、ウ、エ）の空白箇所（八百

図 7-1　商店立地の図版 A（八百屋をどこに開くか？ 需要と供給にもとづく判断）

屋の出店候補地）が示されていた。表７－１の「需要」の条件に関して、「商店街の中」は、商店街の中で人通りが多く需要が高いと考えられる場所、逆に「商店街の外」は、住宅街で人通りが少なく需要が低いと考えられる場所である。また、「供給」の条件に関して、「他の八百屋が遠い」は、競合店にあたる他の八百屋が遠く供給が低い（供給量が少ない）と考えられる場所、逆に「他の八百屋が近い」は、競合店にあたる他の八百屋が近く供給が高い（供給量が多い）と考えられる場所である。

図７－１の絵地図を見ながら、各児童は、①新しく八百屋を新しく開くには、図のア、イ、ウ、エのどこに開くのがよいか、それはどうしてかについて考え、インタビュアーに自分の考えを説明した。次に、各児童は、②新しく八百屋を開くのに、２番目によい場所はどこか、それはどうしてかを説明した。さらに、③１番目に選んだ場所は２番目に選んだ場所よりどこが

表 7-1　八百屋の出店予定地に関する経済学的条件（需要と供給が関わる場面）

候補地	A：需要	B：供給
ア	商店街の外	他の八百屋が遠い
イ	商店街の外	他の八百屋が近い
ウ	商店街の中	他の八百屋が遠い
エ	商店街の中	他の八百屋が近い

（注）　網掛けは経済学的に見て有利と考えられる条件。

よいのかについても説明することが求められた。

経済学的に有利な条件は、需要の観点では人通りの多い「商店街の中」にあること（高需要）、供給の観点では、「他の八百屋（競合店）からの距離が遠い」こと（低供給）と考えられる。したがって、出店場所として需要と供給の観点から考えると、4箇所の中では両条件を満たす「ウ」（高需要・低供給）が最も有利であり、次に、一方を満たす「ア」（高需要・高供給）または「エ」（低需要・低供給）が有利であると考えられる。

以上のような、商店の立地に関して、需要（人の多さ）と供給（他の八百屋の近さ）を考慮して場所を選択する質問について、小学校4～6年の各学年の児童はどのように考えたのだろうか。

表7-2に見られるように、4年生から需要（人通りの多さ）と供給（競合店の存在）の両者を考慮した判断（1、2）が8割程度の児童に可能であり、6年生になると需要と供給の両者に着目した判断の割合がさらに高まり、9割を越える児童に見られることが明らかになった（第6章の値段の違いの理由についての研究で6年生になるとコストや利益といった供給者側の要因に自発的に着目する説明が増えたことから、6年生と他の2学年を比較したところ、6年生は4、5年生に比べて需要と供給の両者に着目して判断する人数の割合が有意傾向として多いことが示された）。また、第一選択で両要因に着目した児童（表7-1の1、2）について2番目によいと考える場所の選択（需要

表 7-2　八百屋の出店場所に関する小学生の判断（学年ごとの人数分布と割合）

1 番目によい場所→ 2 番目によい場所	4 年生（24 名）	5 年生（32 名）	6 年生（28 名）
1. ウ（高需要・低供給）→ア（低需要・低供給）	11(46%)	16(50%)	18(64%)
2. ウ（高需要・低供給）→エ（高需要・高供給）	8(33%)	7(22%)	8(29%)
3. その他のパターン	5(21%)	9(28%)	2(7%)

（注）　網掛けは開店する場合に想定される利点（経済学的に見て有利と考えられる条件）。
6 年生は 4，5 年生に比べて「1，2」が選ばれる傾向にあった（直接確率計算法〔両側検定〕p = .076）。
「1，2」を選んだ児童では 5，6 年生は「2」よりも「1」を選ぶ傾向にあった（正確二項検定〔両側検定〕4 年：p = .648，5 年：p = .093，6 年：p = .076）。

と供給が葛藤する状況においてどちらを相対的に重視するかが問われる）を分析したところ、高学年（5、6年生）では、商店街にあるが競合店も近い場所（エ：高需要・高供給）よりも、人通りは少ないが競合店から距離がある場所（ア：低需要・低供給）が学年を通じて選ばれる比率が高いという傾向が示唆された。このことから、高需要と低供給が葛藤する状況では人の多さという需要の側面に比べて他の八百屋（競合店）の存在という供給の側面が高学年になると相対的に重視されるようになることがうかがえる。結果として、第一選択で需要と供給の両者を考慮したうえで第二選択で需要（人の多さ）よりも供給（競合店の存在）を相対的に重視する児童は、6年生になると、学年全体の6割を超えるようになった。

子どもの思考の発達（質的変化）の様相を具体的に明らかにするためには、判断に対してどのような理由づけを行ったかについて分析することも有用である。まず、4年生の児童による説明の例を見てみよう。

〈どこが1番いいかな?〉ウ〈どうしてかな?〉ウはまわり

に八百屋さんがないんだけど、エは目の前にある。〈まわりに八百屋さんがないとどうしていいのかな?〉隣とかに八百屋さんがあったりすると、そっちに行ったりするから、全然売れないかもしれない。〈他に理由があるかな?〉ウのもう1個の理由か……よく商店街とか行ったら、ダンゴとか買う人がいるから。……肉とか買う人とかもいるし。

〈2番目にいいのはどこかな?〉エ〈どうしてかな?〉エは八百屋が前にあるからちょっとダメかと思ったんだけど、その前の八百屋よりもちょっといい値段で出せば、そうすればまわりにお店があるから、いっぱい買う人がいる。

この事例のように、4年生から競争相手から遠いこと(低供給)を、ついで商店街の中の方が買い物客が多いこと(高需要)に言及しており、需要と供給の両者を考慮できている。さらに2番目を問う質問から、供給と需要が葛藤する状況では、本児童の場合、需要を重視しており、高供給の不利な条件下でも競合店と値段の差別化を図ることで高需要の利点を生かせることについて、消費者の視点も生かして具体的に考えられていることがうかがえる。

次に6年生の児童による説明の例を見てみよう。

〈どこが1番いいかな?〉ウ〈どうしてかな?〉八百屋さんがこの辺にはないから、誰も……この辺にはここ(ウ)しか八百屋がないから、ここ(ウ)でしかこっち方面の人は買わない。〈他に理由があるかな?〉肉屋さんとかあるから、そのついでに買っていける。

〈2番目にいいのはどこかな?〉ア〈どうしてかな?〉八百屋さんがこの辺(イのあたり)にあったら、どっち行っちゃうかわかんないから、（他の八百屋の）いない所に。〈他に理由はあるかな？〉家がこの辺（アの周辺）に……近くにあるから。

この事例に見られるように、6年生でも第1の候補地の選択の際には4年生と同じように競合店から遠いこと（低供給）を、ついで商店街の中の方が客が多いこと（高需要）を考慮する者が多く見られる。一方で、第2の候補地の選択（需要と供給の葛藤状況）の際には、4年生とやや異なる傾向として、第1の候補地の選択のときと同様に一貫して競合店から遠いこと（低供給）を重視する傾向が4、5年生と比べると相対的に多く見られる。理由づけを分析すると、本児童以外にも「ライバル」といった表現で競合店の存在を重視する者が6年生には相対的に多く見られた。また、商圏をどのように捉えるかという空間的な広がりの認知との関わりでは、6年生の方がより大局的・俯瞰的に問題場面を捉えており、先述の児童のように「ここでしかこっち方面の人は買わない」「（商店街ではなくても）家が近くにある（ので人は来る）」のように答えたり、他の児童では「公園で遊んでいる子どもが買う」「公園に子どもと遊びに来たついでに買う」のように、商店街以外の広範囲の人の動きも想定したりしていた。そのことが、結果的に競合店と離れている状況（低供給条件）であれば商店街の中（高需要）ではなくても一定の需要（中程度の需要）は存在すると考えて、第2の候補地としては「低需要・低供給」の場所を「高需要・高供給」の場所よりも選好するという高学年、とくに6年生の結果につながっていると考えられる。

需要と供給が葛藤する状況を第二選択課題として設定し、判断と理由づけを問うことによって、局所的に見て近隣の同業者との差別化を図ることで高需要の利点を生かして高供給の不利な状況を克服しようとする4年生、大局的に見て商店街以外の人の流れを予測し、需要を喚起することで低供給の利点を生かしながら低需要の不利な状況を乗り越えようとする6年生、それぞれの時期の思考の豊かさが展開されていることが興味深い点であると考えられる。

【2】 商店の立地に関する質問［2］——需要と供給にコストの条件が加わった場合

商店の立地に関しては、現実場面では需要と供給以外にも影響する要因は多い。たとえば、駅前や繁華街など人通りが多い場所は潜在的な需要が大きく、それだけ多くの売り上げが見込めることで、テナントの賃料なども高く設定されることが一般的であろう。そこで、賃料というコストの要因と、人通りという需要の要因が葛藤状況にあるような場面を設定して、小学生の思考を明らかにすることを考えた。

まず、インタビューに参加した児童に、［1］とは別の商店街の絵地図が示された（図7-2：商店立地の図版B）。その絵地図には、表7-3に示したような条件を満たす4箇所（ア、イ、ウ、エ）の空白箇所（魚屋の出店候補地）が示されていた。条件A、Bは質問［1］の場合と同様である。条件「C：コスト」の条件に関して、賃料が「1日1000円」はコストが低い場所、逆に「1日5000円」はコストが高い場所となっている。

その絵地図を見ながら、各児童は、①新しく魚屋を新しく開くには、図の上のア、イ、ウ、エのどこに開くのがよいか、それはどうしてかについて考え、インタビュアーに自分の考えを説明した。次に、各児童は、②新しく魚屋を開くのに、2番目によい場所はどこか、それはどうしてかを説明した。さらに、コスト（賃料）に関する深い概念的理解を明らかにするために、③商店街の中の場所は商店

図 7-2　商店立地の図版 B（魚屋をどこに開くか？ 需要，供給，コストの判断）

街の外の場所よりどうして借りるのが高いのかについても説明することが求められた。

経済学的に有利と考えられる条件は、需要の観点では人通りの多い「商店街の中」にあること（高需要）、供給の観点では、「他の魚屋（競合店）からの距離が遠い」こと（低供給）、コストの観点では、「賃料が安い」ことと想定される。本問の場合、3つの条件にすべて有利な場所は設定されておらず、需要と供給の観点から考えると「ウ」（高需要・低供給）が、あるいは供給とコストの観点から考えると「ア」が有利であると考えられる。「ア」と「ウ」の比較判断からは、供給の条件が同じ場合の需要とコストの葛藤条件の中で、需要とコストのどちらをより重視するかについての思考を見る課題となっている（表7－3）。

以上のような、商店の立地に関して、需要（人の多さ）と供給（他の八百屋の近さ）に加えてコスト（賃料）を考慮して場所を選択し、その

表 7-3　魚屋の出店予定地に関する経済学的条件（需要，供給，コストが関わる場面）

候補地	A：需要	B：供給	C：コスト（賃料）
ア	商店街の外	他の魚屋が遠い	安い（1 日 1000 円）
イ	商店街の外	他の魚屋が近い	安い（1 日 1000 円）
ウ	商店街の中	他の魚屋が遠い	高い（1 日 5000 円）
エ	商店街の中	他の魚屋が近い	高い（1 日 5000 円）

（注）　網掛けは経済学的に見て有利と考えられる条件。

表 7-4　八百屋の出店場所に関する小学生の判断（学年ごとの人数分布と割合）

1 番目によい場所	4 年生（24 名）	5 年生（32 名）	6 年生（28 名）
1. ア（低需要，低供給，低コスト）	13(54%)	14(44%)	16(57%)
2. イ（低需要，高供給，低コスト）	0(0%)	1(3%)	0(0%)
3. ウ（高需要，低供給，高コスト）	11(46%)	16(50%)	11(39%)
4. エ（高需要，高供給，高コスト）	0(0%)	1(3%)	1(4%)

（注）　網掛けは開店する場合の利点（経済学的に見て有利と考えられる条件）。

理由を説明する課題について、小学生はどのように考えたのだろうか。質問［2］についての結果を示したのが、表7－4である。

表7－4に見られるように、4年生から需要、供給、コストのうち有利な条件が複数含まれる判断（1、3）をほとんどの児童が行っていた。需要とコストの葛藤を意識したうえで、需要とコストのどちらを重視するかに関しては、大きな学年差は見られないように思われる。

それでは、立地の判断に関する理由づけには学年による違いは見られないのだろうか。具体的に、まず4年生の児童による説明の例を見てみよう。この児童は「高需要・低供給」の場所（ウ）を出店場所として選んでいる。

〈どこが1番いいかな?〉ウ〈どうしてか

な?〉商店街で料金は４０００円も高いけど、お客さんが買うとしたら商店街に（魚屋が）あった方が他の物も買えるし楽だから。〈他に理由があるかな?〉こっち（公園側）にお店があると（魚を買った後に）商店街に戻らなきゃいけないし、ここ（ウ）にあったら、全部（買い物を）済ませてしまってから、公園とか行ったりできる。

この児童の場合、他の店でも買い物ができるという客としての利便性に着目して、需要の多い商店街への出店を選択している。店のコスト（賃料）にも言及しているものの、中心は「消費者としての思考」であり、競合店（供給）に関しては明確な言及はされていない。

別の判断を行っている４年生の例を紹介しよう。この児童は「低供給・低コスト」の場所（ア）を出店場所として選んでいる。

〈どこが1番いいかな?〉ア〈どうしてかな?〉アは１０００円で払う料金も安いし、（商店街でなくても）人が通る道だし、こっち（ウ、エ）は1日５０００円で、売れなかったら損しちゃうことになるから。〈他に理由があるかな?〉イやエは、前や隣に魚屋さんがあったりして、他のところに行っちゃうから。

この児童は、先ほどの児童とは異なり、コスト（賃料）を重視して、商店街から離れた賃料の安い場所への出店を考えている。最終的な判断は先の４年生の児童と異なるが、人の流れ（需要）を意識している点は共通しており、さらにその消費者の動きから近くにある競合店の存在がマイナスになることにも言及している。

次に6年生の児童による説明の例を見てみよう。この児童は「高需要・低供給」の場所（ウ）を出店場所として選んでいる。

〈どこが一番いいかな?〉ウ〈どうしてかな?〉前に（魚屋が）何もないし、人通りが多いし、何か買ったついでに買ってくれる。〈前に（魚屋が）ないと、どういういいところがあるの?〉その店の人にお客が取られないし、品物がいっぱい売れる。〈他に理由があるかな?〉アとイと違って値段（賃料）は高いけど、その分……えっと、何だろう……その分、いっぱい儲けられるから。

4年生と異なり、まず競合店の存在（供給）に言及し、次に需要（人通りの多さ）を挙げている。競合店が存在しないと「お客が取られない」と、経営者（店主）側の視点で考えているところに6年生としての特徴が見られる。その視点から、賃料と売り上げによる利益との大小関係を考慮し、「賃料は高いけど、その分（人通りが多くて）儲けられる」と、コスト（賃料）は出店に際しての主要な規定因にはならないことも述べている。

別の判断を行っている6年生の例を次に紹介しよう。この児童は「低供給・低コスト」の場所（ア）を出店場所として選んでいる。

〈どこが1番いいかな?〉ア〈どうしてかな?〉こういうところ（ウ、エ）だと、1日5000円で、2日で10000円にもなっちゃうし、ここ（ア、イ）は2000円だし安いし、こっち側（ウ）もいっぱい来るけど、こっち側（ア）も一応来るから。1日4000円も違うから、お金が全然違う。来るのがちょっとくらい少なくても大丈夫。〈他に理由があるかな?〉左側は魚屋が（近くに）ないから、こっち側（ア）に開いた方が左から来る人にはいい。〈お店の人には何がいいのかな?〉人がいっぱい来るから、お金がさらに儲かる。

この児童は先ほどの6年生と異なり、コスト（賃料）を重視して、商店街から離れた賃料の安い場所への出店を考えているが、「お金（賃料）が全然違う。（客が）来るのがちょっとくらい少なくても大丈夫」とコスト（賃料）と売り上げによる利益との大小関係で判断しているところは一つ前の6年生の児童と同様であり、6年生に特徴的な思考としての共通点が見られる。「大丈夫」なのは魚屋の営業としてということであり、先ほどの6年生の児童と同様に、一貫して経営者（店主）の視点で考えている。質問［1］と同様に、地域全体を俯瞰して消費者の動きを考え、店の「儲け」とつなげて考えている点にも6年生としての思考の特徴がうかがえる。

以上、質問［2］について、4年生、6年生、それぞれ2人の児童の判断の理由づけを検討してきた。先ほども述べたように、どこを選ぶかという判断には大きな学年差が見られないが、理由づけに見られる思考プロセスには顕著な違いが見られる。4年生は競合店（供給）に言及することがあるもののそれは副次的な判断であり、中心は消費者（客）としての思考であって、それにもとづく需要に依拠した判断を行うことが多いと推測される。一方で、6年生は、コストと売り上げによる利益との大小関係を考える、競合店との客の取り合いを考慮するなど、経営者（店主）としての思考が中心になっていると考えられる。このように理由づけの内容を詳細に検討することで、小学校児童の各年齢段階の思考のシステムとしての特質が見えてくると考えられる。

さて、このインタビュー研究では、先に述べたように、質問［2］に関わって、コスト（賃料）の

表 7-5　賃料の差異に関する小学生の推理（学年ごとの人数分布と割合）

	4 年生（24 名）	5 年生（32 名）	6 年生（28 名）
1. 人通りが多い	3(13%)	8(25%)	10(36%)
2. 人通りが多い→よく売れる	7(29%)	11(34%)	6(21%)
3. 人通りが多い→店が儲かる	4(17%)	8(25%)	6(21%)
4. 他の店もその場所に出したい	2(8%)	1(3%)	1(4%)
5. その他の理由	5(21%)	1(3%)	4(14%)
6.「わからない」，無答	3(13%)	3(9%)	1(4%)
・「いい場所」への言及	4(17%)	2(6%)	3(11%)
・貸主の視点の考慮	—	3(9%)	—

理解について詳細に検討するために、「商店街の中の場所（地図中のウ、エ）は商店街の外の場所（地図中のア、イ）よりどうして借りるのが高いのか」と、場所によって賃料が異なる理由についても尋ねている。その質問に対する児童の考えを見てみよう。

表7－5に示したのが、賃料が異なる理由についての児童の推理に関する学年別の人数分布である。表7－5に示されているように、人通りの多さを起点とする理由（カテゴリー1、2、3）を4年生の6割程度が示しており、5年生になるとその割合は8割程度に増加する。需要が大きい場所については賃料が高くなることについて、小学校高学年の児童は理解しており、また全体の半数程度の児童は、その理由を商店の売り上げ（販売量）や商店の利益の多さと関連づけていること（カテゴリー2、3）がうかがえる。

具体的に小学生の思考の特徴を明らかにするために、まず、4年生の3人の児童の例を見てみよう。

〈どうしてこの場所（ウ、エ）はこの場所（ア、イ）より借りるのが高いのかな?〉

ウとエは商店街で、人がいっぱい来て、いっぱい買っていって……混む場所だから。いい場所だから。（カテゴリー2）

〈どうしてこの場所（ウ、エ）はこの場所（ア、イ）より借りるのが高いのかな？〉商店街の中だから。〈どうして商店街の中だと高いのかな？〉売れるから。〈売れると（賃料が）高くても大丈夫？〉うん。まだこっち（ウ）の方が売れて、お金返せるかな。（カテゴリー2）

〈どうしてこの場所（ウ、エ）はこの場所（ア、イ）より借りるのが高いのかな？〉まわりにお店があって人通りが多くて、ここの所（ウ、エ）が儲かって、ここのお金（賃料）も高くなりますよーってことかな。……儲かってお金が手に入って、その方がいつまでも借りられるし、うまくいったら買えるかもしれないし。たぶんそんなふうにやった方が借りる方も高くなっちゃう。（カテゴリー3）

1人目の児童は、「いい場所」（人通りが多く価値の高い場所）に言及しており、また2人目の児童は、「（売り上げから賃料分を）返せる」ことに言及している。また、さらに3人目の児童は、「（賃料が高い場所は）儲かってお金が手に入って、その方がいつまでも借りられるし、うまくいったら買えるかもしれない」のように、賃料が高い場所の売り上げが賃料の持続的な支払いを可能にし、そこでの継続的な利益の増大が土地や店舗の購入にもつながるという循環のメカニズムにも言及している。インタビュアーとの対話の中で、店主の視点に立って、具体的な思考を柔軟に展開している様子がうかがえる。

次に5年生の2人の児童の例を見てみよう。5年生では次の例のように、商店街の人の多さ（需要）を起点に、複数の要因を関連づけて短く、端的に表現する児童が多い。

〈どうしてこの場所（ウ、エ）はこの場所（ア、イ）より借りるのが高いのかな?〉
・商店街で人がいっぱい来て、よく売れるから。（カテゴリー2）
・ウとエは人が多いから、その分だけ儲かると思うから。（カテゴリー3）

また6年生は、本質問の場合は5年生と児童の行う説明のプロセスが大きくは変わらず、複数の知識や要因をコンパクトに関連づけながら説明を行う者が多い。以下に6年生の児童の例を見てみよう。

〈どうしてこの場所（ウ、エ）はこの場所（ア、イ）より借りるのが高いのかな?〉
人通りが多いし、いっぱい店が並んでいるから、買ったついでに買っていってくれる。〈買ったついでに買っていってくれると、どうして借りる場所が高いのかな?〉いっぱい儲けられるから。（カテゴリー3）

ところで、賃料を設定するのは貸主（土地や店舗の所有者）であり、その場所の借主にとっての価値や需要（借りたい人の多さ）を見込み、コスト（管理費や減価償却費）を差し引いても貸主に利益が生ずるように価格を設定していると考えられる。5年生には、32名中3名（9%）と少数ながら貸主の視点で考える児童も見られた（表7－5の「貸主の視点の考慮」）。その例を見てみることにしよう。

〈どうしてこの場所（ウ、エ）はこの場所（ア、イ）より借りるのが高いのかな?〉
商店街だから、人がいっぱい集まるということは、それだけ儲かるから。ここに（賃料が）1000円だとちょっと安い。〈安いと誰が困るのかな?〉その土地を貸している人。〈5000円だとどうしていいの?〉その人（貸主）がその分だけで儲かるから。（カテゴリー3）

なお、この例の場合、「1000円だとちょっと安い」という児童の発言に対して、インタビュアーが「安いと（借り手にはよいはずなのに）誰が困るのかな」と尋ねること（切り返し型の追究型質問）によって、児童が潜在的に想定していた「その土地を貸している人」の存在が児童自身によって明確化されている。前章（第6章）でインタビュアーが行った補足質問（因果追究型質問）と同様に、児童の発言の中で、因果のプロセスが省略されていたり、主語が省略されていたりするところに聞き手が着目して、「それはどうして?」「それは誰かな?」のように尋ねることによって、児童に内在する多様な既有知識が関連づけられて顕在化し、児童の思考は（大人の思考以上に）柔軟に展開すると考えられる。教師や保護者といった大人が「聞き手」として子どもに関わる際に児童の発言の一部に着目し、「そうだね」のように肯定的に捉えたうえでその背景や根拠、因果関係などを尋ねることは、児童が思考を主体的に展開し、（それが認められることで）自己肯定感を高めていくための重要なポイントでもあるようにも思われる。

さて、貸主とは別に、賃料の高さに関して商店街における出店希望者の多さ（需要）を挙げる児童も少数ながら各学年に見られた（表7-5のカテゴリー4）。各学年の例を見てみることにしよう。

〈どうしてこの場所（ウ、エ）はこの場所（ア、イ）より借りるのが高いのかな?〉

・商店街だから。〈商店街だとどうして高いのかな?〉他のお店もいっぱい作るから、作る場所が足りないか

ら高い。（4年生）

・商店街だからかな。〈商店街だとどうして高いのかな?：〉えっと、入りたい店とかもいろいろあるから。（4年生）

・商店街の中はお店がいっぱいあって、場所を取りにくいから。（5年生）

・商店街で（土地を借りて：筆者注）建てたい人もいっぱいいて、高い値段じゃないと建てられないから。（6年生）

4年生は商店街をスタートに「商店街だとどうして高いのかな」という因果追究型質問によって思考が展開しているのに対して、5、6年生は自発的に知識を関連づけて説明を構成するという違いが見られた。またその学年なりの素朴な言葉が用いられているが、「商店街の中の他の店も出店（開業）したくなるような価値の高い場所」という希少性や付加価値に着目して賃料の高さを説明しようとしているところは共通している。供給者の視点に立ち、かつ多様な供給者とその競合関係を想定して推理を展開する、児童の社会科学的思考の豊かさがうかがえる。

以上に見てきたように、小学校4年生〜6年生の児童は、賃料の背景についてさまざまな社会的要因を関連づけながら考えることが可能であることが明らかになった。4年生は絵地図の情報などを手がかりにしながら、実際の消費者の購買行動や経営者の判断を具体的にイメージしながら考えるのに対し、小学校高学年になると、場面や状況の全体を俯瞰し、供給者側の多様な要因も含めた関連要因を言葉で概括しながら、多様な知識を関連づけて、より一般的な説明を試みるという傾向が見られるようになると考えられる。さらに、児童の発言に着目して問い返すこと（因果追究型質問）により、とくに小学校高学年では、経営者の判断に影響を及ぼす他の関係者（貸主や競合店）を想定して推理することも可能になることがうかがえる。

［3］　本節のまとめ（小学校中学年から高学年にかけての発達）と教科教育への示唆

以上の質問［1］［2］についてのインタビューの結果から、八百屋や魚屋といった身近な商店に関連づけて場面を設定することにより、4年生から需要や供給、コストといった経済学的要因を考慮して具体的な状況を考慮した判断ができること、6年生になると、需要の高さを一方で意識しながらも競合店の存在という供給の側面も重視した判断へと緩やかに移行すること、経営者の視点で一貫して判断するようになることなどが明らかになった。社会科の教科書などでは、経営者としての判断が求められるような場面は少ないと考えられるが、授業においても多様な要因の間の葛藤場面を含む問題を設定することにより、立地などに関わる各要因についての気づきが生成し、さらにクラス全体の話し合い（協同探究）場面で判断の理由を交流し、関連づけることにより、それぞれの要因や要因間の関係についての概念的理解が深まることが期待される。

2　商店をなぜ、どのように経営するか？——商店の経営目的と経営戦略

第1節では、商店をどこに開くかをテーマに、「街」という小規模空間における小学生の社会科学的な思考の発達を検討した。さらによりミクロな視点で商店の経営に関わる社会科学的な思考の発達を明らかにするために、一つの商店に焦点化したうえで、その商店をどのように経営するかについて、

商店の存在意義や経営目的とあわせて尋ねることにした。本研究での個別インタビューの目的は、商店の目的や仕組みについて小学生がどのように推理するか、とくに、買い手（消費者）だけではなく、売り手（販売者）や作り手（生産者）といった経営者の視点に立って考えることができるかどうかを検討することを通じて、社会に関する小学生の思考の発達を明らかにすることである。

個別インタビューの参加者は、小学校2年生29名、4年生27名、6年生29名である。児童期全般の発達的変化を明らかにするために、この研究では小学校低・中・高学年に対象を広げてインタビューを実施した。

各児童に対して絵カードを用いて、(1)商店（八百屋）の存在意義と経営目的、(2)商店の経営戦略、(3)商店の多面的役割についての質問を行い、自分の考えを表現するように求めた。(1)商店の存在意義と経営目的については、①「街にはどうして店があるのか」、②「八百屋は何のために店をやっているのか」という理由や目的を問う質問を行った。また(2)商店の経営戦略については、①「八百屋が儲かるにはどうすればよいか」（全般的な経営戦略）、②「儲かるためにはアルバイトの店員を増やした方がよいか」（効率性やコストに関する意識）を質問し、②についてはその理由も尋ねた。さらに生産者と消費者をつなぐ商店の役割の面から商店の経営に迫るために、(3)商店の果たす多面的な役割に関して、①「自分だったらどのような八百屋で買い物をしたいか」（消費者の視点）、②「どうして八百屋にはいろいろな野菜が揃っているのか」（生産者、販売者、消費者の視点）について尋ねた。

【1】 商店の存在意義と経営目的

まず、商店街に行ったことがあるかどうかを尋ねた後、商店街を例示した絵カードを示して、「こ

表 7-6　商店の存在意義に関する小学生の思考（「街にはどうして店があるのか」）

	2 年生（29 名）	4 年生（27 名）	6 年生（29 名）
A. 消費者視点 A1（物を買うため，生活するため）	17(59%)	20(74%)	25(86%)
A2（生きるため）	10(34%)	3(11%)	1(3%)
B. 経営者視点（儲けるため，店主の生活のため）	4(14%)	9(33%)	7(24%)
C. 他の視点（田畑でとった物を売る，助け合うため）	0(0%)	1(4%)	1(3%)

こにはたくさん店が並んでいるけれど、どうして街には店があるのかな」と質問した（質問⑴①商店の存在意義）。児童が一つの意義を答えた後には、他の意義もないかを尋ねた。その結果を学年別の人数分布（人数比）として示したのが表7－6である。

表7－6に見られるように、消費者（買い手）の視点に立った考えが全般的に多く見られた。内訳として、「みんなが物を買うため」「生活するため」といった生活のための購買行動に関する回答は学年とともに増加するという有意傾向が見られたのに対して、「人が生きるため」という個人の生存に関する回答が他の学年に比べて2年生に有意に多く見られた。生活必需品の購入という消費者にとっての存在意義が、小学校低学年から意識されていることがうかがえる。一方、「店の人が儲けるため」といった経営者（売り手）の視点に立った考えは、消費者の視点ほど多くはないものの、2年生から4年生にかけて緩やかな増加が見られた。

次に、絵カードの中の一つの商店（八百屋）に注目させて、「八百屋は何のために店をやっているのだと思う？」と尋ねた（質問⑴②商店の経営目的）。一つの理由を答えた後には、他の理

表 7-7　商店の経営目的に関する小学生の思考（「八百屋は何のために店をやっているのか」）

	2 年生（29 名）	4 年生（27 名）	6 年生（29 名）
A. 人道主義（皆に役立つから）	16(55%)	11(41%)	16(55%)
（皆が病気にならないように）	4(14%)	5(18%)	5(17%)
B. 利益追求（儲けるため，店主の生活のため）	6(21%)	9(33%)	10(34%)
C. その他			
感情（買ってくれるとうれしいから）	3(10%)	0(0%)	1(3%)
消費者（スーパーより安い，新鮮）	1(3%)	3(11%)	1(3%)
生産者（畑で作ったものを一度に売る）	0(0%)	3(11%)	2(7%)

由がないかについても尋ねた。その結果を学年別の人数分布（人数比）として示したのが表7－7である。

表7－7に見られるように、「皆に役立つから」といった人道主義的な考えが、どの学年にも多く見られた。とくに八百屋の商品である野菜に栄養があることに着目して、「皆が病気にならないように」という回答も各学年で見られた。経営目的としても社会における商店の意義に着目する考えが小学生には多いことがうかがえる。一方、「店の人が儲けるため」といった商店の利益追求に関する考えは全体の3割前後の児童に見られ、4、6年生では3割以上となった。また、少数意見として、店主の感情や生産・流通に着目した回答も見られた。

【2】商店の経営戦略

次に、商店の経営目的としての利益追求に着目させ、そのための経営戦略について児童自身に考えさせるために、絵カードに示された八百屋について「この八百屋が儲かるにはどうしたらいいかな？」と尋ねた（質問(2)①商店の全般的経営戦略）。一つの経営戦略について児童が

表 7-8　商店の経営戦略に関する小学生の思考（「八百屋が儲かるにはどうすればよいか」）

	2 年生（29 名）	4 年生（27 名）	6 年生（29 名）
A. 安売り・値下げ	12（41%）	15（56%）	18（62%）
B. 品揃え・品質向上	15（52%）	14（52%）	19（66%）
C. 宣伝・サービス（経費あり）	1（ 3%）	9（33%）	15（52%）
（経費なし）	11（38%）	13（48%）	15（52%）
経営戦略の利点として集客効果に言及	23（79%）	20（74%）	28（97%）
経営戦略の欠点としてコスト，利益率に言及	9（31%）	11（41%）	18（62%）

説明した後には、他の方法がないかについても尋ねた。その結果を学年別の人数分布（人数比）として示したのが表７－８である。

表７－８に見られるように、小学校２年生から一人ひとりの児童が多様な経営戦略を考えることができていた。商品そのものの品質に加えて、値段や宣伝・サービスへの着目が中高学年（４、６年生）ではそれぞれおよそ５割以上の児童に見られた。とくに、広告を出す、ポイント券をつけるなど、経費を伴う宣伝やサービスの言及率に有意な学年差が見られ、中高学年が低学年に比べて有意に高かった。また、６年生になるとほとんどの児童がそれらの経営戦略の利点として集客効果を明確に説明し、その比率は低中学年に比べて高いという有意傾向が見られた。またコスト上昇や利益率低下など欠点についても考慮する児童が低学年から高学年にかけて増加するという有意傾向が見られた。

さらに、経営戦略と効率性やコストとの関係についての理解を明らかにするために、絵カードを示しながら、「このおじさんは八百屋を１人でやっているのだけれど、

表7-9　人件費に関する小学生の思考（「アルバイトの店員を増やした方がよいか」）

	2年生（29名）	4年生（27名）	6年生（29名）
A. 店員を増やす（店主の不測の事態への対応）	7(24%)	3(11%)	1(3%)
（需要への対応：経営の効率性）	19(66%)	17(63%)	21(72%)
（客に対するサービス向上）	5(17%)	8(30%)	10(34%)
B. 店員を増やさない	1(3%)	4(15%)	2(7%)
店員を増やすことで困ること			
a. 店舗の空間（店が狭くなる）	8(28%)	2(7%)	1(3%)
b. 販売の効率（新しい店員だとミスが多い）	4(14%)	9(33%)	5(17%)
c. コスト（給料を払わないといけない）	3(10%)	10(37%)	16(55%)

八百屋が儲かるには、アルバイトの店員（おじさんからお金をもらって働く人）を増やした方がいいかな？」と尋ねた（質問(2)②コストの意識）。その理由について尋ねた後、さらに「店員を増やして（増やさないで）何か困ることはないかな？」と質問した。児童が一つの理由を答えた後には、他の理由がないかについても尋ねた。その結果を学年別の人数分布（人数比）として示したのが表7－9である。

表7－9に見られるように、3学年を通じて、ほとんどの児童が店員を増やした方がよいと答えていた。その理由としては、多くの客に対応できるという効率性（経営の効率化）が各学年の6～7割の児童に挙げられていた。一方で、2年生では店主の病気やケガなど不測の事態への対応に関する回答が4分の1程度の児童に見られ、その出現比率は他学年より高いという有意傾向が見られた。また、4年生以降では、一人ひとりの客へのサービスの向上も特徴的な意見として3割以上の児童に見られた。

また、店員を増やすことで困ることとして、給料などのコストへの言及が学年とともに有意に増加した（6年生の言及率が2・4年生より有意に高く、2年生の言及率が4・6年生より有意に低かった）。一方で、インタビュー実施以前には予想していなかった回答として、2年生では、「店員が増えると店が狭くなる」のように店舗の空間に着目する回答が3割程度の児童に見られ、その出現比率は他学年より有意に高かった。また4年生では「新しい店員だと慣れずにミスが多くなる」のように仕事の内容（販売の効率）に着目する回答が3割程度の児童に見られた。全般的な傾向として、店主の個人的な理由から客のニーズへの対応へ、また店舗の空間や仕事内容から店員の給与というコストへの言及へと児童の思考が人や物という可視的な対象に着目した思考をベースとしながら、コストやニーズという見えない社会的関係についても推測が行えるような広がりや深まりを見せるようになることがうかがえる。

【3】 商店の多面的な役割

さらに、消費者や生産者の視点から商店を捉えるための質問を実施した。まず、消費者の視点として、「八百屋で買い物をするとしたら、どのような八百屋で買い物をしたいかな？」と尋ねた（質問(3)①消費者の視点）。児童が一つの考えを答えた後には、他の考えがないかについても尋ねた。その結果を学年別の人数分布（人数比）として示したのが表7－10である。

表7－10に見られるように、品揃えや品質のよさといった商品そのものに関わる側面に各学年のおよそ7割の児童が着目していることに加えて、値段の安さや、楽しく買い物ができることなど、商店のサービスや環境に着目した回答が、中高学年では4割以上の児童に見られるようになっていく傾向がうかがえる。

表7-10　消費者の視点から見た商店（「どのような八百屋で買い物をしたいか」）

	2年生 (29名)	4年生 (27名)	6年生 (29名)
A. 品揃え・品質のよさ	22(76%)	19(70%)	22(76%)
B. 値段の安さ	9(31%)	12(44%)	14(48%)
C. 店員の対応（優しい），店の雰囲気（明るい）	6(21%)	9(33%)	12(41%)

さらに、生産者や販売者という経営者の視点にも立って商店の役割を考えられるかどうかを検討するために、「どうして八百屋にはいろいろな野菜が揃っているのかな？」と尋ねた（質問⑶②生産者・販売者・消費者の視点）。一つの理由を答えた後には、他の理由がないかを尋ねた。その結果を学年別の人数分布（人数比）として示したのが表7－11である。

表7－11に見られるように、消費者の利便性（買い手の便利さ）に加えて、販売者の視点に立って利益（売り手の儲け）などに言及する児童が半数程度見られ、さらに生産者の視点を意識した回答が6年生の4割近くの児童に見られるようになった。また、4年生ではそれぞれの野菜の特産地への言及が増加し（4・6年生は2年生に比べて言及率が高いという有意傾向が見られ）、また6年生では仕入れ先としての市場への言及が増加した（6年生は2・4年生に比べて言及率が有意に高かった）。学年の進行とともに経営者の視点に立った思考のレパートリーが増加し、さらに精緻化する傾向がうかがえる。

[4]　本節のまとめ（小学校低、中、高学年の発達的変化）と今後の教育への示唆

[1]～[3]のインタビューについての以上の分析結果より、社会に関する思考の発達についての各学年の全般的特徴として、次のような傾向

表 7-11　多様な視点から見た商店（「どうしていろいろな野菜が揃っているのか」）

	2年生（29名）	4年生（27名）	6年生（29名）
A. 消費者視点（揃っていると便利）	5(17%)	3(11%)	3(10%)
B. 販売者視点（いろいろな客が来る，儲かる）	12(41%)	12(44%)	15(52%)
C. 生産者視点（いろいろな産地のものを仕入れる）	5(17%)	6(22%)	11(38%)
野菜の生産地として，特産地に言及	4(14%)	10(37%)	9(31%)
野菜の仕入れ先として，市場に言及	2(7%)	3(11%)	11(38%)

が見られた。

2年生：みずからの経験を中心にして，商品を購入する消費者の視点でおもに考えるが，多様な追究型質問を通じて，経営者の視点でも考えることができるようになる。

4年生：消費者の視点に加えて，利益を追求する経営者の視点でも自発的に考えることができ，店員の能力，特産地なども考慮したさまざまな推理を展開する。

6年生：経営者の視点から利益やコストを意識し，一つの方法の利点と欠点を同時に考えるだけではなく，因果追究型の質問を通じて，生産者や流通過程にも着目できる。

社会科や総合的な学習などの授業を構成していく際には，以上のような，各年齢段階の児童が自発的に形成してきている考えをベースとしてみずから思考を構成できるような非定型の問い（多様な思考やアプローチが可能な問題）を設定し，その考えを次に発展させうるような働きかけ（クラス全体で多様な考えを関連づけるような発問や因果関係や根拠を追究するような発問）を組織することが重要であると考えられる。また，その際には，児童の日常生活に関連する場面を具体物や絵カードなどを用いて提示すること，消費者，経営者，生産者といったさまざまな視点からの発問を組織することが、児童の思考を豊かに発達させるうえで有効であろう。

3　児童期全般を通じた経済学的思考の発達と変化可能性——本章のまとめ

本章で紹介した2つの個別面接研究から、供給者側の問題（商店の出店や経営）について考えることによる児童期全般の経済学的思考の発達的特質と変化可能性が明らかになってきた。小学校2年生はおもには消費者の視点から商店の経営について考えることが多いが、アルバイトの雇用、多彩な品揃えなど、個別のテーマについて質問を行うことで、供給者の視点から考えることも可能になる。小学校4年生は、利益を追求する経営者の視点を自発的にとることができ、立地や経営に関して、賃料やアルバイト代といったコストについても考慮することができていた。商品やその価格をテーマに経済学的思考を検討した研究（第6章）では、コストに関する言及が多く見られたのは小学校6年生であったが、商店の出店や経営という供給者側の設定で考えることにより、小学校中学年からコストという媒介要因を考慮した多様な因果的説明が可能であることが明らかになった。さらに、小学校6年生では、経営者の視点から利益やコストを考えることに加えて、生産者や流通過程、経営戦略といった供給者側の諸要因を関連づけて多様な思考を展開することが推察された。以上のことから、児童にとって身近な商品（第6章）や商店（第7章）を題材としてさまざまな事象の仕組みやその背景要因について考える機会を設けることによって、社会科学的事象に関する多様な思考が各年齢段階の思考の特質を生かして柔軟に展開されることが明らかになった。

4　子どもの思考の発達プロセスとは――「わかる」は発達的にどう深まるか

第4章、第5章では数学的思考を、第6章、第7章では経済学的思考を中心に、子どもの思考の発達について検討してきた。児童期を中心とした子どもの思考の発達プロセスについて、これまでに明らかにしてきた知見をもとにモデル化してまとめたのが図7－3である。このモデルでは、思考の多様化（「ヨコ方向の広がり」）と、思考の包括化や因果的思考の系列化（「タテ方向の深まり」）という2つの方向で捉えられる思考の発達が、重層的に展開しながら、萌芽的な「探索」から本格的な「展開」へと進んでいく発達のプロセスを描いている。

【1】　小学校低学年（7、8歳頃）の思考

小学校低学年（7、8歳）では、個人間の日常経験や関心、既有知識の多様性（差異）を反映した、一人ひとりの子どもの「思考の自己展開」に特徴が見られる。経済学的思考に関する個別面接研究で、価格の説明をする際に家庭の出来事（親が話していること）をつなげて話したり、イチゴの課題で絵カードに描かれていない「隠れたイチゴパック」を想定して値段が倍になる理由を説明したりと、関連するエピソード的知識や新たに知覚した情報などを自分なりに関連づけて独自の説明を構成できる点に、小学校低学年ならではの特徴が見られると考えられる。言い換えれば、自分なりに文脈を構成して思考を表現する点に小学校低学年の特徴が見られる。また、次の年齢段階（9、10歳）で中心となる、思考の多様化への志向性（「思考のヨコ方向の探索」）も見られ始める。たとえば、経済学的思考に

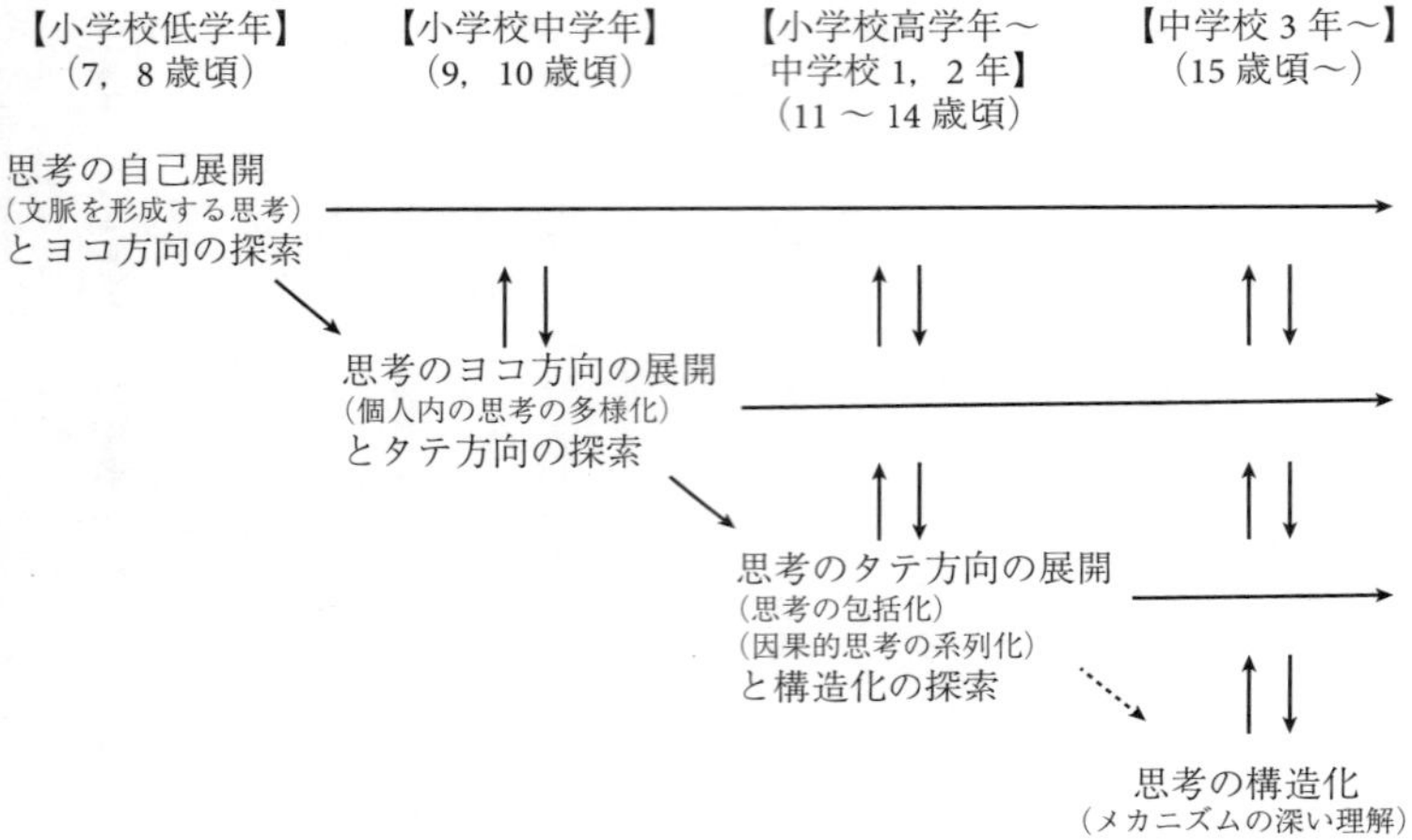

図 7-3　子どもの思考の発達プロセスに関する仮説的モデル

関して、商店の販売戦略に関して、「自分だったらどのような商品を買いたいか」という消費者の視点に立って、価格、数量、付加価値といった多様な要因を顧客の需要を喚起することと関連づけて説明することができるなど（第7章第2節参照）、個人内の多様な思考の萌芽が見られる。

[2]　小学校中学年（9、10歳頃）の思考

小学校中学年（9、10歳）では、「思考のヨコ方向の展開」と「思考のタテ方向の探索」に特徴が見られる。まず「思考のヨコ方向の展開」に関しては、数学的思考に関する個別面接研究では、整数倍型問題に対しては次元内の倍数関係に着目して考えるが（倍数操作）、非整数倍型問題に対しては差に着目して考えたり（加法的推理）、倍と差を関連づけて考えたりするなど、問題のタイプに応じた「個人内の思考の多様性」が見られる（第4章第2節参照）。また一つの場面に対する個人内の思考にも多様性が見られる。第10章でくわしく説明するが、数学的思考

に関する個別実験研究で、水と濃縮ジュースを描いた1枚の絵カードから数値の大小や差の関係だけでなく、整数倍や単位あたりの関係を見出したりすることが小学校4年生（10歳）には多く見られる（第10章第1節参照）。また、経済学的思考に関する個別面接研究で、クリスマスの時期のイチゴに対する人気（需要）だけでなく、冬場のイチゴの収穫量（供給量）にも着目したりする（第6章第1節参照）など、視点を変えて個人内の思考を自発的に多様化できる点（「思考のヨコ方向の展開」）に小学校中学年としての特徴が見られる。

ここまで見てきた「思考のヨコ方向の展開」をベースに、次の年齢段階（11、12歳以降）で主導的となる、領域や場面を越えた「思考の包括化」や、「因果的思考の系列化」の萌芽（「思考のタテ方向の探索」）が見られるのも小学校中学年（9、10歳）、とくに4年生（10歳）頃の特徴である。数学的思考に関して、混みぐあいのモデルを操作しながらジュースの濃さの違いを考えたり、具体物を用いて同じ濃さになる水と濃縮ジュースの組み合わせを考えたりすることでみずから単位あたりの考えとその有効性に気づき、さらに、そのモデルや具体物の手がかりがない状況でもみずから発見した単位あたりの考えを濃度の比較に生かせるような「思考の包括化」が見られるようになる（詳細については第8章第1節参照）。また、経済学的思考に関して、「12月にはイチゴがあまりとれないから高い」とみずから説明したことに対して「どうしてとれないと高いか」を因果追究型質問として問われたときに、直接それに対応する説明ではないものの「冬だから」と12月にとれない方の理由（季節要因）を説明したり、「12月にはイチゴをケーキに使うから」とみずから説明したことに対して「どうしてケーキに使うと高いか」について因果追究型質問で尋ねられたときに、「みんなが使うから」と需要の要因を区別して説明したりするような「因果的思考の系列化」の萌芽も小学校中学年（4年生）に部分的に見られる（第6章第1節参照）。一方で、第10章第1節で詳述するが、混みぐあいモデルを用いて推理することによる濃度の概念的理解の深まりは、数的関係を多様に表象している児童（4年生）に顕著であるように、「思考のヨコ方向の展開」が多様な知識の関連づけを活性化し、「思考のタテ方向の探索」を促進するという可能性にも留意する必要がある。日常場面などに関連した非定型問題をさまざまな教科や領域で設定することで「思考のヨコ方向の展開」が豊かになり、さらに多様な思考を関連づけて因果関係や根拠を子どもみずからが探究できる具体的場面や発問を設定することによって、小学校の低学年に見られるような「思考の自己展開」（時系列や因果関係に関して自分なりに文脈を形成する説明）をベースとしながら、小学校中学年の「思考のタテ方向の探索」が幅広く緩やかに進行し、次の年齢段階（11、12歳以降）を特徴づける「思考のタテ方向の展開」が可能になっていくと考えられる。

なお、マイクロジェネティック・アプローチによる研究（第3章第1節参照）でも見出されていたように、同一年齢段階においても、また個人内でも思考は多様であると考えられる。このことから、小学校の低学年の特徴として述べた「思考の自己展開」は中学年においても続いており、文脈や場面、状況に応じて、「思考のヨコ方向への展開」や「思考のタテ方向の探索」と適応的に使い分けられ、組み合わされるようになると考えられる。経済学的思考に関して、日常的なエピソードと結びつけて「ポテトチップスの小袋が割高な理由」を説明した小学校4年生の事例（第6章第1節参照）は、2つの思考のモードを組み合わせて柔軟に思考を構成している一例とも考えられる。それらの複数の思考のモードの間を「行き来できる」ことも思考の豊かさとして重要ではないだろうか。なお、このような複数の思考のモードの往還や統合は、次に述べる小学校高学年以降も、また大人においても見られる特徴であると考えられる。

【3】 小学校高学年から中学校1、2年にかけて（11～14歳頃）の思考

小学校高学年（11、12歳）になると、「思考の包括化」や「因果的思考の系列的展開」に見られるような「思考のタテ方向の展開」がさまざまな領域で見られ始める。

数学的思考に関する個別面接研究では、比例的推理や内包量比較に関して、「7秒間で進む距離」や「4㎞あたりにかかる時間」、「水1デシリットルに入っているジュースのカップ数」など、（学校の授業では直接、学習しないような方法で）自発的に単位を生成して速さや濃さを比較したり、同じ濃さにするときに必要な水の量や同じ速さのときにかかる時間などを予測したりする思考が5年生（11歳）頃から見られるようになる（第4章第2～3節参照）。これらの推理は、「事象や事物に含まれる2つの次元（量）がいずれも異なるときは一方の次元（量）の値をそろえて他方の次元（量）の値を比べて、その値の意味にもとづいて事象や事物の質（内包量：速度や濃度）を判断する」という「思考の包括化」あるいは「場面を越えた包括的思考」を表していると考えられる。より具体的には、「倍」や「半分」といった日常的知識を利用しながら次元内の数値の関係が整数倍の場合に適切に行えていた推理が、「一方の次元の値を何らかの方法でそろえて比べる」という包括的な思考様式を生成して非整数倍の場合にも拡張されるようになる変化などが「思考の包括化」と考えられる。また、作問の研究において、包含除の作問に対して自分自身で「人」「箱」「皿」などの単位を生成して、「15このあめを1人に3こずつ渡すとすると何人に分けられるでしょうか」といった問題をみずから作成することが6年生（12歳）頃になると多くの児童に可能になる（第5章第2節参照）。このことも包含除が乗法や等分除と関連づけられて乗除法に関する包括的な思考の枠組みが生成されるという「思考の包括化」を表していると考えられる。

経済学的思考に関する個別面接研究では、価格の決定因に関する推理において、「12月はイチゴがあまりとれない時期で、ビニールハウスであたためる手間やお金がかかるので値段が高くなる」「イチゴがあまりとれない時期なので、農家の人が少しでも儲かるように値段を高くする」といった、季節により異なる生鮮品の価格について、自身が指摘した供給量と価格の間の関係をコストや利潤に関わる要因を介在させて説明を行うような「因果的思考の系列化」が6年生（12歳）を中心に見られるようになる（第6章第1節参照）。このような、消費者側からは直接見えてこない生産者側のコストや利潤を介在させた思考は、流通過程における価格の変化や商店の経営戦略に関する推理に関しても小学校高学年を中心に見られ（第6章第2節、第7章参照）、因果的思考の系列化が場面や文脈を越えて広がることがうかがえる。

一方で、「思考のタテ方向の展開」は小学校高学年から中学校1、2年（13、14歳頃）にかけて領域を広げながら緩やかに進行することが想定される漸進的なプロセスであることにも留意する必要がある。先に述べた数学的思考に関して、「その値の意味にもとづいて」事象や事物の質（内包量：速度や濃度）を判断するには、「100m走のように距離が決まっているときは時間が短いほど速い」「溶かす塩や砂糖の量が同じときは水が少ないほど濃くなる」といった速度や濃度に関する定性的な日常的知識と関連づけることが必要であると考えられる。そのような深い概念的理解を必要とする逆内包量課題を含めた正答率が小学校6年生から中学校1年生で、速度課題で6割程度、濃度課題では4割程度にとどまっていたこと（第4章第3節参照）を考慮すると、意味の理解を伴う「思考のタテ方向の展開」は漸進的なプロセスであることが想定される。それに対して、学校教育において、第9章で述べる協同的探究学習のような、非定型問題に対して多様な思考を個別、協同で関連づける授業を継続的に組織することは、そのプロセスの促進にさまざまな年齢段階において寄与することが推測される。

また、「思考のタテ方向の展開」は、学校内外の教育の進め方しだいで「思考の手続き化（定型化）」をもたらす可能性があることにも留意する必要がある。公式などの手続きの適用を主に重視するような教育によって、本来、子ども自身が多様な思考を関連づけながら意味の理解にもとづいて進行させるプロセスである「思考の包括化」や「因果的思考の系列化」が、教師などの大人が示した言葉による抽象化や公式等による定式化として急速に進められると、意味の理解が十分に伴わない「定型的な手続き」や事実的知識の習得に転化する可能性がある。たとえば、第4章第4節で紹介した縦断的研究では、自分なりに知識を関連づけながら逆内包量に関する問題を個別単位方略などを用いて解決していた児童が、秒速や時速などを求める単位あたり方略を学校の授業で手続き中心に学習することによって、その方略を「大きな数値÷小さな数値を計算して値を比較する」手続きとして過剰般化し、一時的に逆内包量課題を正答できなくなることや、そのような学習を経験した一定数の児童が学校で学習する問題と同じタイプである正内包量課題のみに正答することにとどまることを見てきた。「思考の手続き化」によって定型問題に対応できるようになるかもしれないが、新規で複雑な非定型問題をみずから探究し、意味の理解にもとづいて解決を導くことにはつながりにくいと考えられる。「思考のタテ方向の展開」が、多様性のある一人ひとりの「思考のタテ方向の探索」をベースにして緩やかに進行し、そこで形成された多様な思考がクラスでの協同過程を通じて相互に関連づけられ、意味づけられること（第9、10章で詳述する協同的探究学習に関する研究を参照）を通じて「思考のタテ方向の展開」が概念的理解の深まりとして実現されていくのではないかと考えられる。

【4】 中学校3年（15歳頃）以降の思考

本書でおもに紹介してきているのはおもに小学生を中心とした思考の発達プロセスであるが、中学校3年（15歳頃）以降、各領域で緩やかに進行してきた「思考の包括化」や「因果的思考の系列化」が領域を越えて関連づけられることによる「思考の構造化」が、教科内容との関わりでも目標とされ、また前段階までの思考の豊かな発達をベースとしながら実現されていくことが想定される。たとえば、本書の第8章第2節の協同的問題解決の研究では、高校1年生（15〜16歳）の生徒が図形の操作をもとに「回転無限方略」を発見し般化していくプロセスを紹介しているが、図形領域における連続的な変化と数の領域における数の稠密性（数と数の間に別の数が常に存在すること）などが関連づけられることで、「無限」に関する概念的理解が深まることが想定される。また、物理学領域における等加速度運動と数学（代数）領域における2次関数が関連づけられて「非線形の変化」に関する概念的理解が深まること、世界史の領域におけるフランス革命と日本史の領域における明治維新が関連づけられて「近世から近代への変化」に関する概念的理解が深まること、「奥の細道」（松尾芭蕉）や「故郷」（魯迅）といった個々の文学作品について、無常観や時代の変革といった作者の歴史的・思想的背景や執筆意図の考察と本文の内容理解とが関連づけられながら、各作品の全体的・構造的理解が深まることなど、第9、10章で後述する協同的探究学習に関する授業実践などにおいては、それらの領域間の関連づけを通じて思考が構造化され、プロセスやメカニズムに関する、より本質的な理解が可能になることが示唆されている。「思考の構造化」に至る思考の発達プロセスの心理学的解明は、今後さらなる検討が必要な課題であると考えられる。

第 III 部

学習を通じて「わかる」はどのように深まるか

第8章　探究してわかる

理解が深まるうえで重要なことは、子ども自身が既有知識を含む多様な知識を関連づけることで、物事を捉える枠組み（知識構造）を再構成することであると考えられる。その背景にあるのは、構成主義（constructivism）の考え方[79]である。人間は能動的にまわりの環境に対して働きかける存在（発達主体）であり、まわりの事物や人々に働きかけることを通じて、そしてそれらの対象との相互作用を通じて、みずからの物事を捉える枠組み（ピアジェの発達理論ではシェマ、認知心理学の諸理論では知識構造）を精緻化し、再構造化すると考えられる。

第4章〜第7章では、長期的な発達的プロセスの中でさまざまな事象に対する概念的理解が深まっていくプロセスを見てきた。第8章〜第9章では概念的理解の深まりを短期的に実現する方法やそのプロセス、可能性と限界などについて、個別実験・面接や協同解決実験（第8章）、学校授業を対象とした実践研究（第9章）を通じて見てみることにしよう。

1　自分で探究してわかる

一人ひとりの子どもが概念的理解を深めるための有効な手立てとしては、多様な知識の関連づけという観点から考えると、多様な考え方が可能な非定型の問題に対して、自分なりに多様な知識を関連づけながら問題の解決に向けて探究すること（inquiry）が考えられる。その際に、それぞれの子どもはさまざまな領域で既有知識を形成してきていると考えられることから、領域を越えて知識を関連づけて推理することを促すことや、そのような推理が可能な場面を設定することが、探究を深めるうえで有効な方法の一つとなるのではないかと考えられる。数学的概念の理解に焦点をあてて、一つの例を見てみることにしよう。

【1】　モデルを用いた探究を通じた概念的理解の深まり

濃度（concentration）についての概念的理解は一般に単位あたり量（内包量：intensive quantity）の理解の中でも難しい（第4章参照）。一方で、知覚的な（見た目の）混みぐあいの判断や、分離量（数えられる量）の均等配分については、幼児期後期から児童期前期にかけての子どもに可能であることがわかってきている。[81,127] そこで他領域で自発的に形成されてきている部分的に適切性をもつ既有知識（第3章参照）を利用するという観点から、図8-2（後掲）のような、濃度と混みぐあいや均等分配といった他領域の知識とを結びつけることを意図した「混みぐあいモデル」を提示して、子ども自身に考えさせることで、子どもみずからが濃度の理解を深めることができるのではないかと考えて、個別実験による研究を行った[25]。このモデルでは、連続量である水の体積について、「水」の入ったコップを示す水色のマグネットシート上で1デシリットルごとに区切りの線が入っており、また連続量である濃縮ジュースについて、濃縮ジュース（オレンジカルピス）1カップを示すオレンジ色のマグネットが「水」の中にどのように入っているかを視覚的に考えられるようにすることで、均等分配という操作や混みぐあいの知覚判断といった既有の思考枠組みとの関連づけを促し、単位あたりの考え方に自発的に着目しやすくしている点に特徴がある。なお、この研究では、先述の混みぐあいモデルを操作させる条件に加えて、対比のために、直接的に単位あたりの数的関係に着目させる数値記入条件や、濃度の比較とは直接関係しない、分数の加減法の計算に取り組ませる統制条件も設定した。

この研究では、まず小学校4年生の参加者が、図8－1に示すような絵カードを見ながら、濃度の比較課題4問に取り組んだ（事前テスト）。そのうち2問は、図8－1の課題のように次元内の数的関係（水の体積の関係）が非整数比（例：2デシリットルと3デシリットル。3は2の1・5倍）の問題であり、他の2問は整数比（例：2デシリットルと4デシリットル。4は2の2倍）の問題であった。4年生にとって、濃度の比較課題のうちでも整数比の問題は、第4章で見てきたように「倍」や「半分」に関する日常的知識を利用できることで比較的、容易に取り組むことができるが、非整数比の問題は相対的に難しく、図8－1のような非整数比－非等価（濃度が等しくならない）問題の場合、単位あたり（1デシリットルにオレンジカルピス〔濃縮ジュース〕が何カップ入っているか）を比較して濃さを正しく判断できた場合を正答とすると、正答率は8％（混みぐあいモデル条件の4年生26名中2名）であった（他の1名は、本問には誤答であったが、非整数比・等価問題において単位あたりを比較して濃さが等しいことを正しく判断できており、先の2名とあわせると、26名中3名が事前テストで単位あたり方略を用いて、2問のうちい

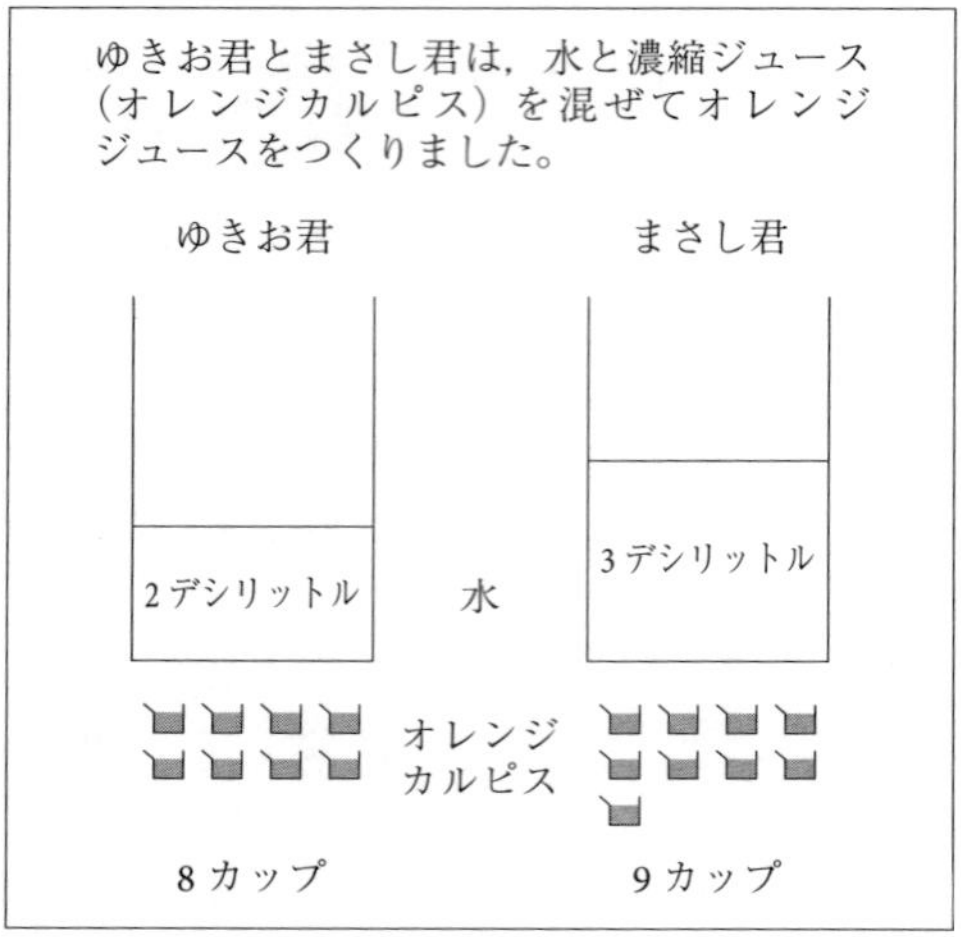

「ゆきお君のジュースとまさし君のジュースではどちらが濃いかな，それとも濃さは同じかな？」
「どうしてそう考えたのかな？」

図 8-1　濃度の比較課題の例

ずれかで正答していた)。具体的に図8－1のタイプの問題(非整数比－非等価型)に対する問題解決方略を、混みぐあいモデル条件(他の2条件については後述)に参加した4年生26名について見てみよう。①単位あたりの関係に着目する「単位あたり方略」(例:ゆきお君のジュースは水1デシリットルにオレンジカルピスが4カップ、まさし君のジュースは水1デシリットルにオレンジカルピスが3カップ入っているので、ゆきお君のジュースの方が濃い)が8%(26名中2名)、②やや精緻な「差の比較方略」(例:水は1デシリットルも違うのに、オレンジカルピスが1カップしか増えていないから、ゆきお君のジュースの方が濃い)が12%(26名中3名)、③何らかの方法で水の量と濃縮ジュースの量を関連づける「関連づけ方略」(例1:水もオレンジカルピスも1ずつ増えているから濃さは同じ〈加法方略〉、例2:水もオレンジカルピス

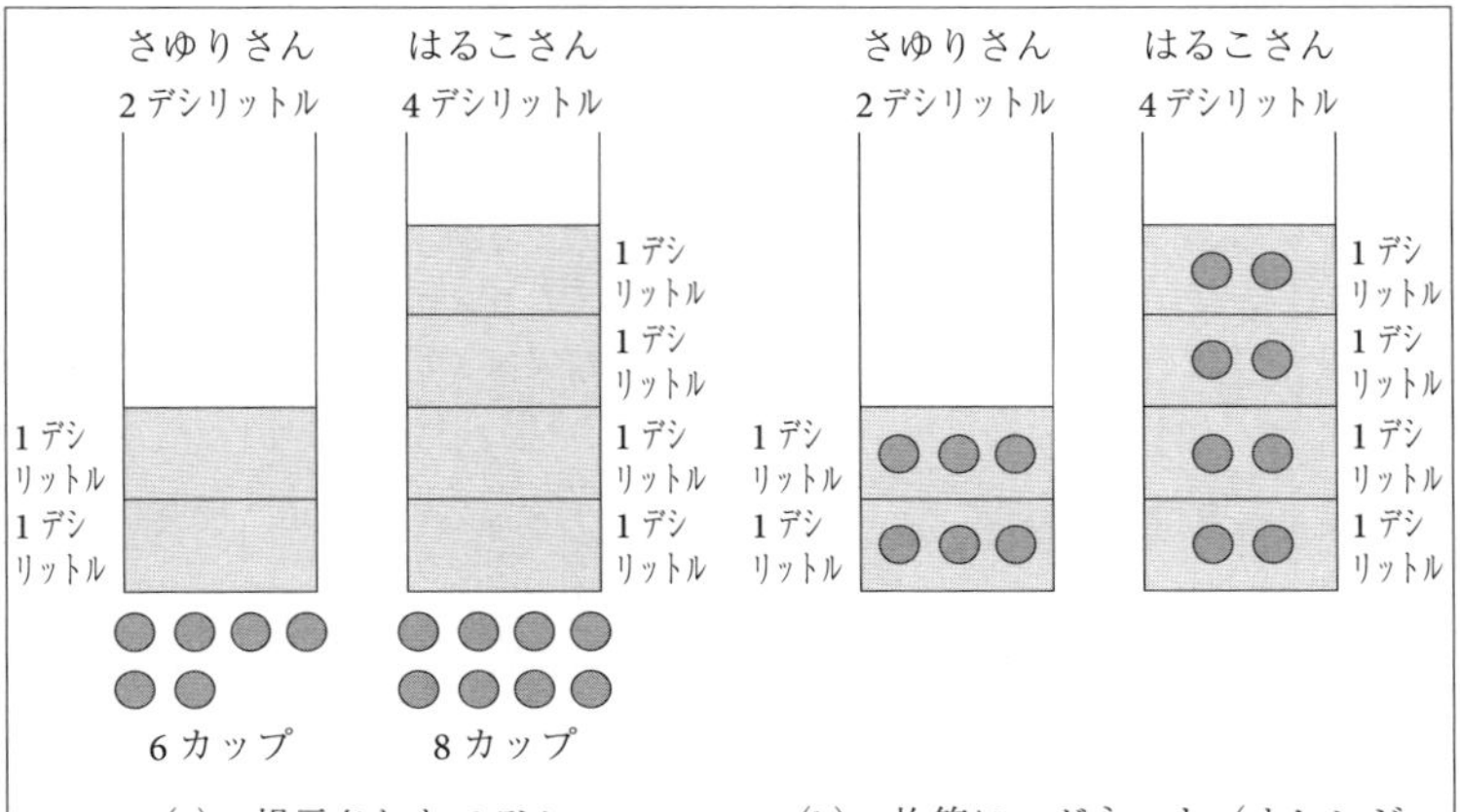

(a) 提示されたモデル　(b) 均等にマグネット（オレンジカルピス）を分布させた場合

図 8-2　濃度の理解を深めるための「混みぐあいモデル」

（出典） Fujimura（2001）[25]。

もどちらも量が増えているから濃さは同じ〈定性的比例方略〉）が62％（26名中16名）、④水かオレンジカルピス一方の量のみで判断する「一次元方略」（例：まさし君の方がオレンジカルピスの量が多いから、まさし君のジュースの方が濃い）が19％（26名中5名）の児童にそれぞれ見られた。8割程度の4年生が水の量と濃縮ジュース（オレンジカルピス）の量を関連づけて考えようとしているが（先述①②③の問題解決方略）、自発的に単位あたりの関係に着目して濃度を判断すること（先述①の方略）は難しいことがうかがえる。

次に、混みぐあいモデル条件の児童は、事前テストとは別の数値設定の濃度の問題場面（整数比・非等価型：さゆりさんは水2デシリットルにオレンジカルピス〔濃縮ジュース〕6カップを入れてオレンジジュースを作り、はるこさんは水4デシリットルにオレンジカルピス〔濃縮ジュース〕8カップを入れてオレンジジュースを作る状況）について、図8－2(a)のモデルが示され、オレンジカルピス（濃縮ジュース）1カップを示すオレンジ色のマグネットを配置することが求められた。このモデルでは、最初、濃縮ジュース（オレンジカルピス）の小カップを示すオレンジ色のマグネット（さゆりさんの方は6個、はるこさんの方は8個）が、水の入った2つのコップを示すマグネットシートの外側下部にそれぞれ置かれ、「オレンジカルピスは水の中にどのように溶けているか」をマグシート上のマグネットの配置として示すことが求められる（図8－2(b)は子どもが均等に配置した例である）。そこで、その配置にもとづいて、「どちらのジュースが濃いか、それはどうしてか」が尋ねられる。実際に、このモデルにもとづいて濃縮ジュース（オレンジカルピス）の溶けている様子を考えることで、事前テストでは単位あたり方略を用いることがなかった小学校4年生23名のうちの21名（91％）が、図8－2(b)のようにオレンジ色のマグネットを均等に配置することができた。図8－3は、事前テスト、介入場面、事後テストにおいて、児童の問題解決方略やマグネットの配置がどのように変化したかを示したものである。なお、このマグネットの配置場面では、「オレンジカルピスは水の中にどのように溶けているか」という当初の質問で23名中16名（70％）の児童が均等に分布させることができた（当初判断）が、コップを示すマグネットシートの下部に（濃縮ジュースが沈殿しているように）オレンジ色のマグネットを固めて置くなど、不均等に分布させる児童が3割程度見られたため、実際にジュース等を混ぜるときに用いるマドラーを取り出し、「これでよく混ぜるとどうなるかな?」とマドラーでかき混ぜるような動きを示したところ（手がかり発問）、不均等に分布させていた7名のうち5名（全体の19％）は、下部に固めていたマグネットの一部を上方に移動させたりしながら、マグネットの配置を均等に分布するように変化させた（修正判断）。残りの2名（8％）は手がかり発問後も均等に配置するには至らなかった（図8－3「マグネットの配置」列を参照）。

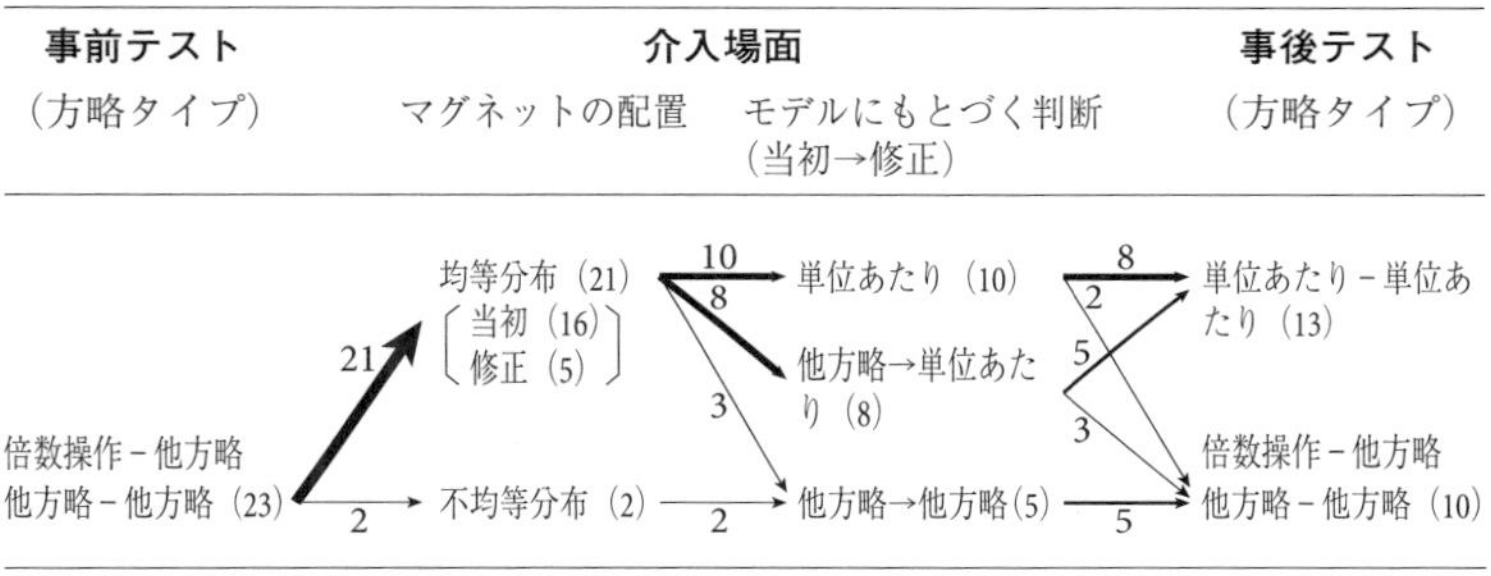

図 8-3 「混みぐあいモデル」を利用して考えることを通じた問題解決方略の変化

（出典） Fujimura（2001）[25]。

（注） 事前テスト・事後テストの方略タイプは，整数比問題－非整数比問題での方略の関連性を示している。整数比問題，非整数比問題それぞれに含まれる 2 つの問題のうち 1 問でも単位あたり方略を用いていた場合は「単位あたり」とし，整数比問題に含まれる 2 つの問題のうち 1 問でも倍数操作方略を用いた場合は「倍数操作」とした。

さらに、混みぐあいモデル条件の児童は、自分がマグネットを配置したモデルを見ながら「さゆりさんとはるこさんでは、どちらのジュースが濃いか」を考えることで（当初発問）、23名中10名（43％）が単位あたり方略を用いて「水1デシリットルに入っているオレンジカルピスの量が多いのでさゆりさんのジュースの方が濃い」ように自発的に単位あたりの考えを生成して判断することができた（当初判断）。マグネットを均等に配置させながらも単位あたり方略を示していない児童に対しては、「こことここを比べてみるとどうかな？」とそれぞれのコップを示すマグネットシートの最下部の1デシリットルの区分を指示し、「それでは、さゆりさんとはるこさんのどちらのジュースが濃いかな」と再度、ジュース全体の濃さの違いを尋ねたところ（手がかり発問）、8名（全体の35％）が単位あたり方略を用いて「さゆりさんのジュースの方が濃い」と説明した（修正判断）。一方で、残りの5名は最下部の1デシリットルの区分を比較して濃さの違いに気づいてもジュース全体の濃さについて単位あたりに着目して判断するには至らなかった（マグネットを均等に配置させていない2名についても先述の修正判断を求めたが、その手がかりで単位あたりに気づくことはなかった）。以上の当初判断と修正判断をあわせると、事前テストでは単位あたりに着目することがなかった小学校4年生の約8割（23名中18名）の児童が、自身でマグネットを配置した混みぐあいモデルにもとづいて、部分的には他の手がかりも生かしながら、単位あたりに着目した適切な説明を行っていた（図8－3「モデルにもとづく判断」列を参照）。この結果は、領域を越えて知識を関連づけられるような具体的なモデルを提示し、そのモデルを用いて「オレンジカルピスは水の中にどのように溶けているか」「どちらのジュースが濃いか、それはどうしてか」について子ども自身が推理することによって、混みぐあい（分布密度）や均等配分に関する自身の既有知識が濃度に関する判断にも自発的に利用され（領域間で知識が転移し）、概念的理解が深まることを示している。

さらに、それを生かして、今度は「混みぐあいモデル」が目の前にない状況で絵カードによる濃度の比較課題（図8－1）に取り組んだ事後テストの結果を見てみよう。図8－1のような非整数比－非等価（濃度が等しくならない）問題の場合、単位あたりを比較して濃さを正しく判断できた場合を正答とした場合の正答率は50％（26名中13名）であり、事前テストから事後テストにかけての正答率の向上が有意であった。図8－1のタイプの問題（非整数比－非等価型）に対する問題解決方略を、混みぐあいモデル条件に参加した4年生26名について見てみると。①「単位あたり方略」が50％（26名中13名）、②「差の比較方略」が4％（26名中1名）、③「関連づけ方略」が42％（26名中11名）、④「一次元方略」が4％（26名中1名）の児童に見られた。問題解決方略の変化を示した図8－4とあわせて考えると、2つの次元を何らかの形で関連づける「差の比較」や「関連づけ」を行っていた児童の

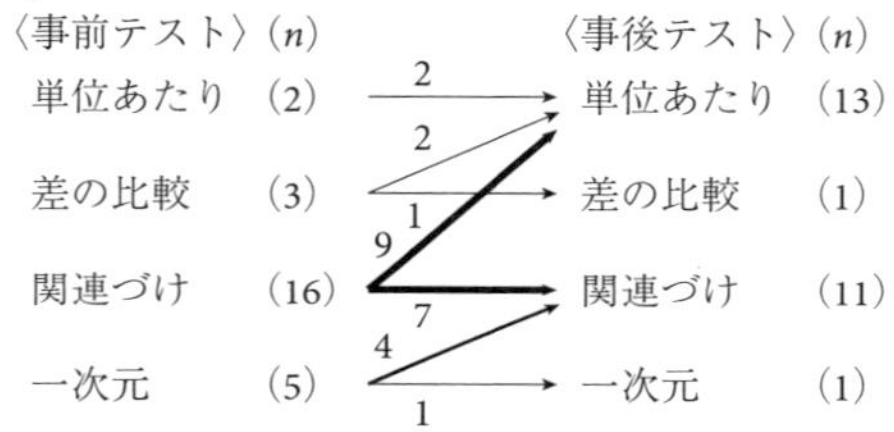

図 8-4　事前テストから事後テストにかけての方略変化（非整数比・非等価型問題）：混みぐあいモデル条件（26 名）

（出典） Fujimura（2001）[25]。

58％（19名中11名）が単位あたり方略に移行する一方、「一次元方略」をとっていた児童は、「単位あたり方略」には至らないものの、5名中4名（80％）が何らかの形で2つの次元を関連づける「関連づけ方略」へと移行する点も思考の変化が多くの児童に漸進的に生起していることを示しており興味深い。

全般的な傾向として、モデルによる推理に取り組む前の段階（事前テスト）では、小学校4年生は単位あたりの発想に気づくことが難しく、「水もオレンジカルピスも1ずつ増えているから濃さは同じ」（加法方略）のように、2つのコップのジュースの濃さを同じと考える者が多かった。図8－2の混みぐあいモデルを用いて濃度の比較問題に取り組んだ後で、再度、モデルがない状況（図8－1の絵カードのような設定）で濃度の比較問題に取り組んだところ（モデル操作条件）、モデル操作以前の個別探究（事前テスト）に比べて、モデル操作以後の個別探究（事後テスト）では、単位あたりに関する概念的理解が深まり、正答率（濃度比較課題4問のうち、単位あたり方略（整数比、非整数比問題）や倍数操作方略（整数比問題）で正答した問題の割合）が向上することが明らかになった（図8－5）。また、混みぐあいモデル条件における正答率の向上を、本研究で設定した他の2条件と対比すると、図8－1に示すような絵カードの設定で、「水1デシリットルあたり、オ

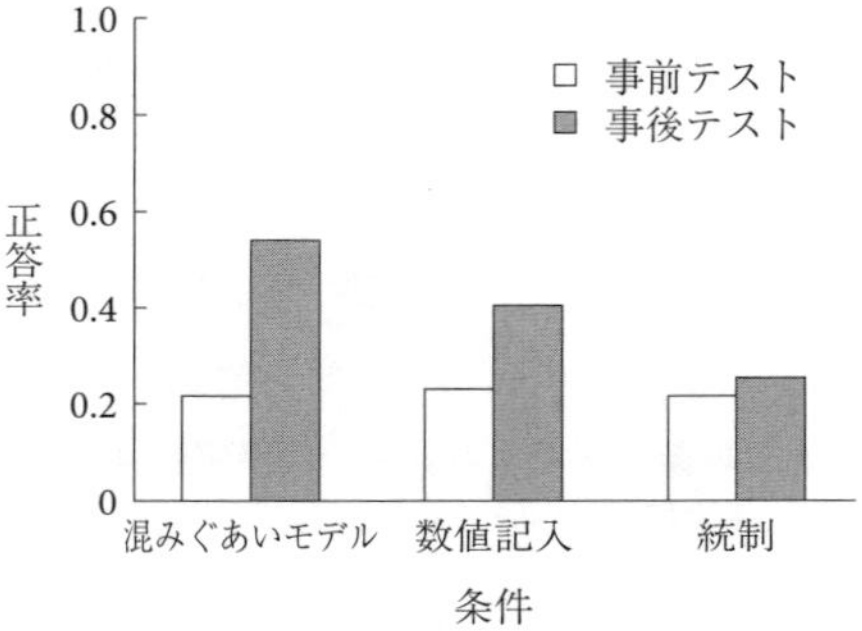

図 8-5　濃度に対する概念的理解の深まり（個別探究→再度の個別探究）

（出典）　Fujimura（2001）[25]。

レンジカルピスが□カップ入っています」という表記を示して空白部分の数値を記入させることで，単位あたり計算に直接，方向づける場合（数値記入条件）と比べても，また濃度の比較とは直接関係しない分数の計算課題を実施したうえで再度，濃度を比較する問題に取り組ませる場合（統制条件）と比べても，正答率の向上の効果は有意であった。混みぐあいモデル条件と数値記入条件の結果を比べると，さまざまな手がかりを自分なりに生かしながら，子ども自身が均等分布を構成し，その分布にもとづいてジュースの濃さをみずから考えていくという探究過程が，濃度という相対的に理解が難しい数学的概念に関する深い概念的理解につながることがうかがえる。

[2]　探究を通じた「わかる」の発達——この研究からわかること

以上のように子どもの既有知識を活用可能なモデルを用いながら子ども自身が探究を進めることが概念的理解の深まりに有効である一方で，子どもの「わかる」の発達において留意すべき点もいくつか見られる。

概念的理解が深まる経路の多様性

1つ目は、図8－3に見られるような、理解が深まる経路の多様性である。ジュースなどを混ぜるマドラーで攪拌する動作を示すことで均等分布に到達したり、均等配分後の一区画（1デシリットル）に注意を焦点化することで全体の濃度判断に単位あたり方略をみずから用いるようになったりするなど、いくつかの具体的な手がかりがあると、子どもはそれを自身の状況に応じて利用しながらみずからの推理を構成し、修正することができる。

概念的理解の般化の可能性

2つ目は、理解の般化の可能性である。図8－3に示されているように、混みぐあいモデルにもとづいて考える介入場面で単位あたりに着目した適切な判断をした児童が全員、目の前にモデルがない状況（事後テスト）でも同様の適切な判断ができるわけではなく、モデル操作以後も単位あたり方略を継続的に用いて適切に判断できている児童は、小学校4年生の6割程度（23名中13名）であった（図8－3「事後テスト」列を参照）。濃度の理解を（この研究のような半具体的なモデルではなく）具体物の操作（子ども自身が行う比例的推理を生かせるような、水と濃縮ジュースを用いた等濃度のジュースの作成）を通じて促そうとした研究[19]では、具体物を用いて推理する状況では単位あたりの発想に気づいているが絵カードの状況に戻るとその思考が反映されないという傾向が（一定の割合で反映させうる小学校4年生に比べて）小学校3年生でよく見られることも示されており、どのような発達的要因が理解の般化を規定するかについての検討も重要であろう。このような発達と学習の関わりについては、第10章で検討する。

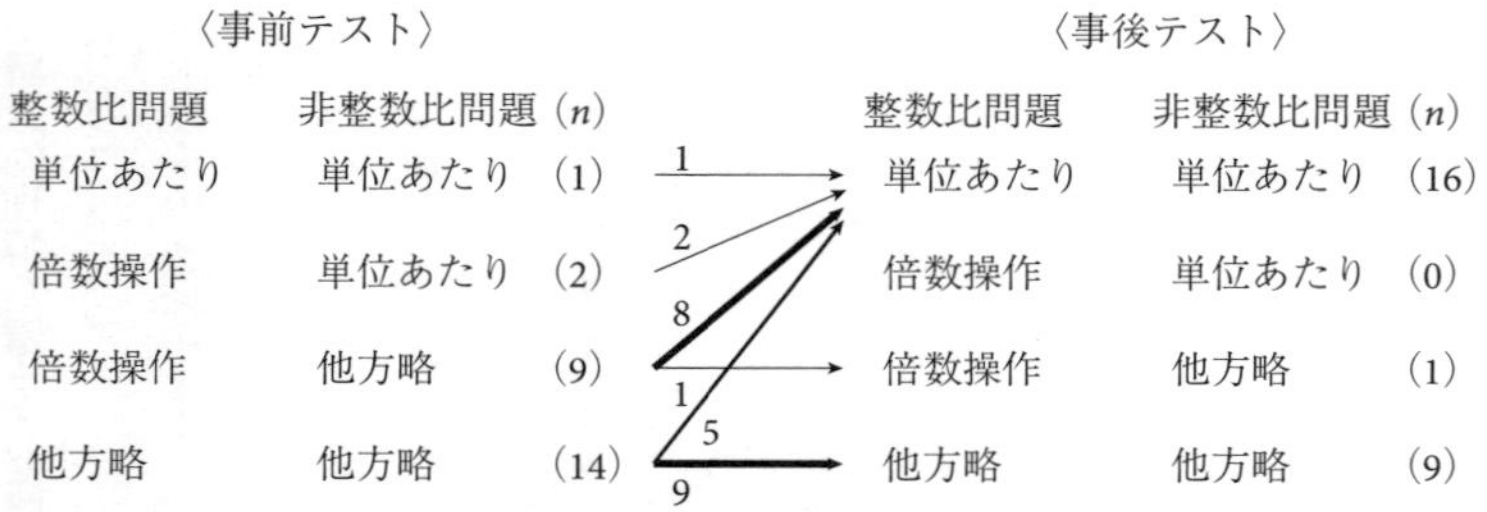

図 8-6　事前テストから事後テストにかけての方略パターンの変化（整数比問題と非整数比問題に対する方略利用）：混みぐあいモデル条件（26 名）

（出典）　Fujimura（2001[25]）。

（注）　各児童の方略パターンの同定に関して，整数比問題には 2 つの小問が含まれるため，2 問中 1 問でも単位あたり方略を用いていた場合には「単位あたり」とした。また，単位あたり方略をまったく利用していない場合で，倍数操作方略を 2 問中 1 問でも用いていた場合には「倍数操作」とした。さらに，単位あたり方略も倍数操作方略もまったく用いていない場合には「他方略」とした。また非整数比問題にも 2 つの小問が含まれるため，2 問中 1 問でも単位あたり方略を用いていた場合には「単位あたり」とし，その他の場合には「他方略」とした。

アナロジーの有効性と限界

３つ目は、この研究のように他領域の既有知識と関連づけるモデルを用いることの有効性と限界である。図８－６には、混みぐあいモデル条件において、整数比問題と非整数比問題に対する問題解決方略が事前テストから事後テストにかけてどのように変化したかが示されている。ここで着目したいのは単位あたり方略でも倍数操作方略でも解決可能な整数比問題である。事前テストでは整数比問題の正答者は12名中11名（92％）が倍数操作方略を用いていた一方、事後テストでは17名中16名（94％）が単位あたり方略を用いており、倍数操作方略を用いるのは1名（6％）にすぎなかった。図８－６では、事後テストにおいて「単位あたり－単位あたり」（整数比問題、非整数比問題ともに単位あたり方略を利用する）という一貫した方略タイプが26名中16

名（62％）に見られ、「倍数操作－単位あたり」（整数比問題には倍数操作方略を利用し、非整数比問題には単位あたり方略を利用する）という適応的な方略タイプが見られなかったことから、アナロジーを用いたモデルは「強力」であり、以前に別の方略（倍数操作方略）で問題を解決できていた場合でも、その既存の有効な方略を置き換える傾向が強いことがうかがえる。先述の具体物の操作（同一領域の比例的推理による等濃度のジュースの作成）による探究[19]の場合では、同じ小学校4年生でも事後テストで先述の適応的な方略タイプが見られることが多かったことも考慮すると、他領域の有効な既有知識を利用するアナロジー（類推的思考）に依拠した探究は、特定の般化可能性の高い精緻な方略の利用を促進することに対しては有効性が高いが一方で、従来、利用していた部分的な有効性をもつ方略を一時的にであれ置き換える可能性も有することにも留意する必要があるように思われる。心理学の領域の古典的な研究では、「問題解決の構え」として、人間の思考が特定の問題解決方略の利用に方向づけられると、その方略が利用可能な問題の解決は促進されるが、より容易な他の方略が利用可能な問題に対しても、その方略を用いてしまうことが示されている。[71]また、アナロジー（類推）に関する研究では、アナロジーを利用したモデルを用いることにより、現象のある側面の理解は可能になるが、別の側面の理解には結びつかないことも指摘されている。[46]他領域の有効な既有知識を利用して類推による探究を行うことによって概念的理解が促進される一方で、それらの既有知識との関連づけが強まることによって、他の既有知識との関連を探究する思考の柔軟性が一時的に低下する可能性があることも人間の「わかる」の一つの側面といえるかもしれない。

以上に見てきたように、全般的には、日常経験や他教科の学習などを通じて形成された既有知識と関連づけながら非定型の問題（多様な考え方が可能な問題）を探究することにより、子どもは自分自身で多様な知識を関連づけて洗練された問題解決方略を構成し、概念的理解を深めていくことが明らかになってきている。問題解決方略の転移（概念的理解の般化）には一定の限界も想定されるが、小学校4年生の児童が自分自身で単位あたり方略を発見し、般化していく姿からは子ども自身の既有知識とそれをベースとした探究の豊かさがうかがえる。

[3] これからの教育に対して示唆されること

以上で見てきたような子ども自身の探究の豊かさは、「わかる」の発達を促すような今後の教育の方向性についても、いくつかの点で示唆を与えると考えられる。

子どもの思考の多様性を引き出す

先に示したモデルを用いた探究を通じた方略パターンの変化の図（図8-6）には、まだ紹介していない事実が含まれている。それは、混みぐあいモデル条件の児童のうちで、事前テストにおいて整数比問題・非整数比問題ともに「他方略」であった14名に比べて、事前テストの整数比問題で「倍数操作方略」、非整数比問題で「他方略」であった9名は、事後テストにおいて「単位あたり方略」を利用する者の割合が有意に高い（前者：36％、後者：89％）ということである。第4章でも見てきたように、整数比問題では小学校4年生のある程度の割合の児童が「倍数操作方略」を比較問題に利用可能であり、事前テストの結果はその傾向を示している。方略変化や概念変化に関する研究では、学習の初期段階の思考の個人内の多様性（within-child variability）が後続する学習の効果を予測すること、すなわち学習開始時に（事前段階で）個人が用いる方略や説明などにやや精緻な内容を含む多様性が見られるほど、後続する学習を通じて思考の深まりが期待されることが主張されている[98,99]（具体的な研究の知見としては、リトル＝ジョンソン他[84]やシーグラーとチェン[101]など）。個人内の初期の思考の多様性とその後の変化の関連については第10章でも詳細に検討するが、非整数比問題だけでなく、（単位あたり方略ほどの般化可能性はないが）やや精緻な関係把握を含む倍数操作方略を用いて解決できる整数比問題を設定することで、子どもの事前段階の方略の多様性を引き出すことが可能になったと考えられる。このことを「わかる」の発達を促すような教育と関連させて考えるならば、既有知識を用いて解決可能な問題を含む非定型問題や場面を設定することが、子どもの多様な既有知識を活性化させることで自発的な知識の関連づけを促進し、概念的理解の深まりにつながることが推測される。実際に小中学校の算数・数学や理科の授業などに関して、非定型問題に対する個人の自由な探究を生かした学習（協同的探究学習）は、各児童・生徒の概念的理解を促進することなども示されている[33]。非定型問題に対する自由な探究を起点とする学習（協同的探究学習）の詳細なプロセスと効果については、第9章、第10章でくわしく見ることにしよう。

数と量を関連づける

濃度は学習者にとって理解が難しい数学的概念の一つであるが、同種の量の比（%）として数的に関連づける以前に、含有密度という内包量（本研究では水の一定体積あたりの濃縮ジュースの量）として考えるという手がかりを生かし、さらに分布密度（混みぐあい）という近接領域の内包量（シート上の単位面積あたりのマグネットの個数）と関連づけて子ども自身が探究を行うことによって、小学校4年生の概念的理解が深まることが本節で紹介した研究によって示されている。算数・数学に関する認知心理学的研究では、分数の大きさを数直線上に示させるなど、数を量（magnitude）として表現させる、あるいは数と量を関連づけることで概念的理解が促進されることが示されている。[16][100] 日常的な量との関わりで子どもが多様に探究を行える具体的な場面を設定することが、とくに数学的概念に関わる概念的理解を深める授業を構成するうえでの鍵となってくることが示唆される。最近の研究では、そのような具体的な場面を設定して数的な方略と図的な方略を関連づける小学校算数の授業（協同的探究学習による授業）が児童の関数（比例や一次関数）に関する概念的理解の深化を促進することや、[129] 高校の数学で数列と物体の運動とを関連づける協同的探究学習による授業が生徒の指数関数に関する概念的理解を促進することなども示されてきている。[48] そのような数と具体的な量とを関連づける授業の具体的な展開や今後の可能性については、第9章で見てみることにしよう。

2　他者とともに探究してわかる

【1】　協同の意義

本章の冒頭に述べたように、一人ひとりの子どもが概念的理解を深めるためには、多様な知識を関連づけることが重要であり、前節では個人内で複数の領域の既有知識を関連づけることなどによって概念的理解が漸進的に深まる可能性を検討してきた。「多様な知識を関連づける」ことに関して、他者の存在や、他者とともに協同で探究を進めることは、前節で述べた個別の探究とは別の可能性をもつと推測される。

子どもの既有知識を利用して漸進的に概念や方略を変化させるアプローチに加えて、他者との協同過程において多様な知識を関連づけることで、概念的理解の深まりをもたらそうとするアプローチが、２０００年頃から教育心理学や学習科学の領域で見られるようになってきた。たとえば、科学に関する授業で生徒が熱と温度の仕組みを協同で考える場面において、生徒が他の生徒の意見を利用して明確な説明を行い、それが別の生徒の科学的な説明を促すという可能性が発話事例をもとに示されている[69]。またそれらを含む長期的な実践を通じて既有知識と他者の考えが関連づけられていくプロセスが知識統合（knowledge integration）として指摘されている。このような協同過程を重視した学習方法が、２０００年代以降、教授・学習に関わる心理学を長期的授業研究等の方法も導入して発展させた学習科学の領域で提案されてきている[88]。他者との協同が重視されるようになった背景には、学習科学が教室場面の学習を対象とするようになったことに加えて、他者との関わりを通じた発達や社会的関係の中での学習を重視する、社会的構成主義や社会文化的アプローチによる心理学研究の進展がある。

教育心理学や発達心理学の領域の諸研究の知見を総合すると、個人の学習に対する他者の意義は、①話し手としての他者（他者から自分の有していない情報を得る）、②聞き手としての他者（他者がいることで自分の説明が精緻化する）、③知識の協同構築の相手としての他者（自分と他者がそれぞれ知識を提供し、互いに関連づけることで新たな知識の枠組みが創出される）の3点にまとめられると考えられる[33,37]。

それでは、具体的に他者とともに取り組む協同過程はどのようなプロセスで進行し、また、協同に取り組む各個人の概念的理解の深まりにどのように寄与するのだろうか。ここでは、数学的概念の理解に関するペアでの協同的問題解決の研究について見てみることにしよう。

［2］ 他者との協同を通じて理解はどのように深まるかⅠ —— 比例的推理の協同解決

第4章で検討した児童の比例的推理に関して、権と藤村は、小学校5年生のペアによる協同的問題解決のプロセスとその効果を、ペア内の方略レベルの違いとの関連で検討した[50]。なお、この研究は韓国の児童を対象に行われたが、事前段階の比例的推理の水準は同学年の日本の児童と類似しており、実施国の違いによる文化的影響は比較的、小さいように思われる。

研究1では、事前テストで実施された非整数比型の求値課題2問に対して、ともに単位あたり方略を用いて正答した児童（H）と他方略で誤答した児童（L）に分けて、前者と後者のペア（LH群）と後者どうしのペア（LL群）を構成した。そして、それぞれ求値問題の協同解決に取り組ませて、協同解決場面の考えの交流過程と事後テスト（別文脈の非整数比型の求値問題）の結果についてLH群とLL群の間で比較した。協同解決場面では、「花子はお使いにいこうとしています。この間、400gで3800ウォンだったお肉を、今日は同じもので600g買ってくるようにお母さんから言われました。いくら持って行けばよいですか？」といった問題（400gと600gの数値が非整数比〔一方が他方で割り切れない数値の比〕である非整数比型の求値問題）に取り組んだ。

ペアの間の発話のやりとりを分析するために、フランダース[15]を参考に、各児童の発話内容が次の4つのカテゴリーに分類された。①方略に関するアイディアの提示は「提案」とされ、その下位カテゴリーとして、誤答につながる方略の提案（「誤提案」）と正答を導く方略の提案（「正提案」）が含まれていた。②相手の提案や説明に対する質問、理由づけの要求、異なる意見の提示は「批評」とされ、不明確な部分についての質問（「質問」）と、理由づけの要求および異なる意見の提示（「異議」）とに下位分類された。③計算や図による方略の提案の具体化は「説明」とされ、その下位カテゴリーとして、

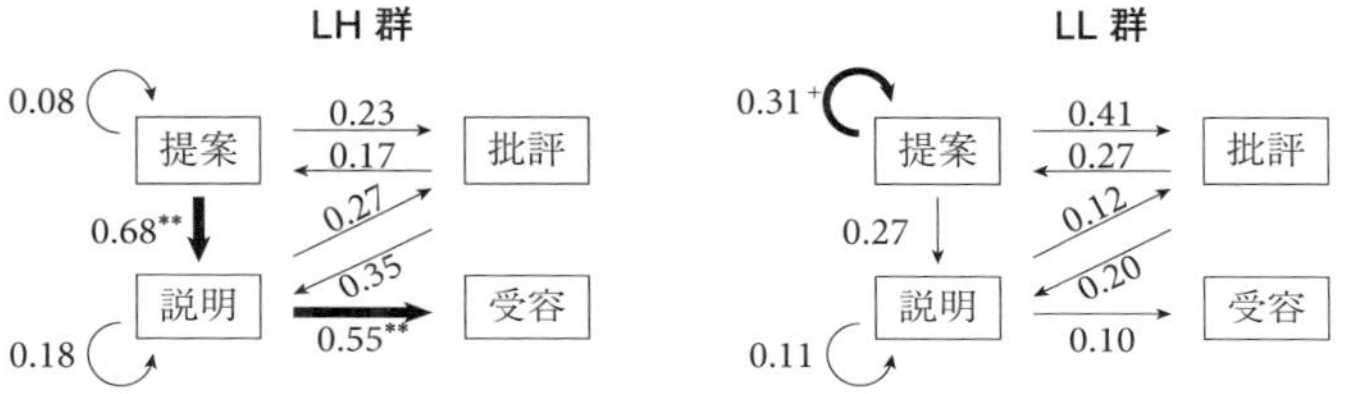

図 8-7　ペアによる発話の推移過程（研究 1）

（出典）　権・藤村（2004）[50]。
（注）　** は有意水準 $p < .01$，+ は有意水準 $p < .10$ で他方の群より多いことを示す。

手続きだけの説明（「手続き」）と根拠の提示（「根拠」）が含まれていた。さらに④相手の提案や説明に対する納得や合意は「受容」とされ、単純な手続きの模倣（「模倣」）と自分の表現への言い換え（「再構成」）が含まれていた。②③④の1つ目の下位カテゴリーは表層的・手続き的な内容を示し、2つ目の下位カテゴリーは、深層的・概念的な内容を示している。

以上にもとづく分析結果を示したのが、図8－7と表8－1である。図8－7に関して、発話の流れ（推移過程）を明らかにするために、フランダース[15]の相互交渉分析マトリックスを参考に、あるカテゴリーの発話から次の各カテゴリーの発話へ移行した割合を推移確率として算出し、図の矢印に付記した。LH群とLL群の発話の推移を比較するために、各発話間の推移確率（角変換値）を2つの群で比較した。一方の群の推移確率がもう一方の群の推移確率よりも有意に大きい場合に＊や＋の記号が付されている。

図8－7に見られるように、事前テストで誤方略を用いていた児童と適切な方略（単位あたり方略）を2問で一貫して用いていた児童のペア（LH群）では、単位あたり方略を全般的に用いていた児童（H）がその方略を提案して説明し、誤方略を用いていた児童（L）がそれを受け入れるといった発話の推移が多く見られた。さらに詳細に検討する

表 8-1　発話の下位カテゴリーごとの平均生起数（研究 1）

	提案		批評		説明		受容	
	誤提案	正提案	質問	異議	手続き	根拠	模倣	再構成
LH の H	0.47	0.93*	0.47	0.53	0.87*	0.27	0.07	0.13
LH の L	0.27	0.33	0.33	0.20	0.13	0.07	0.93*	0.20
LL	1.13*	0.67	0.83	0.87	0.17	0.10	0.16	0.10

（出典）　権・藤村（2004）[50]。
（注）　* は多重比較の結果，有意水準 $p < .05$ で他群より多いことを示す。

と、表8－1に見られるように、単位あたり方略を事前に用いていた児童（H）は、その正しい解法と手続きの説明を行い、誤方略を用いていた児童（L）はその手続きを模倣するという、一方向的な表層的交流が中心に見られた。さらに、事前に誤方略であった児童（L）について事後テストでの正答率をLH群、LL群、L単独群で比較したところ、事後テスト5問中で1問に差の有意傾向が見られたのにとどまり、協同による学習効果（児童の方略の変化）がほとんど見られなかった（唯一、有意傾向が見られた問題は、協同解決時と同一の問題であった）。

そこで、研究2では、ペア間で事前の問題解決方略の水準を近づけるために、事前テストの非整数比型の求値問題2問のうち単位あたりの数値が整数値になる（研究1で水準の同定に用いた非整数比問題は3800〔ウォン〕と400〔g〕の商〔単位あたり〕が9・5で整数値にならないが、研究2では1問に18と6の商〔単位あたり〕が3で整数値になる問題を含めた）1問のみに単位あたり方略で正答した児童（M）と、整数値にならない1問も含めた2問に一貫して単位あたり方略を用いて正答した児童（H）に分けて、前者と後者のペア（MH群）と前者どうしのペア（MM群）を構成して、それぞれ求値問題の協同解決に取り組ませた。

M群の児童は単位あたりの数値が整数値の場合に非整数比型の求値問題比例的推理を解決でき、H群の児童は単位あたりの数値が整数値でも

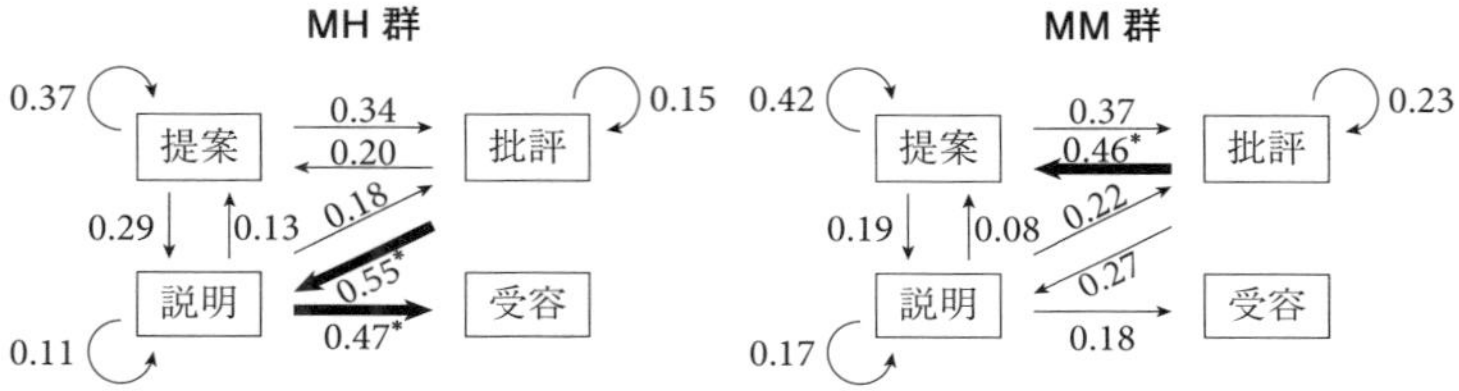

図 8-8　ペアによる発話の推移過程（研究 2）

（出典）　権・藤村（2004）[50]。
（注）　* は有意水準 $p < .05$ で他方の群より多いことを示す。

整数値でなくても非整数比型の求値問題を解決できる児童であり、単位あたり方略等を用いて非整数比問題を（一部であっても）解決できているという点で、ＭＨ群は問題解決方略の水準が（研究１で非整数比型の求値問題を１問も解決できないＬ群とＨ群を組み合わせたＬＨ群と比べて）相対的に近いペアであると考えられる。なお、研究２の参加者のうち先述の単位あたりの数値が整数値になる非整数比型の求値問題に正答し、Ｍ群またはＨ群に分類された児童（５年生）の割合は49％であり、第４章第２節［１］の比例的推理に関する研究で、（単位あたりの数値が整数値になる）非整数倍増加型の求値問題（速度）に対する日本の５年生の正答率は47％であったことから、韓国と日本による事前段階での正答率に差はほとんど見られず、研究２は、非整数倍増加型の比例的推理が適切に行える５年生の約半数の児童を対象にした研究であるとも解釈できる。

研究１と同様に、発話の推移過程と発話カテゴリー平均生起数についての分析結果を示したのが、図８－８と表８－２である（図表の見方などは、図８－７、表８－１と同様である）。図８－８に見られるように、事前テストで単位あたりの数値が整数値の問題に限り、適切な方略（単位あたり方略など）で正答していた児童と２問で一貫して適切な方略（単位あたり方略）を用いていた児童のペア（ＭＨ群）では、単位あたり方略を部分的に用いていた児童（Ｍ）が全般的に用いていた児童（Ｈ）に対し

表8-2　発話の下位カテゴリーごとの平均生起数（研究2）

	提案		批評		説明		受容	
	誤提案	正提案	質問	異議	手続き	根拠	模倣	再構成
MHのH	0.70	0.95	0.55	0.30	0.80	1.40*	0.10	0.15
MHのM	0.75	0.65	0.55	1.05*	0.45	0.35	0.20	0.70*
MM	1.23*	0.78	0.73	0.48	0.93	0.78	0.13	0.23

（出典）　権・藤村（2004）[50]。
（注）　*は多重比較の結果，有意水準 $p < .05$ で他群より多いことを示す。

て質問や根拠の要求を行い、それに対する児童（H）による説明を聞き手の児童（M）が受け入れるといった発話の推移が（MM群に比べて）多く見られた。さらに詳細に検討すると、表8－2に見られるように、単位あたり方略を部分的に用いていた児童（M）は、全般的に用いていた児童（H）に対して根拠の説明を求めたり異議を示したりし、それに対して全般的に用いていた児童（H）は根拠にもとづく概念的な説明を行い、それを聞いた（単位あたり方略を）部分的に用いていた児童（M）は、その説明を自分の言葉で積極的に再構成するという、双方向的な深層的交流が中心に見られた。一方で、単位あたり方略を部分的に用いていた児童どうしの交流（MM群）では、研究1のLL群で提案から提案への繰り返しが多かったことと異なり、提案に対して質問を行い、新たな提案につなげるという双方向的な交流が見られた。

　事前に部分的に単位あたり方略を用いていた児童（M）について、事後テスト4問（すべて単位あたりの数値が整数値にならない非整数比型求値問題）の正答率をMH群、MM群、M単独群で比較したところ、協同解決課題と文脈が同じで数値が異なる類似問題2題においてMH群のM児が単独群のM児よりも有意に正答率が高く（MH群が正答率50％前後に対し、単独群は10％未満）、文脈も数値も異なる転移問題2問では正答率に有意な差は見られなかったものの、協同解決による個人の学習効果が見られた。また、類似問題２題において、ＭＭ群のＭ児も単独群のＭ児よりも有意に正答率が高く（ＭＭ群が正答率40％台に対し、単独群は10％未満）、部分的に単位あたり方略を利用している児童どうしの協同解決にも、方略変化という観点での個人の学習効果が見られた。

以上の分析結果より、事前に適切性をもつ方略（単位あたり方略）を部分的に（単位あたりの数値が整数値になる非整数比型問題に）用いていた児童と、全般的に用いていた児童のペアでは、協同解決場面においてペアの相手の示した根拠を再構成するような双方向的な深層的交流が見られ、その後の個人の問題解決において、類似した問題（単位あたりの数値が整数値にならない非整数比型問題）の解決にまで般化されるという理解の深まりが見られた。また、事前に適切性をもつ方略を部分的に用いていた児童どうしのペアでも、双方向的な交流が見られ、その後の個人の問題解決においては、ほぼ同等の学習効果が見られた。

以上の２つの研究の結果から、ペアを構成する児童の事前の既有知識や既存の方略の状態が、社会的相互作用の質と協同による学習効果（協同解決で獲得した方略が個人による類似問題の解決に般化されるかどうか）を規定することが示唆される。この研究では、第４章第１節で見たような、小学校段階での自生的な発達がある程度、想定される比例的推理を対象としていたために、最初から汎用性の高い適切な方略（単位あたり方略）を全般的に用いていた児童が一定数、存在し、深層的交流を伴う協同解決を通じて他の児童における当該方略の幅広い利用が導かれるというプロセスが見られた（研究２のＭＨ群）。そこで重要なのは、協同解決が個人の方略変化に対して有効に機能するのは、協同解決以前から部分的には（単位あたりの数値が整数値になる問題では）適切な方略（単位あたり方略）を用いていた場合であるということである。単位あたり方略を部分的に用いていた児童どうしのペア（研究２の

MM群）でも一定程度の双方向的交流が見られ、個人レベルで単位あたり方略の般化が見られたこともそのことを示唆している。

ここまで見てきたことが教育に関わって示唆しているのは、協同解決場面ではペアリングの仕方が重要であるということではない。むしろ、さまざまな児童のもつ既有知識の部分的な適切性を引き出せるような課題や場面を設定することの重要性である。多くの児童が何らかのアプローチで正答を導けるような非定型問題を設定することができれば、多様な部分的適切性や全般的な適切性をもつ問題解決方略を意味的に関連づけるような深層的交流がどの児童間でも可能になり、どの児童にも協同による学習効果が期待されると考えられる。その点で、この研究には、事前テストや協同解決の課題を「非整数比型問題」として設定したために事前テストの時点で誤方略にとどまる児童が一定数（5年生の半数程度）見られたという点に限界がある。第4章第2節や本章第1節で見たように、倍や半分といった日常的知識を利用可能な倍数操作方略でも、汎用性の高い単位あたり方略でも解決可能な「整数比型問題」を個別解決や後続する協同解決の問題として設定することによって、事前テストの段階から正答可能な児童が大幅に増加し、協同解決場面における深層的交流や、それを反映した個人レベルでの精緻な方略の構成や般化がさらに促進されることが期待される。そのような多くの児童の思考の多様性を引き出す協同解決課題の構成は、たとえば第4章第3節で検討した内包量概念のような、（比例的推理と比べて）より概念的理解が難しい内容を対象とした場合にも、協同解決のプロセスと個人に及ぼす効果を促進するのではないだろうか。

なお、この研究、とくに研究2で主として重視していた他者との関わりは、ペアでの協同解決場面において、自分が解決できていない場面における問題解決方略の有効性やその根拠を知り、自身の問題解決方略を再構成すること（「話し手としての他者」の役割）や、他者に対して相互に説明し、根拠を尋ね合うことによって自身の問題解決方略を精緻化すること（「聞き手としての他者」の役割）が中心であった。ペアのそれぞれが既有知識をもとに思考を表現し、多様な知識を関連づけることによって、ペアのどちらもが気づいていなかった新たな問題解決方略を発見・創出すること（「知識の協同構築の相手としての他者」の役割）の可能性については、次の研究で検討することとしよう。

［3］他者との協同を通じて理解はどのように深まるかⅡ――図形に関わる協同解決

数学的概念の深いレベルの理解が求められる内容の一つとして、数の稠密性（一定区間内に存在する数の無限性）が指摘されている。[122] この無限性に関する図形と関連づけた概念的理解に関して、橘と藤村[114]では、「1つの正方形を4本までの線分（あるいは2本の直線）で4つの合同な（形も面積も等しい）図形に分けるにはどうすればよいか、分け方はいくつあると思うか」を問う課題（正方形の等分課題）と、「1つの正三角形を3本までの線分で3つの合同な（形も面積も等しい）図形に分けるにはどうすればよいか」を問う課題（正三角形の等分課題）が開発された。そして、典型的な等分方略（正方形の等分課題の場合、正方形を田の字に区切る、正方形の2本の対角線を引く：有限方略）から非典型的な等分方略（正方形の等分課題の場合、重心を通り直交する2本の線分を引いて回転させることで無限の等分の仕方が生成される：回転無限方略）へと概念的理解が深化するプロセスが検討された。表8-3に正方形の等分課題（事前・介入課題）、正三角形の等分課題（事後課題）における典型図形と非典型図形の例を示す。

研究1では、高校1年生70名が参加し、協同条件に16組32名、単独条件に38名が割り当てられた。協同条件（正方形の等分の仕方についてペアで考える条件）では、事前課題（正方形の等分の仕方を考える

表 8-3　図形等分課題における典型図形と非典型図形

	事前・介入課題	事後課題
典型図形		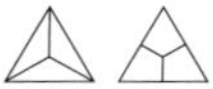
非典型図形		

（出典）　橘・藤村（2010）[114]。

課題）に個人が取り組んだ後、「分け方に共通する決まりやルールはあるか、あるとすればどういうものか」という介入課題について2人で話し合い、話し合った結果を解答用紙に記述するように求められた。その後、事後課題（正三角形の三等分の仕方を考える課題）に個人で取り組んだ。単独条件では、事前、介入、事後の各課題について個人で取り組んだ。その結果、事前課題（正方形の等分課題）で非典型図形を描き（1本の線分で等しい2つの長方形に区分し、それぞれを1本の線分で等しい台形に区分する場合も含む）、回転無限方略によって説明した生徒は、協同条件32名中9名（28％）、単独条件38名中9名（24％）であり、回転無限方略の利用率に有意な差は見られなかったのに対して、事後課題（正三角形の等分課題）で、非典型図形を描き、回転無限方略によって説明した生徒は、協同条件32名中10名（31％）、単独条件38名中5名（13％）であり、協同条件の方が回転無限方略の利用率が高いという有意傾向が見られた。事後課題（正三角形の等分課題）では、事前・介入課題（正方形の等分課題）において「重心を通り直交する2本の線分を引く」という、典型図形と非典型図形をともに四等分する共通点（共有される特質）を見出せたとしても、その共通点を直接適用することで適切に解決することはできず、「直交する⇒中心角を分割する図形の数に等分する」と一般化したうえで、正三角形において「重心を通り、中心角を120度の角度で区分する3本の線分を引く」方略を導くことが必要な点で、より深い概念的理解が求められる。そのため、有意傾向ではあるが、概念的理解に及ぼす協同の効果は一定程度、認められると考えられる。

研究1では協同条件において事後課題を解決できた生徒が3割程度にとどまり、協同の効果が限定的であった。そこで、研究2では、介入課題において、「分け方に共通するのはどういうことか」という課題（研究1と同様の課題）についてペアで考えさせた後、共通点のもつ意味について深めること（本質的理解）のために「『正方形を4つの合同な図形に分けるためのルールを考えよう』というテーマで、クラスに対してわかりやすく発表するためのメモを作成しよう」という課題に取り組ませた。研究2には高校1年生75名が参加し、協同条件に18組36名、単独条件に39名が割り当てられた。その結果、事前課題（正方形の等分課題）で非典型図形を描き、回転無限方略によって説明した生徒は、協同条件36名中3名（8%）、単独条件39名中9名（23%）であり、単独条件の方が協同条件よりも回転無限方略の利用率が高いという有意傾向が見られたのに対して、事後課題（正三角形の等分課題）では、非典型図形を描き、回転無限方略によって説明した生徒は、協同条件36名中19名（53%）、単独条件39名中5名（13%）であり、協同条件の方が単独条件よりも回転無限方略の利用率が有意に高いことが明らかになった。また、協同条件における解決プロセスの発話や記述内容を分析した結果、協同解決場面において、等分に関わる複数の要素（直線が正方形の中心（重心）を通る、直線どうしが直交する）を関連づけた説明や、分け方が何通りあるか、どのようなルールがあるかについての説明をペアが相互に行うことが、個人で取り組む事前課題（正方形の四等分の仕方）から個人で取り組む事後課題（正三角形の三等分の仕方）にかけての問題解決方略の質的変化（有限方略から回転無限方略への変化）につながることが示唆された。

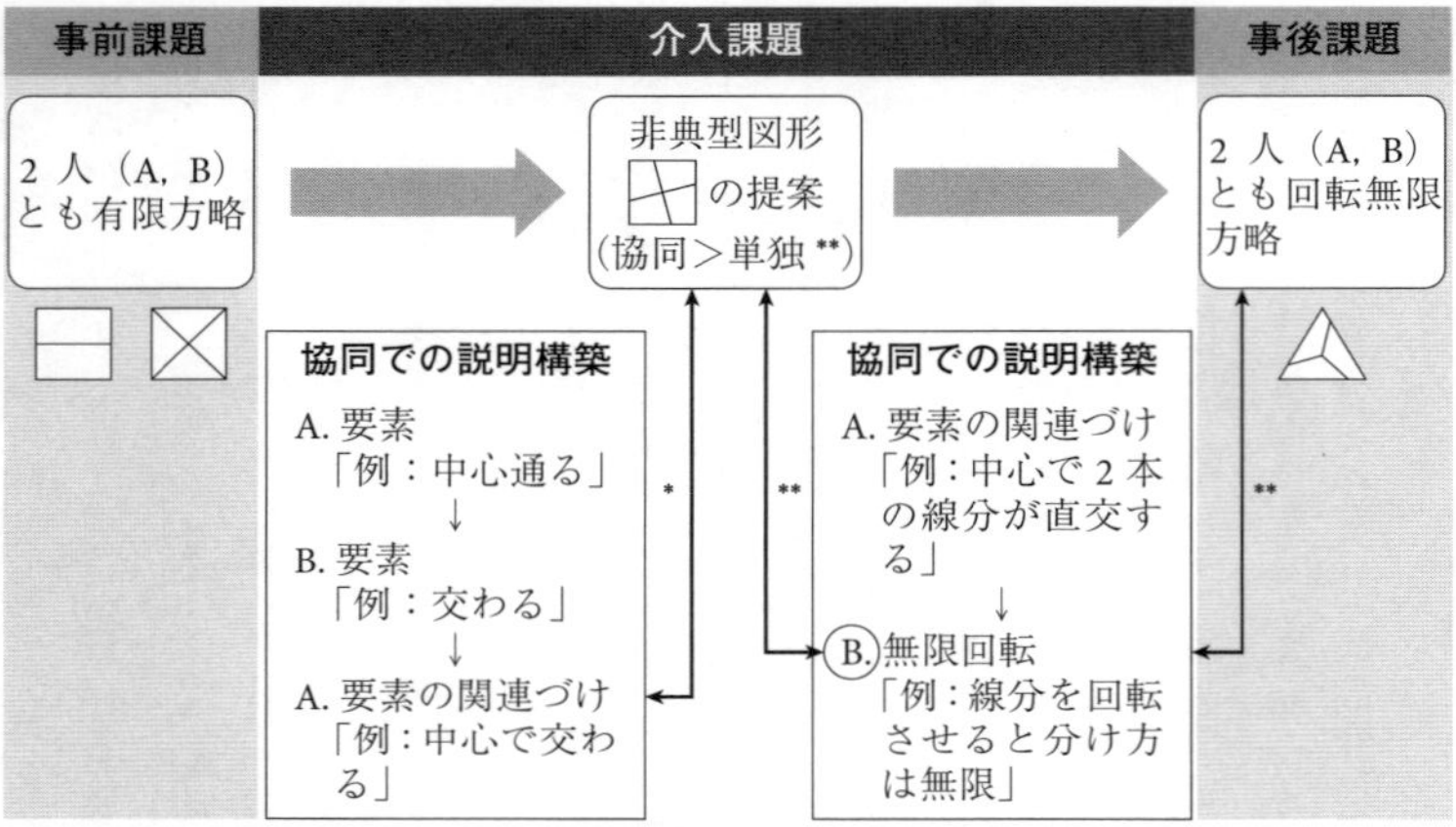

図 8-9　ペアでの協同解決を通じた問題解決方略の変化

（注）　$^{**}p < .01, ^{*}p < .05$（Fisher の直接確率計算法，両側検定）。

（出典）　橘・藤村（2010）[114]。

具体的に、ペアでの協同過程を通じた問題解決方略の変化プロセスについて、事前課題（正方形の等分課題）で２人とも有限方略であった15ペアについて見てみよう（図８－９。なお15ペア30名のうち２名は非典型図形に気づいていたが無限性の説明は行っていなかったため、有限方略として分類されている）。

まず、方略変化の鍵になるのが、複数の典型図形（田の字型、対角線二本型）以外の非典型図形を少なくとも一つ見出し、その非典型図形と典型図形を包括的に関連づけることである。協同条件において介入課題で非典型図形を提案したのは15ペア中９ペア（60％）であった。その割合（提案率）は、事前課題で有限方略であった単独条件の生徒が、同じ条件を満たす他の生徒とペアをつくり、介入課題でそれぞれが考えた図形を提案すると仮定した場合に、介入課題で少なくとも一方が非典型図形を提案することが想定される割合（13％）と比べて有意に高かった。お互いに有限方略しかとれていない生徒が、協同で問題解決に取り組むことで、非典型図形に気づく可能性が高まることがうかがえる。

それでは、非典型図形の提案はどのような協同過程を通じて生起するのであろうか。事前課題でともに有限方略であった15ペアについて、非典型図形の提案に至る協同過程を分析した。15ペアのうち2ペアは、事前課題でペアの一方が非典型図形に気づいており、それを提案したため、それ以上の社会的相互作用（ペアでのやりとり）は見られなかった。それ以外の13ペアでは、典型図形の等分に見られる3種類の要素（①「分けられた図形に直角がある」、②「線分が正方形の中心を通っている」、③「線分が交わっている」）の各要素への言及とそれらの要素の2つ（①と②、または①と③）の関連づけが見られた。そして13ペア中、7ペアでは、ペアの一方が3つの要素のいずれかに言及し、他方が他の要素に言及し、さらに一方がそれらを関連づけるという相互作用（説明の協同構築）が見られたのに対して、6ペアでは以上の説明をペアの一方が行っていた（一方による説明）。それらの社会的相互作用の違いが非典型図形の提案とどのように関連するかを検討したところ、説明を協同で構築した7ペアのうち6ペア（86％）が非典型図形を提案したのに対して、ペアの1人が説明を行った6ペアのうち、非典型図形を提案したのは1ペア（17％）にとどまっていた（非典型図形の提案率に有意な差が見られた）。相互に既有知識を関連づける協同過程が、非典型図形の発見に結びつきやすいことが示唆される。

次に、協同過程で非典型図形を提案することが事後課題での各個人の新たな方略（回転無限方略）の利用にどのようにつながるのかを検討した。非典型図形を提案した9ペアでは、(a)「正方形の中心（重心）で2つの線分が直角に交わる」という3つの要素を関連づける発話と、(b)「そのような図形は無限にある」という無限性に言及する発話が見られたのに対し、非典型図形を提案しなかった6ペアでは(b)の無限性への言及が見られなかった。さらに非典型図形を提案した9ペアについて、(a)と(b)の発話がペアのどちらによる発話かを分析した結果、9ペア中5ペアでは(a)(b)の発話者が異なり（説明の協同構築）、4ペアでは(a)(b)の発話者が同一（一方による説明）であった。そこで、それらの社会的相互作用の違いが事後課題での新たな方略の利用とどのように関連するかを検討したところ、(a)(b)の説明を協同で構築した5ペアは、事後課題において2人ともが個人で回転無限方略を利用していたのに対して、(a)(b)をペアの1人が説明した4ペアは、事後課題における個人での回転無限方略の利用が多くても1人にとどまっていた（事後課題においてペアの双方が回転無限方略を利用する割合が、前者は100％、後者は0％で有意な差が見られた）。複数の要素を関連づけて本質を見出すこと（内包＝性質に関する推理）とその性質を満たす事例がどれだけあるかを考えること（外延＝事例に関する推理）をペアのそれぞれが担って、説明を相互に、協同で構築することが、ペアを構成する各個人の概念的理解に結びつくことが示唆される。

以上の分析結果から、ペアのそれぞれが既有知識を生かして説明（ペア間で共有される表象）を相互に構成し、精緻化していくことが、協同場面での非典型図形の提案や無限性の発見につながり、さらに、ペアを構成する各個人の概念的理解の深まりにも寄与することがうかがえる。それは、本節の冒頭で指摘した他者の役割のうち、情報提供者（話し手）としての他者（第1の役割）、積極的聴取者（聴き手）としての他者（第2の役割）に加えて、より整合的な説明を他者とともに相互に構築する相手としての他者の役割（第3の役割）を示していると考えられる。なお、ペアの一方のみが説明を行う場合には、非典型図形の発見や、ペアの両方の概念的理解につながりにくいという結果は、本節の［2］で検討した小学生の比例的推理に関する協同解決の研究において、一方向的で表層的な交流は、双方向的で深層的な交流に比べて、個人の概念的理解の深化につながりにくいことが示唆されていることと関連性をもつとも考えられる。

この研究では、多様な問題解決方略が存在し、その方略間に質的な差異が想定される非定型課題に対して、協同過程において相互に知識を関連づける知識構築を行うことが個人レベルでの概念的理解の深化につながることが示されている。そのような協同場面をクラス単位の協同過程としてどのように授業内で組織しうるかについての検討が、子どもの概念的理解の深まりを促す教科教育を考えるうえで重要になってくるだろう。そのような授業場面を中心とした諸研究については次の第9章で検討することにしよう。

3　探究することと全般的な学力水準との関係

第1節、第2節では、多様な探究が可能な「非定型課題」に対する個人やペアでの探究過程をミクロに分析することで、「探究することでわかる」プロセスすなわち、個人やペアで非定型問題を探究することが個人の概念的理解の深まりにつながることとその過程について明らかにしてきた。それでは、探究することは全般的な学力向上とはどのように関連する可能性があるのであろうか。本節では、日本国内の200万人程度の小学校6年生と中学校3年生を対象に毎年、実施されている全国学力・学習状況調査（学力調査および質問紙調査）の結果をマクロな観点から検討することにより、個人が授業場面で探究することが学力の向上とどのように関連するかについて検討を試みることにしよう。学力調査と質問紙調査の関連については、多くのクロス分析が行われているが（たとえば、令和3年度全

	質問番号	質問事項
小	33	5年生まで〔1，2年生のとき〕に受けた授業では，課題の解決に向けて，自分で考え，自分から取り組んでいましたか（〔 〕は中学生向け質問の記述）
中	33	

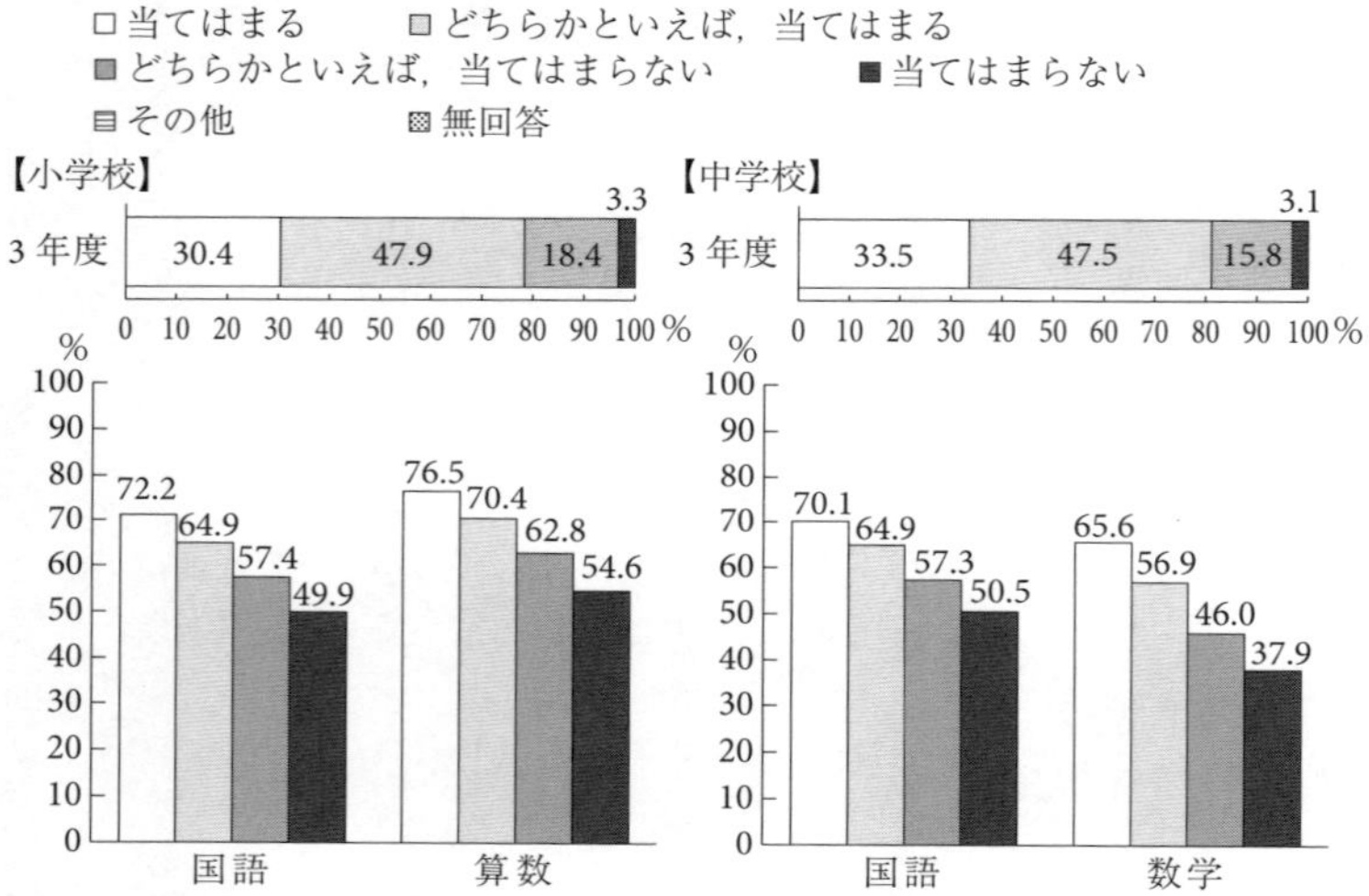

図8-10 「課題解決に向けて自分で考え，取り組むこと」と学力の関連（2021年度全国学力・学習状況調査）

（出典） 国立教育政策研究所ウェブサイト[j]より作成。

国学力・学習状況調査報告書 質問紙調査、国立教育政策研究所ウェブサイト）[j]、その中でも両者の関連を示す相関係数（r）が・25程度以上と、他のクロス集計と比べると相対的に高い関連が示されている2つの分析について、ここでは見てみよう。

図8-10は、前年度までの授業で「課題の解決に向けて、自分で考え、自分から取り組んでいた」かどうかについて、「当てはまる」から「当てはまらない」までの4件法で尋ね、その回答別に、国語、算数（数学）の平均得点を示したものである。まず、図8-10に見られるように、小学生で約78%、中学生で約81%が「当てはまる」または

「どちらかといえば、当てはまる」という肯定的回答を示していた。次に、回答別の平均得点を見ると、「当てはまる」から「当てはまらない」にかけて、グラフからは各教科の平均得点の低下がうかがえ、4件法の回答の水準と各教科の得点との相関係数は、それぞれ小学校国語：r = .246、小学校算数：r = .252、中学校国語：r = .246、中学校数学：r = .320と、弱い正の相関が見られた。弱い相関ながら、中学校数学については、回答水準が一つ低下するごとに平均正答率が10％程度ずつ低下することがうかがえる。

全国学力・学習状況調査の構成は、7～8割の問題が定型的な選択・短答形式の問題となっているが、2～3割の記述形式の問題の中に非定型問題が含まれており、第1章で見たように、毎年のように非定型問題の解決、そこでの多様な知識を関連づけた思考プロセスの表現や深い概念的理解など、本書で述べる「わかる学力」に課題があることが指摘されてきている。たとえば、2021年度の中学校数学では、16問中5問（31％）が記述形式の問題となっているが、その平均正答率は35・5％と、選択・短答形式の11問の平均正答率67・5％と比べて低く、また記述形式の問題の平均無答率は21・2％と、選択・短答形式の問題の平均無答率6・6％と比べて高い。このことから、日本の生徒には記述形式の問題の解決に課題があり、生徒の回答に無答や誤答が比較的多く見られることがうかがえる。また、課題の内容に関しては、表やグラフをもとに2量の比例関係から一方の量に対応する他方の量を求める方法を説明する（関数領域）、平行線の角や三角形の外角の性質を生かして必ず成り立つ性質を説明する（図形領域）といった、概念的理解の深さを生かした多様な説明を求められる非定型問題の正答率が低く、無答率が高いことも示されている。以上のことから間接的ではあるが、先述の弱い正の相関が見られた背景として、子どもが授業時に行う探究（課題解決に向けて自分で考え

	質問番号	質問事項
小	32	5年生まで〔1，2年生のとき〕に受けた授業で，自分の考えを発表する機会では，自分の考えがうまく伝わるよう，資料や文章，話の組立てなどを工夫して発表していましたか（〔　〕は中学生向け質問の記述）
中	32	

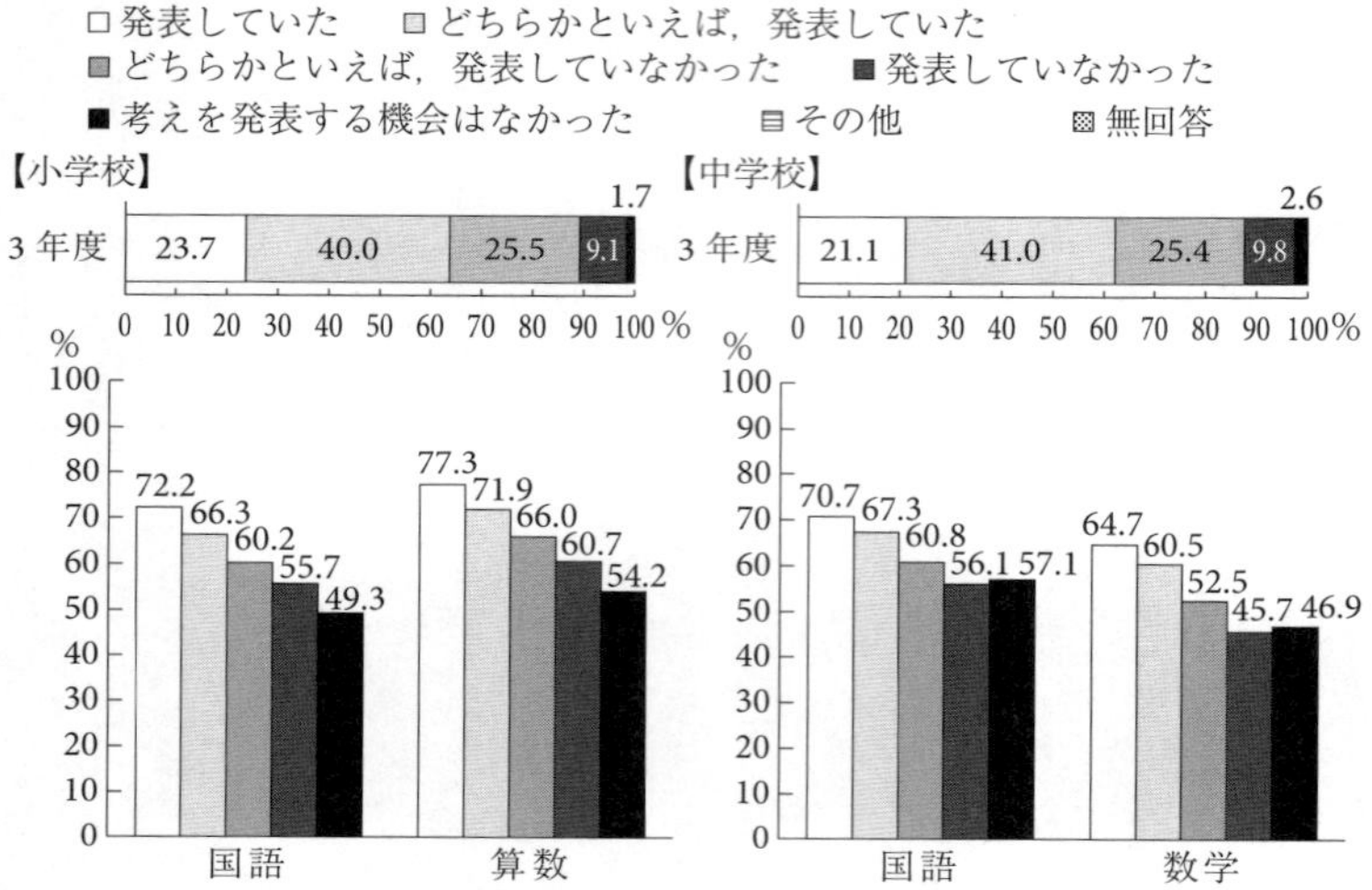

図 8-11　「自分の考えがうまく伝わるように工夫して発表すること」と学力の関連（2021 年度全国学力・学習状況調査）

（出典）　国立教育政策研究所ウェブサイトより作成。

ること）が、非定型問題の解決を含めた全体的な学力水準の高さにつながるという可能性が推察される。

さらに、図８－11は、前年度までの授業で「自分の考えを発表する機会では、自分の考えがうまく伝わるよう、資料や文章、話の組立てなどを工夫して発表していた」かどうかについて、「発表していた」から「発表していなかった」および「考えを発表する機会はなかった」までの５件法で尋ね、その回答別に、国語、算数（数学）の平均得点を示したものである。まず、図８－11に見られるように、小学生で約64％、中学生で約

62％が「発表していた」または「どちらかといえば、発表していた」という肯定的回答を示していた。次に、回答別の平均得点を見ると、「考えを発表する機会はなかった」児童・生徒（約2～3％）を除くと、「発表していた」から「発表していなかった」にかけて、グラフからは各教科の平均得点の低下がうかがえ、4件法の回答の水準と各教科の得点との相関係数は、それぞれ小学校国語：r＝.237、小学校算数：r＝.236、中学校国語：r＝.231、中学校数学：r＝.236と、弱い正の相関が見られた。先述の「課題の解決に向けて、自分で考え、取り組むこと」（図8‐10）と比べると、学力との関連性はやや弱いが、相手を意識して自分の考えを工夫して発表することと、各教科の学力との緩やかな関連性がうかがえる。

以上より、大規模データに対するマクロな分析から、課題に対する個別の探究（課題の解決に向けて、自分で考え、取り組むこと）が、概念的理解を反映した非定型問題の解決を含む、児童・生徒の国語、算数・数学の教科の学力、とくに中学校数学の学力と一定の関連性をもつことが示唆された。また、個別探究の結果の発表（自分の考えがうまく伝わるように工夫して発表すること）も児童・生徒の各教科の学力と緩やかに関連する可能性が示唆された。第2節までの個別探究過程やペアでの協同探究過程のミクロな分析の結果とあわせて考えると、多様な考えが可能な非定型問題に対して自分なりに知識を関連づけて考えることや、相手に対して自身の考えを工夫して説明することといった個別・協同の探究プロセスが、一人ひとりの子どもの「わかる」の深まり、すなわち思考プロセスの表現や概念的理解の深まりにつながることが推察される。第9章ではそのような探究プロセスを中心に構成されたクラス単位の授業が実際に一人ひとりの子どもの「わかる」の深まりにどのようにつながるのかについて、授業を対象とした具体的な心理学的研究を通して見てみることにしよう。

第9章　「わかる」が深まる授業とは

協同的探究学習の開発と検証

第8章第1節では、自分で探究することで「わかる」プロセスを、第8章第2節では、他者との関わり（協同）の中で「わかる」プロセスを明らかにしてきた。本章では、それらの知見を生かしながら、学校教育における各教科等の授業を通じて「わかる」を深めるにはどのように子どもたちの学習を組織していったらよいかについて考えてみよう。

1　「わかる」を深めるには――心理学的な背景

【1】「できる」と「わかる」の高まり方の違い

第2章で見てきたように、学力は大きく「できる学力」と「わかる学力」に区分される。その区分の基準は高まり方の違いにあり、「できる学力」の場合は、定型問題に繰り返し取り組むことによる手続き的知識・スキルや事実的知識の自動化が向上の中心的メカニズムであるのに対して、「わかる学力」の場合は、非定型問題に対して多様な知識を関連づけることによる知識構造の精緻化や再構造化

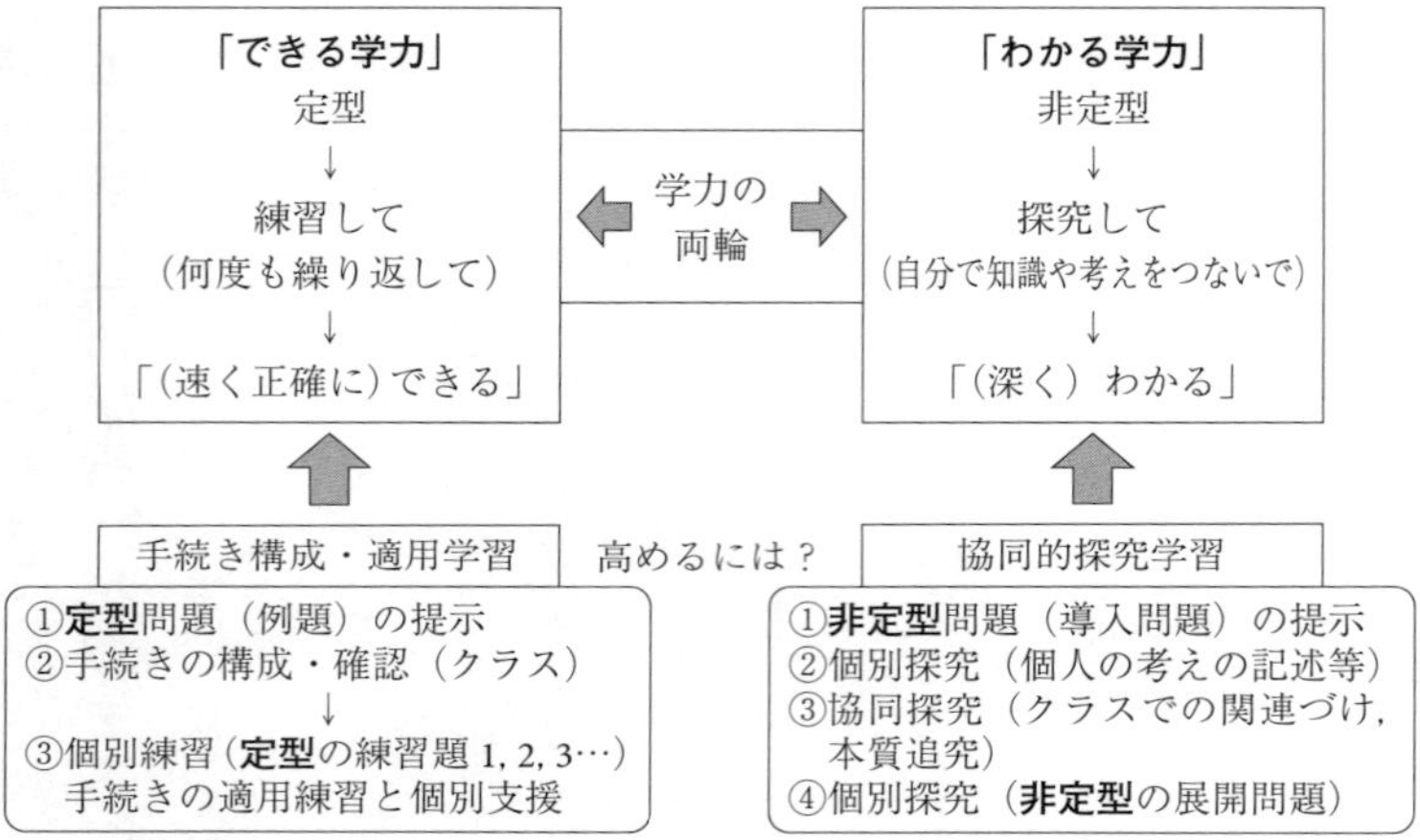

図 9-1 「できる学力」と「わかる学力」を学校の授業で高めるには？

が主たるメカニズムとなる。

その向上メカニズムの違いは、学校教育における有効な学習方法にも違いをもたらすと考えられる。それぞれの学力の特徴と、それぞれの学力を高めるのに有効な学習方法を対比的にまとめたのが、図9－1である。

[2] 「できる」を高める――繰り返しの重要性

「できる学力」を高めるには、解き方などが一つに定まる定型問題に対して、一定の手続き的知識・スキルを繰り返して適用することが手続きの自動化を進めるうえで有効性をもつと考えられる。それに先だって、まず必要と考えられるのは、教師と学習者（子ども）の対話を通じて一定の手続きをクラスで集団的に構成することである。「できる学力」の場合、「わかる学力」と異なって解法や解に多様性は想定されないが、定型的な（一通りに定まった）手続きを理解する際にも、既有知識との関連づけは有効である。そこで、手続きの導入場面では、例題等を通じて教師がクラスの子どもとの対話を通じて順に考えを引き出すことによって、一つひとつのステップ（下位手続き）の意味を聞き手の子どもたちに理解させていくことができると考えられる。次に必要となるのが、その手続きを個人が定型問題に反復適用することで獲得することを促すことである。授業場面において同種の問題を繰り返し解決したり、問題のタイプ別に定型的な解法を例題と数題の練習題を通じて学習したりするといった学習方法（ここでは、「手続き構成・適用学習」と呼ぶ。図9－1の左下を参照）によって、「できる学力」は、一般に、向上させることが可能であると考えられる。

一方で、定型的な手続きを獲得することが難しい子どもに対しては、その手続き（やそれを構成する下位の手続き）の意味を理解させるために、具体物やモデルなどを用いて少人数指導やティーム・ティーチングなどの「個に応じた指導」（個別支援）を行うことも有効であろう。実際の研究例として、①計算や定型的文章題を毎回の授業の開始時に小テストとして実施して終了時に各児童の正誤や誤りのパターンや原因をフィードバックすること、②計算等の問題演習の場面で二人の教師がそれぞれヒントカード等を用いて、計算等の手続きの獲得が不十分な児童に手続きの対話的説明を行うことの2点を特徴とするティーム・ティーチングが、小学校3、4年生の計算スキルや定型的文章題の解決能力の促進に、すなわち「できる学力」の向上に有効であることも示されている。[43] ここで述べた「手続き構成・適用学習」の後半部分（図9－1左下の③）にあたる手続き適用の反復学習（個別練習）は、従来から日本の学校では実施されてきており、その結果、「できる学力」は、国際比較においても、また「わかる学力」との対比においても相対的に高いという結果（第2章参照）につながっていると考えられる。

[3]「わかる」を深める――探究と協同の重要性

「わかる学力」、すなわち概念的理解の中心は、心理学的には、子どもが自身のもつ既有知識と新たな知識を関連づけて構造化することである。「できる学力」の向上には、反復による自動化が一定程度、必要であるのに対して、「わかる学力」の向上には、多様な知識の関連づけによる精緻化や再構造化が重要となると考えられる。したがって、概念的理解を促進するためには、①子ども自身が探究を通じて多様な知識を関連づけることや、②他者と協同することで自分や他者のもつ多様な既有知識を活用して関連づけることなどが有効と考えられる。第8章第1節、第2節で紹介した研究は①②の有効性について授業を離れた個別実験やペア実験を通じて心理学的に明らかにした研究である。

①に関わって、科学者が概念や原理を生成してきたプロセスを主体的に探究することを通じて、学習者が学問の構造を理解し、学問の探究方法を獲得する学習方法やカリキュラムについては、「探究学習」(inquiry learning)として、1960年代の「教育の現代化」(教科の学習内容に科学の先進的知見や科学的思考のプロセスを取り入れる動き)の頃より提唱されている[92]。また、②に関しては、2000年代以降の学習科学(leaning sciences)領域の研究の一環として、理科授業の協同過程において、生徒が他の生徒の説明を精緻化させて自身の説明に用いる過程が繰り返されることにより、クラス内でより科学的な説明が構築されるといった、知識統合(knowledge integration)のプロセスなども指摘されてきている[69]。次節では、「わかる」を深めるために、①②のプロセスを考慮して、どのように小学校から高校に至る各教科の授業をデザインするかについて考えてみよう。

2 「わかる」を深める――「協同的探究学習」による授業のデザイン

【1】「協同的探究学習」と「問題解決の授業」

国際比較研究を通じて、日本の算数・数学などの授業について、「問題解決の授業」（同一の問題に個々の児童・生徒が取り組み、その解法をクラス全体に発表して検討するといった形式の授業）が一つの特徴とされてきた。[110, 111]その授業形態をベースとしながら、以上に述べてきたような心理学的な重要性を内在する①個別探究過程と②協同探究過程の両者を重視して構成された学習方法が、「協同的探究学習」（inquiry-based collaborative learning）と名づけられ、小学校、中学校、高校の教員と協同で、各教科において学習方法の開発と検証が進められてきている。[29, 33, 41, 42, 45]協同的探究学習の理念は、一人ひとりの子どもの思考プロセスの構成と表現、多様な知識を関連づけることによる意味理解（概念的理解）の深まり、他者との社会的相互作用の3点を重視することにある。実際の授業場面では、思考プロセスとしての解法や解釈理由などの表現、意味理解に関して既有知識に依拠した多様な考えの説明、社会的相互作用に関して、クラス全体での多様な考えの比較検討と関連づけ、本質追究を行うことが重視される。

協同的探究学習が、学習方法として従来の問題解決の授業と異なり、発展させている点は、以下の3点に整理される。第1に、多数の生徒が日常的知識を含めた多様な既有知識を活用して解決可能な問題、すなわち、多様な考え（解法、解釈、説明、表現など）が可能な「非定型問題」（non-routine problem）を導入問題として実施することである（図9－1右下の①）。第2に、その非定型問題に対する多様な考えをクラス全体で検討し、自分の考えと他者の考え、あるいは他者の考えどうしを関連づけ、さらに「追究型発問」を組織して学習内容の本質に迫る「協同探究」の場面を組織することである（図9－1右下の③）。第3に、非定型問題に対して自分自身の思考プロセス、とくに判断の理由づけなどをワークシートやノートに記述（自己説明）する「個別探究」の時間を「協同探究」の前（図9－1右下の②）だけでなく、「協同探究」の直後にも設定することである（図9－1右下の④）。後者の「個別探究」では、学習内容の本質に迫る非定型問題（展開問題）に対して、「協同探究」場面でのクラス全体での考えの関連づけや本質追究を生かして、各児童・生徒が自身の考えを表現することで概念的理解を深めることが意図されている。

各国の教員に質問紙調査を行って学習方法などを比較した国際教員指導環境調査（TALIS2018）では、中学校で「明らかな解決法が存在しない課題を提示する」ことを頻繁に行う日本の教員は16％（OECD平均：34％）、「複雑な課題を解く際にその手順を各自で選択するよう生徒に指示する」ことを頻繁に行う日本の教員は25％（OECD平均：45％）にとどまっている。[63]このことは、非定型問題の提示や、それに対する生徒による個別探究が行われる授業が行われる頻度が日本では国際的に見て少ないことを示唆している。一人ひとりの子どもが多様な既有知識を利用して何らかのアプローチで解決可能な非定型問題を提示して各児童・生徒が個別探究を行い、そこでの多様な考えを関連づけて本質を追究する協同探究の後に、本質に迫る非定型問題に対する個別探究を行う「協同的探究学習」による授業を各教科・単元において実施し、その頻度を高めることにより、第2章で指摘した日本の児童・生徒の「わかる学力」（非定型問題に対する思考プロセスの表現や深い概念的理解）に関する問題の解決が導かれることが期待される。

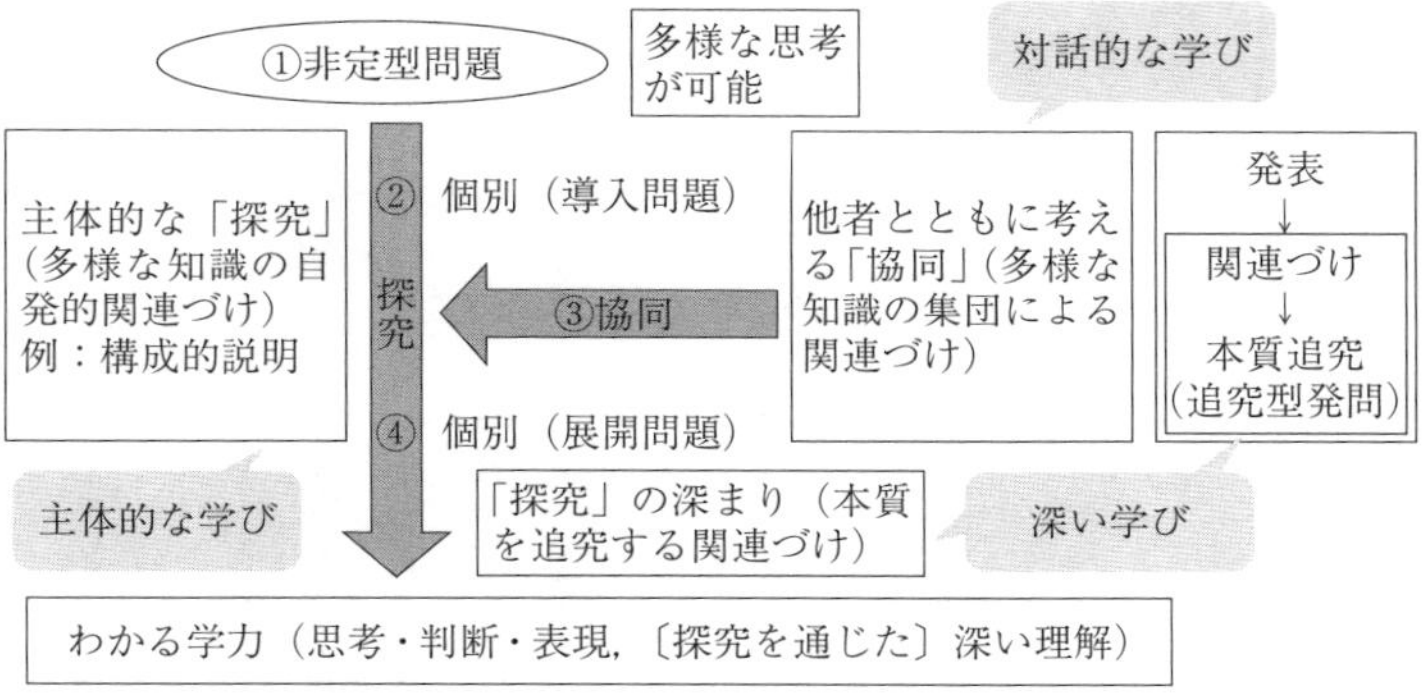

図 9-2 「協同的探究学習」の４つの特質と「主体的・対話的で深い学び」の実現

（出典） 藤村他[45]（2018）を一部改変。

【2】 協同的探究学習の４つの特質

協同的探究学習の特質は、以下の４点にまとめられる（図９－２）。

① 子どもの多様な既有知識を活性化する「非定型問題」の設定

第１の特質は、日常的知識や他教科・他単元に関する知識も含む多様な既有知識を利用して多数の子どもが自分なりに解決可能な問題、すなわち先述の「非定型問題」を「導入問題」として設定すること（図９－２の①）である。一部の子どもが多様な考えをもつのではなく、一つのクラスで学んでいる多様な子どもがそれぞれにアプローチできる導入問題を設定するためには、非定型問題の設定を工夫することが重要である。具体的には、多様な考えが可能であること、それらの考えを関連づけることで教材や単元の本質に迫りうることを前提としたうえで、「日常的文脈に位置づける」ことで、より多様な既有知識を活性化することや、問題解決に必要な手続き的知識・スキルや事実的知識を必要最小限にすること、すなわち「できる学力のハードルを下げる」ことで一人ひとりの（定型的な）情報処理の負荷を下げて、中心的な非定型問題の探究・解決に注意を焦点化できるようにすることなども工夫として有効である。

②　一人ひとりが多様な知識を関連づける「個別探究」過程の組織

第2の特質は、非定型の導入問題に対して一人ひとりの子どもが自身の思考プロセス、とくに判断の理由づけなどをワークシートやノートなどに記述（自己説明）するための「個別探究」の時間を設定すること（図9－2の②）である。各個人が自分なりの考えを発案し表現できるだけの時間や、それを自由に表現できる自由度の高い空間（紙面）を保障することに加えて、「自分の言葉や自分なりの図式や絵などで表現すること」「一つの考えがまとまった場合には、その考えを他のことばや図などを用いて、聞き手に対してよりわかりやすい説明になるように記述・表現すること」を教師が促すことで、各個人において、より多様な既有知識が自発的に関連づけられることにつながる。

③　クラス全体の「協同探究」過程における多様な考えの関連づけと本質の追究

第3の特質は、個別探究で考案された多様な考えをクラス全員で多様な考えを比較検討し、自分の考えと他者の考え、あるいは他者の考えどうしを関連づけること（図9－2の③）である。多様な考えが子どもたちによって発表された後で、「多様な考えの間の相違点・類似点・共通点などを考える」「類似点や共通点を表す言葉を考える」ことなどによって、子どもたちが発表した多様な考えは関連づけられ、概念化や抽象化が進むことになる。さらに、それらの考えの関連づけにもとづいて、教材の本質に向かうための焦点化された「追究型発問」を教師がクラス全体に対して投げかけることや、そのプロセスにおいて「それぞれの考えの根拠や意図を再考し、共有する」ことによって、クラス全体の話し合い（協同探究）場面において、（集団的に）多様な考えが本質に向けて構造化されていく。なお、「追究型発問」については、授業以前に教師が本質的理解を促すためにいくつか用意しておき、クラス全体の協同探究の進行状況に応じて実施する「設定型」発問と、子どもたちの発言に対して意図や根拠を問い返すことで協同探究を教科の本質に向けて焦点化する「切り返し型」発問があり、それぞれの教科・単元における有効な発問について、後述する自治体、諸学校などで研究が進められている。

④ 学習内容の本質に迫る「再度の個別探究」過程の組織

そして、第4の特質が、一人ひとりの子どもが、クラス全体の協同探究過程で関連づけられた多様な考えを生かして、教材の本質に迫る非定型問題としての「展開問題」に個別に取り組むこと（図9−2の④）である。クラス全体の協同探究での深まりを各個人が自身の概念的理解の深まり（「わかる学力」の向上）に結びつけるには、「問いで深める」ことが必要である。より発展性のある非定型問題（展開問題）に対して、③のクラス全体の協同探究場面で他者が示した多様な考えを各個人が自分自身で選択し関連づけて（自己選択、自己統合）、その解決を試みることを通じて、③で集団的に関連づけられた多様な知識を自分自身の枠組みとして再構造化し、意味づけることが可能になると考えられる。展開問題で重要なのは、答えの正確さや導出の速さではなく、非定型問題に対する一人ひとりの「思考プロセスの表現」であり、そこに協同探究を経て再構造化された、各個人の知識構造や思考の枠組みが反映されることが想定される。

［3］「協同的探究学習」による「主体的・対話的で深い学び」の実現

2017年改訂の学習指導要領では、今後の知識基盤社会に向けて日本の子どもにとっての課題となっている「思考力・判断力・表現力」を中心とした学力の向上のために、「主体的・対話的で深い学び」による授業が重視されることになった。さらに、その学びの目標としては、各個人の「思考力・判断力・表現力」のさらなる向上に加えて、各教科における「理解の質の向上（本質的理解、深い理解）」が示されている。このことは、日本の学習指導要領においても、本書で述べてきた「わかる学力」がさらに各個人の目標として重視されるようになってきていることを示している。そして、その「わかる学力」を育成するための学習理念であり学習方法でもある「協同的探究学習」は、心理学における構成主義や社会的構成主義の考え方をベースとしていること、「深い理解」の達成を目標としてきている2000年代以降の認知心理学や学習科学の発展を共通の背景としていることからも、「主体的・対話的で深い学び」を理念的に内在するものとなっている。両者の関係性が前掲の図9－2に示されている。

まず「協同的探究学習」における学習の主軸は、非定型問題の解決に向けて「自発的に」多様な知識を関連づけることにある。これが「探究」であり、図9－2の縦向きの矢印で表されている。各個人は、非定型問題の解決という目標に向けて、自分自身で判断して多様な知識を関連づけ、さらに、導入問題の個別探究や協同探究を自分自身で振り返りながら、展開問題の解決に向けて、主体的に知識を関連づけていく。ここに、一人ひとりの子どもが主体的かつ自律的に学習を進め、学習過程を振り返りながら次の学習につなげていくという「主体的な学び」のプロセスが内在されている。

次に「協同的探究学習」における学習に広がりと深まりをもたらすのは、非定型問題の解決に向けて「他者と協同で（集団的に）」多様な知識を関連づけることである。これが「協同（探究）」であり、図9－2の横向きの矢印で表されている。協同探究プロセスでは、他者との対話を通じて知識が集団的に構成され、協同探究場面における先述の「関連づけ」や「本質追究」を経て、クラス全体で構成される話し合い（談話）の水準が高次化していく。この協同探究場面には、非定型問題を解決し、概念的理解を深めることを志向した「他者との対話」が内在され、さらにそこでの学習が、「自己との対話」（自己内対話）や「教材との対話」（教材の検討を通じた本質追究）も含んだ「対話的な学び」として成立している。

さらに、「協同的探究学習」は、協同探究場面後半の「関連づけ」や「（追究型発問等を通じた）本質追究」と、その直後の展開問題における「再度の個別探究」を通じて、集団および個人のレベルで、教材の本質に向かって学習が深まることを目標としている。ここに「深い学び」をもたらす2つの契機が含まれており（図9－2の右下部分）、それらの学習の契機を生かして一人ひとりの学習者は、自身の思考プロセスの表現（「わかる学力」の第1段階）から深い概念的理解（「わかる学力」の第2段階）へと、自身の「学び」を継続的に深めていく。

以上の3つの点から、「協同的探究学習」は、各学習者の「わかる学力」の形成（思考プロセスの構成・表現と深い概念的理解）に向けて、「主体的・対話的で深い学び」を実現する授業モデルとしても構成されていると考えられる。

3　協同的探究学習の具体的事例とその効果

子どもは学校で、ある教科内容を学習する以前に、その内容に関連する既有知識を日常経験や当該教科・他教科のそれまでの学習などを通じて豊かに発達させてきている。それらは断片的な知識ではなく、領域の中である程度一貫した構造をもつことも、子どものもつ素朴概念や素朴理論の研究からも示されてきている（第3章参照）。子どもが発達させてきている豊かな既有知識を授業場面に生かすために、協同的探究学習では、先述のように、多くの子どもが、自分自身が発達させてきた既有知識を用いて何らかの解決が導けるような「導入問題」を設定し、そこで考案された多様な考えをクラス全体の「協同探究」場面で比較検討し、関連づけて本質を追究し、さらに「展開問題」でその成果を一人ひとりの子どもが生かすことを特徴とする授業が小学校・中学校・高校のさまざまな教科で実施され、その効果が検証されてきている。

具体的には、小学校については算数や国語を中心に多様な教科・単元の授業で[33,35,42,54]、中学校では国語、数学、理科、英語、社会科や実技系科目を含む各教科の授業や教科連携型学習などで[29,33,40,41,45,53,74,117]、高校では、国語、数学、理科など各教科の授業や長期的な探究学習などで[32,45,56,74,76]、協同的探究学習による授業が幅広く実施されており、「わかる学力」（思考プロセスの構成や表現、深い概念的理解）などの向上に関わる効果やプロセスの検証もなされてきている[1,29,32,33,35,39,40,41,42,45,76]。

また、自治体の学力向上推進事業などとしても取り組まれ、公立小中学校において協同的探究学習による広範な授業実践が継続的に展開され、研究が進められ、成果が示されてきている（たとえば、兵庫県加古川市教育委員会や岡山県教育委員会義務教育課の取り組みについては、以下のウェブサイトにも具体的な紹介がなされている。兵庫県加古川市教育委員会「未来を拓く学び―ウェルビーイング（Well-being）実現をめざして―（協同的探究学習）」、岡山県教育委員会義務教育課「協同的探究学習モデル事業の成果等について」）。

【1】算数の「わかる」を深める――小学校算数科の協同的探究学習のプロセスと効果

一つの具体的な授業事例として、小学校5年生の「小数のわり算」に関する授業について見てみよう。

この授業では、「導入問題」として「1・5Lで300円のジュースは1Lあたりいくらになるか考えよう」という非定型問題（多様な考えが可能な問題）が設定されている。教科書では、0・1L単位で考えるか10倍して考えることで整数のわり算に帰着させることが可能な問題が設定されているが、協同的探究学習による授業の場合には、1・5Lという数値設定にすることによって、先述の2つの解法に加えて、0・5L単位（1Lの半分）で考えたり、2倍して考えたりすることで整数のわり算に多様なプロセスで帰着可能な問題設定としている。そのことにより、倍や半分という児童に身近な日常的知識を利用して解決が可能となっている。

また、「展開問題」としては、「1・2Lで360円のジュースは1Lあたりいくらになるか考えよう」という非定型問題が設定されている。先述の導入問題に比べると、倍や半分に関する日常的知識を使うことはできないが、急速に0・1L単位や10倍で考えるという手続きの一般化を図るのではなく、0・2Lを単位としたり、5倍して考えたりすることで、児童自身が多様な解法を試みながら、本質（1未満の数や2以上の整数を中間的な単位として設定することで整数の除法に帰着させて解決すること）

図9-3　協同探究場面の板書例（小学校5年算数科：小数のわり算）

を追究できる問題になっている。

さて、先述の導入問題に対して、クラス全体の「協同探究」場面では、具体的には4つの解法が発表され、それぞれの解法の特徴の検討や解法間の関連づけ（差異点や類似点）の検討が行われた後、設定型の追究型発問（「すべての解法に共通することは何か」）がクラス全体に対して投げかけられた。図9－3は、その協同探究場面での板書（教師が先述の発問等に対する児童のさまざまな発言を記した板書）を示している。

協同探究場面では、図9－3に示されている導入問題の4つの解法について、図の左側の解法から順に、それぞれの解法を考えた子どもが自分の解法を発表した。左から1つ目、2つ目の解法は、図で表すか式で表すかは異なっているが、全体の1・5Lを0・5Lずつに三等分することで、0・5Lの値段が300円を三等分した1

00円になり、それを2倍することで1Lの値段がわかることに着目している（左端の解法は、導入問題の直前に既習事項を確認する「前提問題」として行った「2L380円のジュース」の状況もあわせて表現している）。右から2つ目の解法は、1・5Lのジュースを2つ買うことで、3Lの値段が300円を倍にした600円になり、それを3で割ることで1Lの値段になることを利用している。そして、右端の解法は、わり算では、割られる数と割る数をそれぞれ10倍しても答えは変わらないという規則を利用している。

4つの解法が発表された後、「それぞれの解法にはどのような違いがあるか」が話し合われた。その発問（関連づけ発問）に対して、各解法についてクラスの子どもたちがみんなで特徴づけた（命名した）内容が、図9-3のように教師によって板書されている。左の2つは「0・5Lに分ける」「0・5Lあたり」のように特徴づけられている。右から2つ目は「倍にしてわる」という手続きだけではなく、「整数（3L）にする」という解法の意味も子どもの発言として引き出されている。右端の解法についても、「計算のきまりを使う」という手続きだけではなく、（右から2つ目がジュース2本を買う「お金持ち」なのに対して、右端はジュースを10本も買っているので）「ちょうお金持ち」という解法の意味づけも子どもの言葉で表現されている。

さらに協同探究場面では、教材の本質を追究するために、「全部の解法に共通することは何か」という（設定型の）追究型発問についても話し合われた。その教師の発問（追究型発問）に対して、クラスの子どもたちが見出し発言した内容が、図9-3の四角囲みの部分に示されているように、教師によって黒板の上部に板書されている。この問いに対して、子どもたちは最初は、「1・5、300（という問題で示された数値）以外のものを使っている」といった、解法の表面的な共通点に着目することが多いが、「行っていることとの共通点は何か」を尋ねることで、「工夫している」という解法の特徴にあたる言葉や、「1・5Lを整数にしたり、分けたりしている」という本質的な共通点にあたる言葉が子どもから引き出されている。板書の右2つの解法は、ジュース2本分や10本分を考えることで1・5Lという小数の数値を「整数にしたり」、左2つの解法は、0・5Lという単位に「分けたり」することで、いずれの解法も前の学年までに学習してきた整数のわり算やかけ算に帰着させて解決していることがクラスの子どもたちに共有された。

その後、協同的探究学習の授業では、先述のように、一人ひとりの子どもが「1・2Lで360円のジュースは1Lあたりいくらになるか考えよう」という展開問題（本質を追究する非定型問題）に取り組んだ。その結果、このクラスでは、先述の協同探究場面においてクラス全体で共有され、関連づけられた多様な考えを生かしながら、32名中30名（94％）の児童が、各自のワークシートにおいて、整数にする方法（10倍にする、10本分を求める）か分けて考える方法（0・2Lあたりを考える、0・1Lにする）で取り組んで解法のプロセスを記述し、そして28名（88％）の児童がそれらの解法を用いて「300円」という解答を導いていた（なお、他の2名は、クラスで共有された解法とは異なる、形式的な筆算手続き（未習）で取り組み、解答が導けていなかった）。

小数のわり算、とくに除数（わる数）が小数であるという、（筆算による計算という手続きは実行できたとしても）概念的理解が難しい単元においても、子どもの多様な既有知識を利用可能な非定型問題を設定し、「個別→クラス全体の協同→個別」の探究で深める「協同的探究学習」による授業を通じて、一人ひとりの「わかる」が1単位時間（45分）という短い単位の時間であっても深まっていくことがうかがえる。

「58 枚の写真をアルバムにはろうと思います。1 ページに6 枚ずつ写真をはるとしたら，何ページいるでしょうか。」

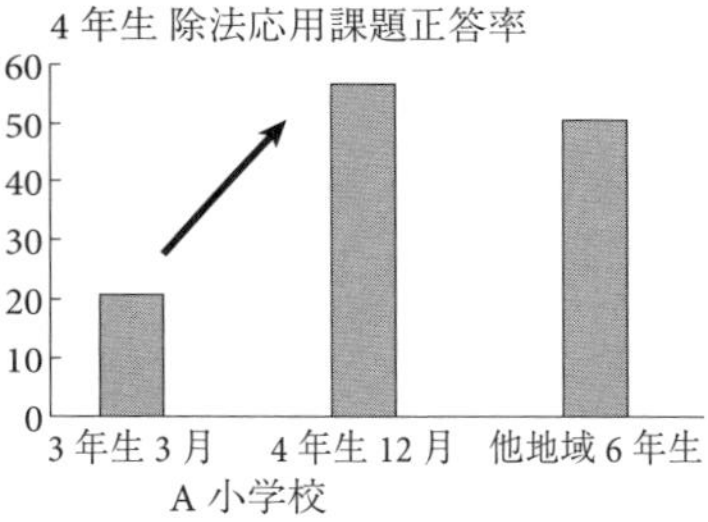

小学校算数のパイロット校（A 小学校）では，4 年生の学習を通じて，除法の応用問題の正答率が有意に向上した（他地域の 6 年生と同等以上の水準に達した）。

図 9-4 「協同的探究学習」を通じた「わかる学力」の向上（4 年生）

この例で示した小学校では、ある自治体における算数科の「パイロット校」(協同的探究学習に先進的に取り組む学校)として、1年生から6年生までの全学年全クラスで先述のような「協同的探究学習」による算数の授業に取り組んだ。その成果は各学年における「わかる学力」の向上としても示されている。

例として、4年生の学力の変化について見てみよう。この小学校では、協同的探究学習を通じてどのように「わかる学力」が高まるかを測るために、前学年の終了時(3月)と学年開始後9カ月の時点(12月)で、「わかる学力」を測るための同一の「思考力テスト」が実施された。このテストは、筆者が行ってきている国際比較研究[27]においても以前から用いられてきている問題から構成されており、とくに「わかる学力」に関しては、思考プロセスの表現や概念的理解の深さを測ることのできる非定型の記述型問題によって構成されている。

図9－4は、「余りのあるわり算」の応用課題とそれに対するこの学校の4年生の正答率の変化をグラフで示したものである。「余りのあるわり算」は前学年の3年生で既習の内容であるが、計算手続きを実行するという「できる学力」の水準は高くても、応用課題において知識を関連づけて解決を導くことは

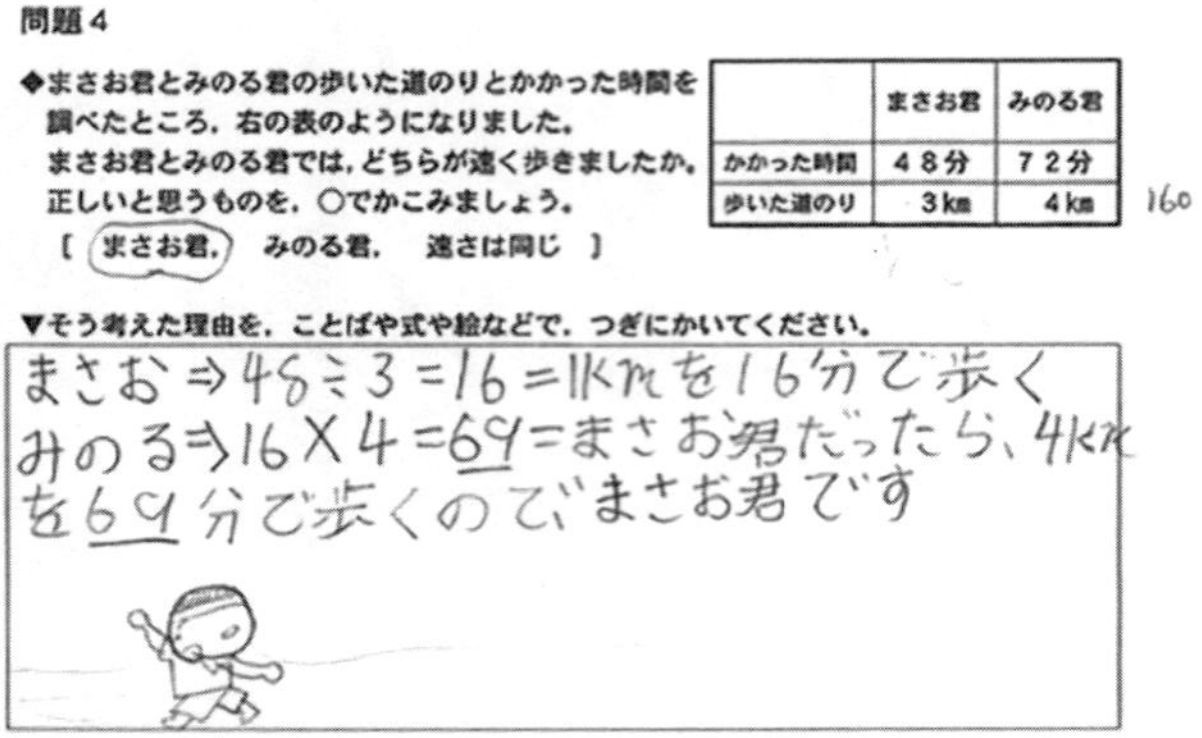
問題４
◆まさお君とみのる君の歩いた道のりとかかった時間を調べたところ，右の表のようになりました。
まさお君とみのる君では，どちらが速く歩きましたか。
正しいと思うものを，○でかこみましょう。
［ まさお君， みのる君， 速さは同じ ］
まさお君
みのる君
かかった時間
４８分
７２分
歩いた道のり
３km
４km
160
▼そう考えた理由を，ことばや式や絵などで，つぎにかいてください。
まさお⇒48÷3=16=1kmを16分で歩く
みのる⇒16×4=64=まさお君だったら、4km
を64分で歩くのでまさお君です

	A 小学校 6 年生		他地域小学校 6 年生
正答率	69%	>	38%
詳細正答率	59%	>	21%
無答率	0%	<	24%

小学校算数科のパイロット校（A 小学校）の 6 年生は，思考プロセスを自分の言葉，図，式などを用いて表現するだけではなく，速度の概念的理解を十分に深めていた。

図 9-5 「協同的探究学習」を通じた「わかる学力」の向上（6 年生）

（注） 不等号は統計的に有意な差を示す。[33]
課題の記述例の出典は藤村（2012）。
詳細正答率は正答のうち，式と答え以外に言葉や図を用いて説明を行った児童の全体に対する割合を示す。

難しく、他の国際比較研究で実施された場合でも、この問題の正答率は小学校6年生で51%であった[27]。それに対して、算数科のパイロット校として協同的探究学習に継続的に取り組んだ、この小学校では4年生の正答率が（同種の問題を3月から12月の間に経験していないにもかかわらず）9カ月間で40%近く有意に向上し、一般的な学習を行っている他地域の6年生以上の水準に達した。

同様の効果は他の学年にも現れている。図9-5に示されているように、同校の6年生が第4章で示したような速さの比較課題（深い概念的理解を問う非定型問題）に取り組んだ結果、協同的探究学習による授業を継続的に経験した12月の時点の調査において、他地域の6年生の正答率を有意に上まわる正答率を示し、そのうち自分の解法をくわしく説明する詳細説明率も高く、また、日本の子どもにおいて問題となっている無答を示す児童が見られなくなるという効果が示されている。

［2］ 社会科の「わかる」を深める——中学校社会科に関連する協同的探究学習

小学校や中学校の社会科に関しては、多様なアプローチが可能な非定型の問題（具体的な資料や題材）に対して子どもの多様な考えを引き出し、関連づけるような協同的探究学習による授業がさまざまな分野・単元で組織可能であり、児童・生徒の概念的理解が深まることが示唆されてきている。[1,39,53,87]

ここでは、非定型の問題によってどのような多様な発想が引き出され、関連づけられるか、それが個々の生徒の概念的理解につながりうるかをより具体的に検討するために、一つの事例ではあるが、第6章で紹介した「イチゴの問題」を導入問題として、中学校3年生に対して、筆者自身が実施した授業のプロセスについて簡単に紹介しよう（同じ学校の中学校3年生に対して、複数年度で同種の授業を30〜40分程度で行っており、以降の結果には、複数年度の結果が含まれている。なお、いずれの年度においても、対象となる生徒は、中学校社会科（公民分野）の学習内容である価格の決定（需要曲線、供給曲線など）について未習であった）。

まず、導入問題として各生徒は、「果物屋に出かけたところ、5月にはイチゴが1パック300円で売られていましたが、12月には同じ大きさのイチゴが1パック600円で売られていました。どう

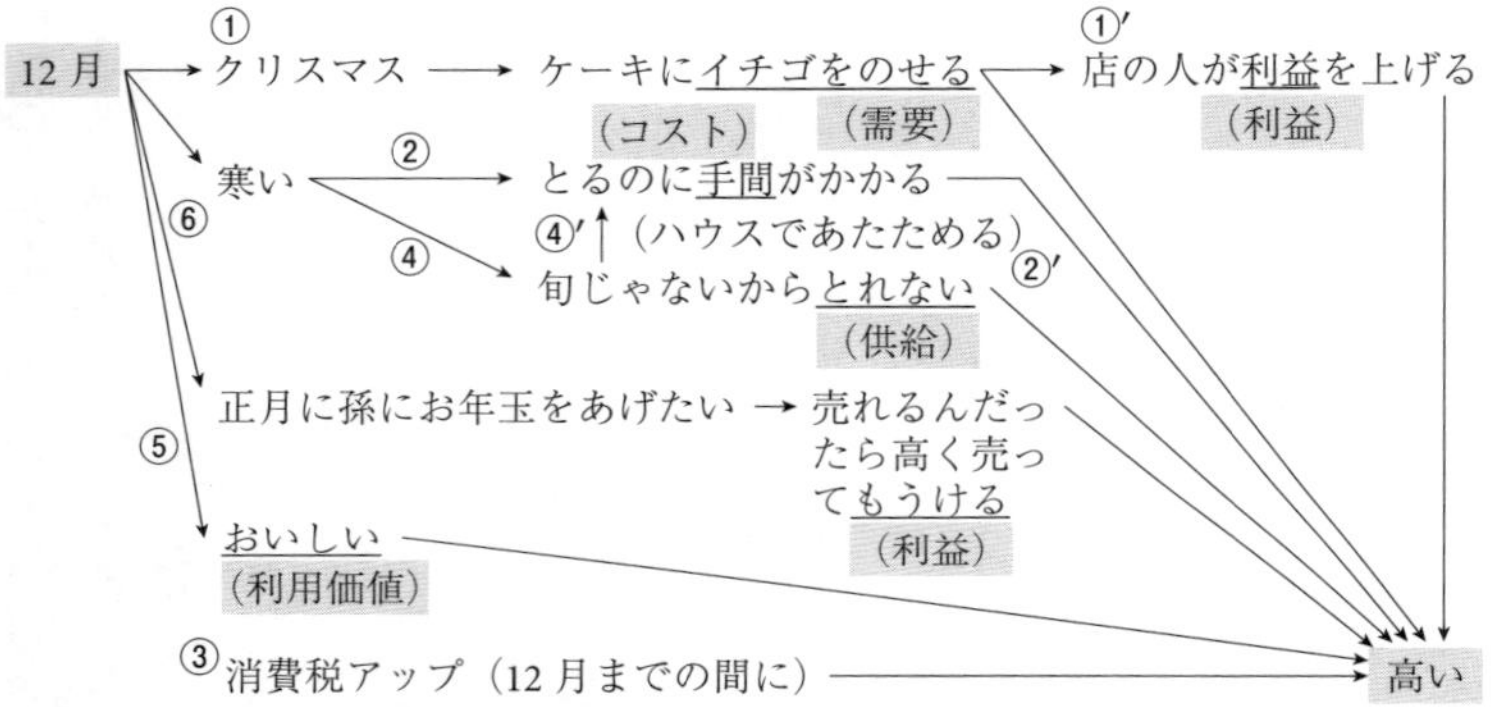

図9-6　社会科に関する協同的探究学習における板書例（中学校3年生の経済学的思考）

して値段が違うのだと思いますか。自分の考えを書きましょう」という問題に個別に取り組み、自身の考えをワークシートに記述した。

次に、協同探究場面では、6人の生徒が自分の考えを全体に対して発表した。図9-6は、それらの生徒の考えを筆者がホワイトボードに記述した内容を再現したものである。筆者は、ホワイトボードの左上に「12月」、右下に「高い」と書き、生徒の発表内容を、その表現を変えずに記述した。また、6人の生徒の発表と関連づけの後に、生徒が発言した言葉をできるだけ生かしながら、筆者が（　）内の経済学的要因を記述した。

1人目の生徒（①）は、「クリスマスでケーキにイチゴをのせるから高い」のように答えたため、「どうしてイチゴをのせると高いのかな」と尋ねたところ、その生徒は「（売れるから）店の人が利益を上げるために高くする」（①′）と説明を加えていた。因果関係を追究する発問（切り返し型の追究型発問）を行うことで、当初は表現されていなかった「利益」にも言及できることがわかる。2人目の生徒（②）は「12月は寒くてイチゴをとるのに手間がかかるから高い」のように答えたため、「どのような手間なのかな」と尋ねたところ、「ハウスであたためたりする」（②）と説明を具体化していた。生徒の言葉（「手間」）を用いてその内容を尋ねることで、より具体的な説明が引き出されることは多い。３人目の生徒（③）は、少し笑みを浮かべながら「12月までに消費税がアップしたから高いのかな」のように答えたため、（1年で消費税が１００％になることは実際上は想定することは難しいと思われるが）、「いまの日本の経済状況だとそのようなこともあるかもしれないね」と話して、その生徒の考えもホワイトボードに記述した。４人目の生徒（④）は「12月は寒くて、イチゴが旬じゃないからとれないから高い」と答えたため、「どうしてイチゴがとれないと高いのかな」と尋ねたところ（追究型発問）、その生徒は「（ハウスであたためたりする）手間がかかる」（④と②の生徒の発言に関連づけながら）説明を加えていた。５人目の生徒（⑤）は、「12月のイチゴの方がおいしいから」のように答えた。「おいしい」という品質への着目は、第６章で見たように小学校低・中学年から多く見られる説明の一つであるが、多様な理由づけを求めていくことで中学校でも思考の多様性が引き出される。味覚は主観によるところも大きいが、実際に需要の大きい12月には、生産過程で見た目のよさや甘さなどを追求した各地のイチゴが店頭に並ぶことも多いため、生徒の説明にも妥当な面があると思われる。そして、６人目の生徒（⑥）は、「12月はお正月が近くて、お正月に孫にお年玉をあげたいから、売れるんだったら高く売ってもうけたいから高くする」のように答えた。生活者としての農家や果物屋の視点に立って、利益に関連づけた説明（「高く売ってもうけたい」）を行うとともに、その利益をどう生かすかにも言及している点が興味深い。授業に参加している生徒たちもその発想に感心している様子がうかがえた。

以上のように、自発的に発言を行った６名を中心とした協同探究であるが、第６章で説明した価格決定に関わる5つの経済学的要因（需要、供給、コスト、利益、利用価値）に関連する多様な内容が生徒たちの行う説明には生徒自身の言葉で表現されていた（図9－6）。また、各発表の間の類似点や共通点についても尋ねたところ、利益に関する内容が共通していることも指摘されていた。

以上のような協同探究過程の後に、各生徒は展開問題に取り組んだ。社会科学的思考の深まりを求めるために、たとえば、対象が小学生であればイチゴ以外の生鮮品や加工品について同種の場面を設定して価格が異なる理由を尋ねることも可能であるが、さらに非定型の問題に自発的に取り組ませるために、中学校3年生に対しては、「イチゴの問題についてみんなで考えたことを生かして考えるには、どのような問題に取り組むとよいと思うか」について展開問題として考えることを求めた。第5章で文章題解決と作問の2つの側面から乗除法の概念的理解の深まりを明らかにしたように、示された状況（イチゴの値段の違い）についての多様な推理をもとに、その推理を生かせる問題をみずから生成することによって、中学生の経済学的な理解を促進できるのではないかと考えた。

展開問題としては、各生徒は、先述のように「どのような問題に取り組むとよいか」を考えてワークシートに記述したが、さらに可能であれば、どのような回答が想定されるかも記述するように求めた。結果として、ほとんどの生徒がイチゴの問題以外の問題を自分で考えて記述していた。表9－1に、先述のような協同探究過程を経験した直後に中学校3年生が作成した問題例を示す。

イチゴのような生鮮食品に限らず、ハサミやリップクリーム、お菓子など身近な商品や（生徒①③④）、自分が関心のある材料（木材）について（生徒②）、先述したような多様な経済学的要因とその関連性についての協同探究を生かして考えることのできる問題を、日常的知識も関連づけながら構成できていること、その思考には日常経験と関連づけられた思考の多様性が見られることがうかがえる。

表 9-1　展開問題に対して中学校 3 年生が作成した問題例①

①「ハサミが A，B の 2 つがあります。A は 200 円，B は 1000 円です。なぜ，B は A より高いでしょう？」

②「木材によって値段が変わるのはなぜか？ 木材の性質によって差が出るのはなぜ？」

③「あるリップクリームはドラックストアだと 500 円。ところだ通販だと 400 円。なぜ？」
・人件費とかかかるから

④「地元で買うおかしと東京の修学旅行で買うおかしは，なぜ東京の方が高いの？」
・原価が同じでも，店側がかける利益が多い
・地元の方に近い工場
・土地柄が「値段よりも質！」（東京），「質よりも値段！」（地元）→需要

（注）③④の生徒は，想定される回答についても自発的に記述していた。

また、想定される回答として、生徒③はコストの要因に、また生徒④は利益、コスト（輸送費）、需要の各要因にも関連させて、自分の言葉で思考を表現させていることがうかがえる。

表９－２は、同種の授業を、同じ学校の別年度の中学校３年生に対して筆者が行ったときの展開問題の記述例である。その年度には、さらに記述内容の背景を尋ねるために数人の生徒に対して、なぜそのような問題を考えたのかについて授業の終了時の交流場面で尋ねた。自分が服を買いに行ったときに価格が変わっていた経験（生徒⑤）、生鮮品のように供給量の変動が想定されない身近な加工品においても価格に差が見られるという経験（生徒⑥）、ニュース等で見聞きした地価が場所によって異なるという経験（生徒⑦）といった、価格差に関わる多様な日常経験と関連づけながら生徒が自分なりの問題を構成している点、さらに供給（生徒⑥）、利用価値、需要（生徒⑦）とも関連づけて回答内容を推理している点に、中学生としての思考の深まりがうかがえる。

表 9-2　展開問題に対して中学校 3 年生が作成した問題例②

⑤「ある半袖の服があって，その服がシーズンを過ぎると安くなるのはどうしてでしょう？」 （服を買いに行ったときに安くなっていたことがあったから）
⑥「旬とか季節によって変わるものではなくて，木や布で作ったもので安くなったり高くなったりするのはどうしてか？」 （どうしてか不思議）（→生産者が減っているからかな？）
⑦「都会の土地代は田舎の土地代よりも高いのはどうしてか？」 （都会は田舎よりも同じ広さでも値段がすごく違いがあるので，それはなぜかなと思った）（→便利だから，みんな住みたくなるからかな？）

（注）（　）内は，各生徒が展開問題の記述を行った後に，授業場面で「なぜそのような問題を考えたのか」を尋ねた際の発話を示す。さらに，⑥⑦の生徒については値段が異なる理由について疑問をもったことを話していたため，その理由について「自分だったらどうしてだと思うか」について尋ねた。その際の生徒の発話もあわせて示す。

4　「わかる」が深まる授業づくり

――「協同的探究学習」の成果と発展

第3節［1］で示したような授業事例や学校での取り組みも含めて，協同的探究学習による継続的な授業の組織は，非定型問題に対する個別探究と協同探究を通じて，子どもの「わかる学力」の向上，すなわち思考プロセスの向上や概念的理解の深まり，非定型問題の解決に対して全般的に効果を有することが示されてきている。たとえば，中学校・高校における各教科の協同的探究学習の授業の構成や，そのプロセス・効果などの詳細については，藤村他[45]，藤村[33]などにも紹介されている。それでは，そのような協同的探究学習による授業を継続的に，また教科を越えて組織することで，一人ひとりの子どもにはどのような変化が見られるのであろうか。また，「わかる学力」と同様に，日本の子どもにとって課題となっている自己肯定感の育成や学習観の変容といった「学びに向かう力・人間性」にも関わる発達課題に対して，どのように寄与しうるのであろうか。協同的探究学習による授業の継続的組織を通じた各児童・生徒の長期的な変容のプロセスについては、第10章第2節でさらに検討を行うことにしよう。

第10章 「わかる」の長期的な深まり

学習と発達の関係を考える

「わかる」ことの深まりに関して、一人ひとりの子どもの探究や他者との協同が果たす役割（第8章）、それらの探究や協同を組み込んだ授業のプロセスの効果（第9章）という観点から見てきた。本章では、「わかる」ことの深まりがどの子どもにも実現されるような長期的なプロセスについて、学習と発達の関わりという観点から検討してみよう。

1 理解が深まるための内的条件

筆者は学部生・大学院生の頃から、おもに小学生の発達や学習に関する心理学的研究を行ってきた。[23]そこでの研究テーマは、比例や内包量（単位あたり量）、乗除法といった数学的概念の理解を中心とした子どもの思考や概念的理解の発達と、働きかけによる思考や概念的理解の変化可能性、[19,25]思考や概念的理解の発達や変化を促進・規定する要因などの解明であった。[21]第8章第1節で紹介した、混みぐあいモデルの操作による濃度概念の理解の促進可能性を検討した研究[25]は、その一つの流れに位置づく研究であるが、そこで子どもの理解を促進する条件や前提状態を探っていくうちに気づいてきたことがある。それは、ある領域（たとえば数学的思考）に限定された短期的な（10〜20分程度の）働きかけは子どもの概念的理解の深まりに一定の有効性をもつが（第8章参照）、それだけでは、なかなか自分の考えが変化しない子どもも存在するということである。この研究は、小学校4年生に対して個別に実施した研究であるが、一連の3つの個別実験研究を通じて明らかになったことは、一人ひとりの子どもの内的な状態によって、外的な働きかけの効果が異なるということである。

具体的な研究にもとづいて説明しよう。この研究への参加者（小学校4年生）は、第8章で紹介した混みぐあいモデルを操作する直前に「関係選択課題」に個別に取り組んだ。この課題では、水とジュースの混合場面を示す絵カードとともに、絵カード（第8章、図8－1参照）に示された状況を示す8種類の文章（大小関係、差の関係、倍数関係、単位あたりの関係をそれぞれ示す文章、正誤各1文ずつ）が示されており、正しいと思う文章に○をいくつでもつけるように求められる。この課題に対して、単位あたりの関係を記述した2つの文章（例：「ゆきお君のジュースには、水1デシリットルあたりにオレンジカルピス（濃縮ジュース）が4カップ入っています」）の正誤を正しく判断できた場合（正しい文章のみに○をつけた場合）に、「単位あたりに関する表象を有している（単位あたり表象既形成）」とし、そうでなかった場合（多くは、正誤いずれの文章にも○をつけない場合）に「単位あたりに関する表象を有していない（単位あたり表象未形成）」と分類した。つまり、「水1デシリットルあたりに」という言語的な手がかりが示されても、絵カードに示された水と濃縮ジュースの量に関する情報をもとに正しい文章を選べない場合、その情報を関連づけて単位あたりの関係として表象するにはまだ至っていない思考の内的状態（枠組み）であると考えて、「単位あたりに関する内的表象が未形成である」と分類した。

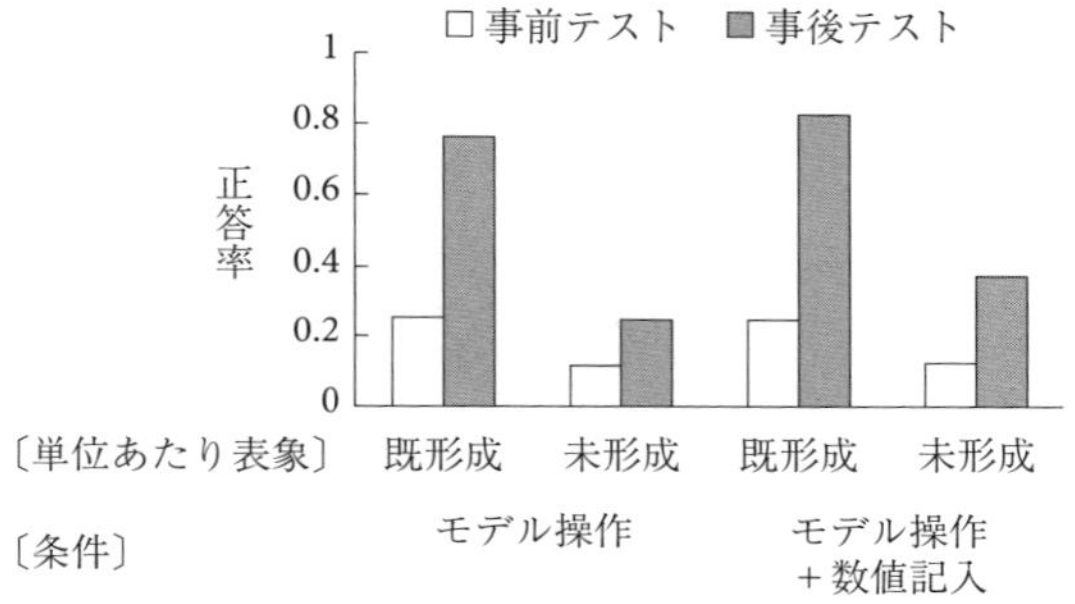

- 単位あたりの表象を形成している場合にモデル操作がとくに有効であった。
- 一方で，単位あたりの表象が未形成の場合には，さらに数値記入により表象形成を促しても，単位あたり方略への方略変化に十分には結びつかなかった。
→領域を超えた中長期的支援の必要性

図 10-1　混みぐあいモデルの有効性とそれを可能にする内的条件

単位あたりに関する内的な表象が形成されているかどうかで混みぐあいモデルの操作やそれにもとづく推理が濃度の概念的理解の深まりに及ぼす効果に違いが見られたのであろうか。図10－1に見られるように、単位あたりに関する表象をすでに有する（文章を手がかりに単位あたりに関する関係を適切に判断できる）子どもは、4年生の半数程度存在し、彼らは混みぐあいモデルの操作を通じて濃度概念の理解を一貫して向上させていた。一方で、単位あたり表象を未形成の（文章を手がかりに単位あたりに関する関係を適切に判断するには至らない）子ども（4年生の残りの半数程度）は、混みぐあいモデルの操作を行ったとしても理解の促進の程度は小さく、混みぐあいモデルの操作に加えて単位あたりの数値を記入させるという、より直接的な働きかけを行った場合でも理解の促進の程度は、単位あたり表象を有する子どもに比べて小さかった。

「水1デシリットルあたりに含まれている濃縮

ジュース（オレンジカルピス）のカップの数は？」と直接問うことで単位あたり関係に着目させようとしても全体に含まれているオレンジジュースのカップの数を答えようとする子どもの場合、モデル上で混みぐあいという単位あたり関係で濃度を捉えさせようとしても、その働きかけを利用できる（あるいは利用しようとする）内的な枠組みが十分に形成されていなかった可能性がある。一方で、小学校5年生を対象に、類似の混みぐあいモデルにもとづいた推理と操作を求めた別の研究では、単位あたり表象を有する児童の割合が高く、また4年生よりも高い割合で、濃度の理解を一貫して向上させる児童が見られている。[24]

これらの研究から推測されることとは、領域固有の短期的な働きかけ（教授・学習過程）が有効性をもつのは、その働きかけを利用できる内的な枠組みの形成という発達過程が自発的に生起している場合であるということである。第8章第1節［3］でも触れたが、子どもの思考に個人内の多様性（within-child variability）が見られることがその後の学習を予測することがさまざまな研究から示されている。[99] それは、第8章で説明したような課題間での多様性、すなわち個人が問題によって方略や説明を変化させること（多様な方略や説明の適応的選択）だけでなく、同一課題内の多様性（variability in a single trial）も含んでいる。たとえば、数の保存に関する一つの問題を解決する過程で複数の方略を用いたり、[96] 等式の理解を測る一つの問題において子どもの発話とジェスチャーが異なる方略を示していたりする場合は、[47] そうでない場合（単一の方略を利用する場合）に比べて、その後の概念的理解の深まりや、より洗練された方略への変化などの向上が示されている。本節で紹介した研究も、[25] 一つの問題場面において、単位あたりを含む多様な数量関係の表象が可能な子どもが、混みぐあいモデルを用いた探究を通じて、精緻な単位あたり方略をより広く用いるようになるという結果を示しており、これらの研究と同様の知見を示すものと位置づけられている。[99] それでは、その後の変化を導くような個人内の思考の多様性はどのようにして生起するのであろうか。そのような内的な枠組みの形成、あるいは内的な自己運動の生起が何によってもたらされるかについて明らかにすることは、特定の領域内の短期的な介入研究（特定の働きかけによって何らかの心理的変化を生起させることを目的とする研究）に依拠するだけでは難しいように思われる。そこで、複数の領域や側面における個人内の変化を長期的に検討した縦断研究の結果もあわせて見てみることにしよう。

2　長期縦断研究から見えてくるもの

子どもの概念的理解や学習観の縦断的変化（同一児童の時間に伴う変化）を検討した研究では、探究や協同を重視した学習（協同的探究学習：第9章参照）を経験することを通じて、長期的に見ると概念的理解や学習観、自己肯定感などが個人内で漸進的に発達することが示されている。[28,29,31] 具体的な研究で見てみよう。

【1】小学校の協同的探究学習を通じた概念的理解と学習観の長期的変容プロセス

協同的探究学習の理念にもとづく算数や数学の授業では、導入問題や展開問題に個別に取り組む際に、「計画」や「方針」を自分の言葉で書くことを重視している（学校や教師によって「プラン」や「作戦」といった名称が使われることもある）。これは、式や答えが書けなくても自分なりに思考のプロセスや方向性を書いてみたり、式や答えを書いた後にどのような方針で考えたか、その解法にどのような

		割合の利用　2月			
		1. 意味	2. 手続	なし	計
小数の乗法 10月	1. 意味に着目	11	0	1	12
	2. 手続きのみ	7	4	2	13
	3. 計画なし	2	1	3	6
	計	20	5	6	31

図 10-2　半年間の「協同的探究学習」を通じた「計画」の記述の変容

（注）　意味に着目した計画が増加（McNemar の検定，$p < .05$）。

意味があるのかを意識化したりすることで、多様な知識の関連づけによる概念的理解の深化（「わかる学力」の向上）を促すことを目的としている。一方で、「計画」などを記述することはメタ認知の一部である「プランニング」のプロセスに対応しており、その記述内容から、どのような学習観を有しているかを判断することもできる。たとえば、「筆算で解く」「計算をする」といった手続き中心の記述は手続き重視の「暗記・再生」型学習観の強さを示すのに対して、「16ｍでいくらになるかを考えてみる」「（自分なりに）図をかいてみる」といった意味づけが付与された記述は概念的理解重視の「理解・思考」型学習観の強さを示すと考えられる。

小学校5年生に対して、継続的に協同的探究学習による算数授業を実施した研究を見てみよう。図10-2に見られるように、学年中間時（10月）の単元で「理解・思考」型学習観に対応する、意味に着目した記述を行っていた児童は31名中12名（クラスの39％）にすぎなかったが、学年終了時に近い単元（翌年2月）では31名中20名（クラスの65％）に増加しており、「暗記・再生」型学習観に対応する手続きのみの記述や、計画に関する記述なしの状態から、「理解・思考」型学習観に対応する意味にもとづく記述への変化が有意であった。この学年では、学年開始時に、クラス内のほとんどの児童が算数の問題に対して「式と答え」のみを書く「暗記・再生」型学習観を示していたため、9月までの期間は、「計画」を書くとはどういうことか、どのような内容を計画として書くかということを教師が各単元において例示しながら指導したが、児童が計画欄を自発的に設けて記述を行うまでに約半年間の期間を要していた。その結果、10月の時点では、問題に対する自発的な記述として12名の児童が意味に着目した計画の記述を行い、そのうち(a)11名（全体の35%）はそのような記述を2月の時点でも維持していた（図10－2の濃い網掛けで文字が白抜きの部分）。さらに、10月の時点で「暗記・再生」型学習観を反映した記述（手続き中心、または計画の記述なし）であった児童のうち(b)9名（全体の29%）は、約半年の「協同的探究学習」の授業を通じて、2月の時点では「理解・思考」型学習観を反映した記述（意味に着目した計画の記述）に変化した（図10－2の中くらいの濃さの網掛け部分）。一方で、残りの(c)10名（全体の32%）は、約半年の「協同的探究学習」の授業を経験しても、「暗記・再生」型学習観を反映した記述にとどまっていた（図10－2の薄い網掛け部分）。半年間の変化として大きく分けると以上(a)(b)(c)の3つのタイプが見られたことからも、学習観の変容は漸進的であること、それでも「協同的探究学習」による授業を継続的に経験することにより、「理解・思考」型学習観への変容が長期的に促されることがうかがえる。

一人ひとりの児童には、ワークシートの記述に具体的にどのような変化が生じたのであろうか。先述の(b)タイプに分類される一人の児童のワークシートへの記述の変容を示したのが、図10－3である。10月時点の単元である「小数の乗法」では、「1m80円のリボンをかいます。2・3mかうといくらになるでしょう」という問題に対して、意味にもとづく解法の構成が求められているにもかかわらず、この児童は、学校では未習の「筆算」による計画を記述し、実際にその方法で答えを算出して

10月　小数の乗法 ――――→ 2月　割合の利用

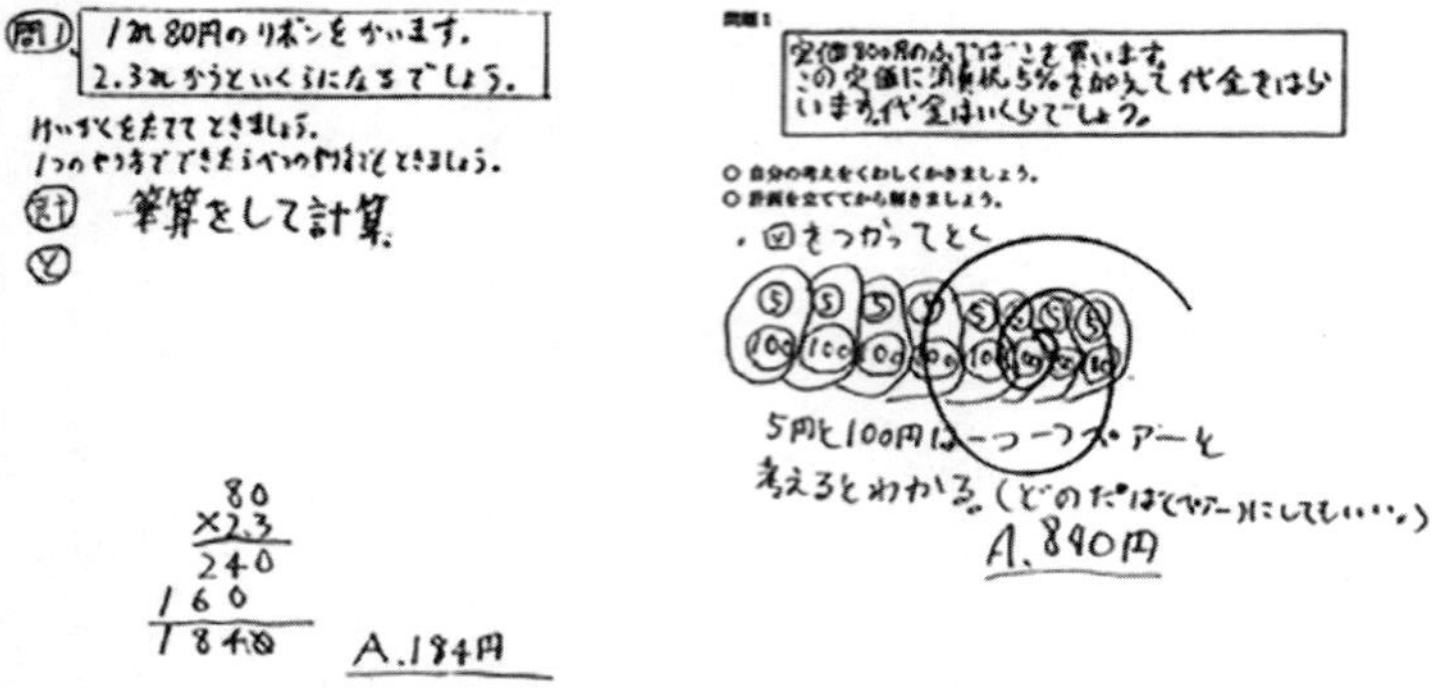

図 10-3　ワークシートの「計画」などの記述に見られる同一児童の変容

いた。一方で、約半年後の2月には、「割合の利用」の単元で、消費税を加えた筆箱の代金を求める問題「定価８００円のふでばこを買います。この定価に消費税５％（当時の消費税は５％であった）を加えて代金をはらいます。代金はいくらでしょう」に対して、「図をつかってとく」という意味に着目した計画を記述し、実際に１００円ごとに５円（当時の消費税は５％）を対応させるという自分なりの図式を用いて問題を解決し、さらに「５円と１００円は一つ一つペアーと考えるとわかる」という自分の解法の意図や特徴を記述し、「どのたば（ペアー）にしてもいい」という記述で、「（消費税の）割合は全体量によらず一定である」という本質についても自分の説明で記述できていた。２つの単元の内容は異なるが、いずれの単元においても「計算の仕方」ではなく、日常的事象に関する具体的な問題解決が求められているという共通点があることを考慮すると、この児童を含む先述の(b)タイプの児童が、数学的概念に関する概念的理解を深める（「わかる学力」を向上させる）と同時に、「暗記・再生」型学習観から「理解・思考」型学習観へと学習観を大きく変容

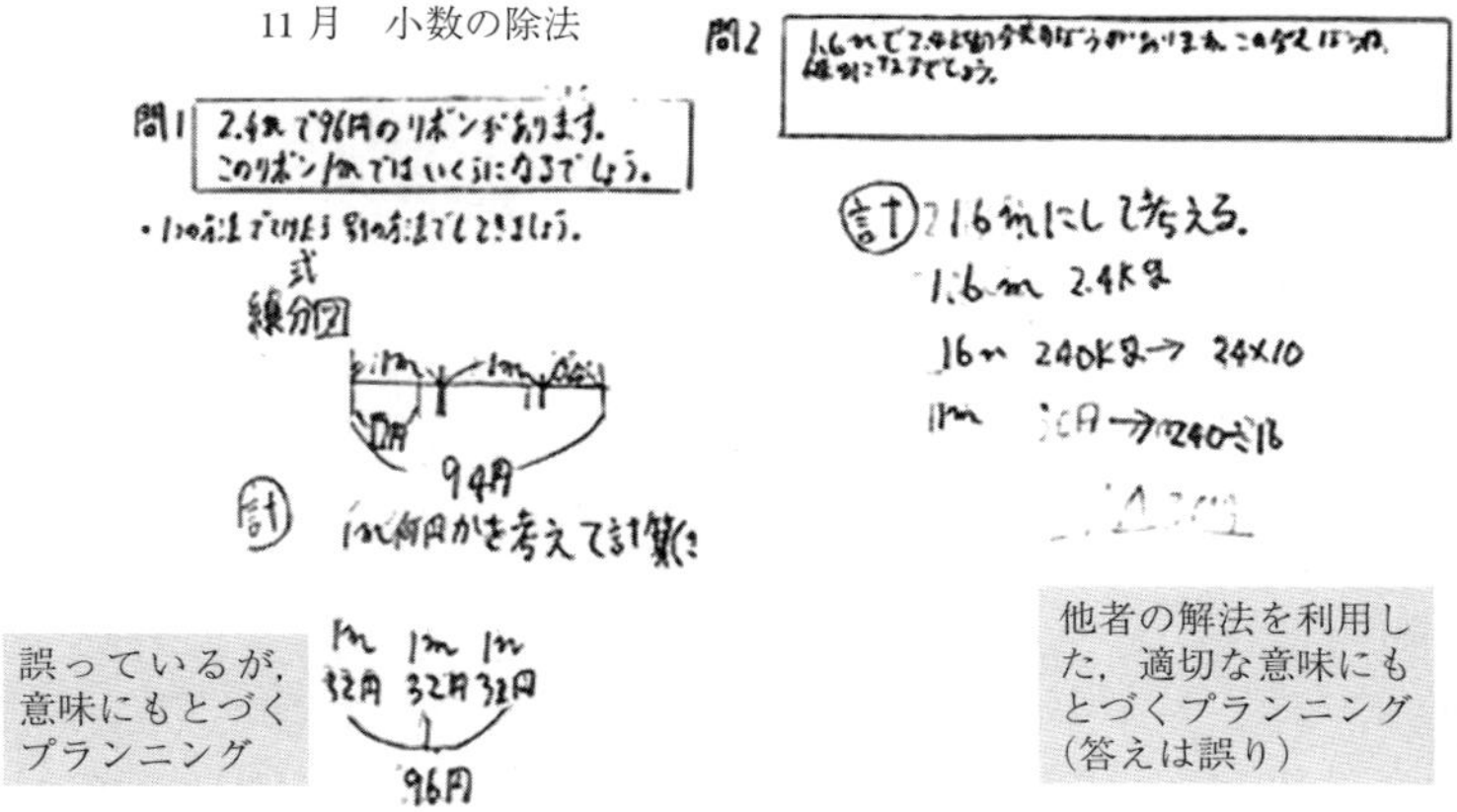

図 10-4　ワークシートの「計画」の記述に見られる同一児童の変化の契機

させていることが子どもの記述内容やその表現形式からうかがえる。

さらに、(b)タイプの児童が、どの時点で自身の学習観を変容させていたのかについての分析も行った。図10－4は、図10－3で示したのと同じ児童の11月時点のワークシートである。小数の除法の単元の導入時の授業において、「協同的探究学習」の導入問題において、この児童は、「2・4mで96円のリボンがあります。このリボン1mではいくらになるでしょう」という導入問題（問1）に対して、「1m何円か考えて計算」という、意味にもとづく計画の記述をはじめて試み始めていた。この問題の場合、小数（2・4m）のときの代金から整数（1m）のときの代金を考えるには、いったん、わり算をして0・1mや0・2mの代金を求めるか、かけ算をして12mや24mの代金を求める必要があるため、この計画の記述だけでは不十分ではあるが、「○m何円か考えて計算」と単位あたりに関する記述を始めたり、線分図で1mずつに分割して考えようとしたりするところに、思考の高まりに向けての萌芽が見られる。そして同一時間内にクラスで多様な解法を検討し、関連づけるという「協同探究」を経験した後の展開問題（問２）では、「１・６ｍで２・４kgの鉄のぼうがあります。この鉄のぼう１ｍは何kgになるでしょう」という問題に対して、協同探究場面で他の児童が示した「計画」を参考にしながら、途中の計算プロセスには誤りも見られるものの、「16ｍにして考える」という意味にもとづく適切な計画を自分自身で記述できるようになった。他者（クラスの友達）とともに多様な考えを検討することが、概念的理解の深まりとともに「理解・思考」型学習観への変容にもつながることがうかがえる。なお、(b)タイプの児童について、学習観の変化の時点がどこであったかの分析を途中の期間のワークシートの記述内容の分析によって行ったが、変化の時点は児童によって多様であった。子ども自身の既有の知識や学習観との関わりで、協同的探究学習の継続的な経験がいずれかの時点で子どもの変容に結びつくことがうかがえる。

以上に見てきたような研究の結果から考えると、いずれかの領域で何らかの知識の関連づけを自発的に行うことが、長期的には内的な枠組みを形成すること（単元や領域を越えた概念的理解の深まり）につながり、またそうした自分なりに行った知識の関連づけ（発達主体の自己運動）が、教師や仲間といった他者によって認められることが、他者の示す情報も自分の思考プロセスの構成に積極的に利用し、それを他者に対して表現しようとする「理解・思考」型学習観の形成や、他者に認められることで自分自身の存在を肯定的に価値づけ、自信をもって考えを構成し表現しようとする「自己肯定感」の育成にも寄与する可能性が推察される。

以上の研究では、小学校高学年における継続的な「協同的探究学習」が、「理解・思考」型学習観の形成を促すことを見てきたが、本来、小学校低学年から中学年にかけての児童は、自分で知識を結びつけて考えようとする「理解・思考」型学習観への志向性をもっていると考えられる。たとえば、第5章、第6章の個別インタビュー研究で見たように、小学校3、4年生の児童は具体的な買い物場面や販売場面を想定して、消費者や供給者の視点に立って多様な知識を関連づけて「自分なりのストーリーで」考えることができる。小学校5、6年生になると因果関係や判断の根拠についての思考がより多様な要因が組み合わされた精緻なものへと発達するという全般的な傾向が見られるが、一方で、その説明の仕方が短い単語（キーワード）を組み合わせた抽象的な表現が中心になることで中学年に見られた具体性がかえって失われたり、多様な考え方が可能な非定型の問題に対して（本来、想定する必要のない）「唯一の正解」を意識することで自分なりの思考を抑制したりすることも見られるようになる。

そのような小学校高学年以降に一般に見られがちな「学びの手続き化」や「暗記・再生」志向を抑制し、子ども自身による豊かな思考や深い理解を促すには、すなわち一人ひとりの子どもの「わかる学力」を高めるには、小学校低学年・中学年において協同的探究学習のような、子ども自身の多様な思考が活性化され関連づけられる学習を組織することで、低学年・中学年児童の日常的事象に結びつけられた具体的な思考がそれぞれに価値づけられることが重要であろう。そのような学習が小学校低学年から高学年にかけて継続的に組織されることで、児童の「理解・思考」型学習観についても、低下することなく、持続的に向上することが期待される。

[2] 中学校・高校の協同的探究学習を通じた学習観の形成と自己肯定感の高まり

仲間や教師によって認められることを通じて、長期的に「理解・思考」型学習観が形成され、自己

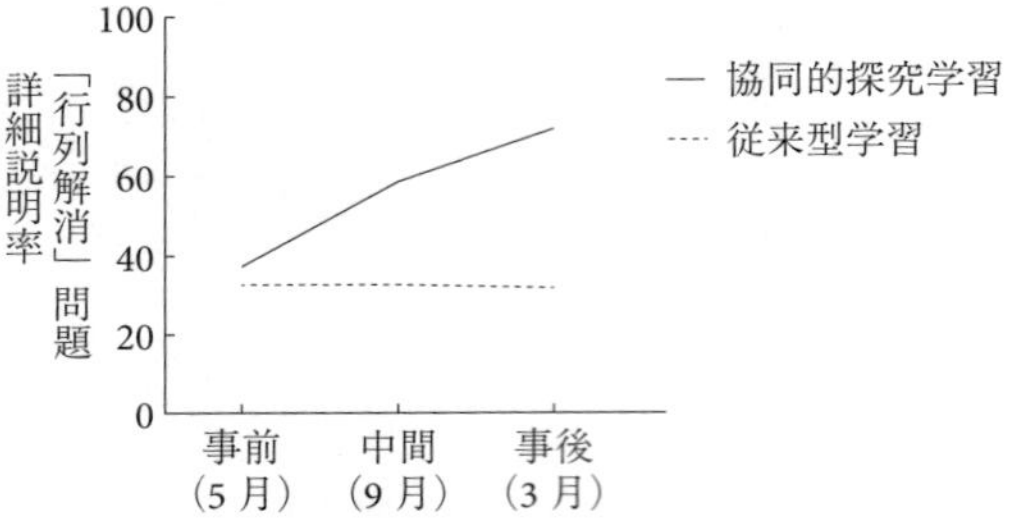

● 詳細説明(式に 2 文以上を付加)の比率に関して,
中間(9 月),事後(3 月)で学習方法による差が統計的に有意(直接確率計算法:$p < .05$)
→協同的探究学習では,記述表現(思考プロセスの説明)が,比較的早期に向上。
数学的思考の深まりを測る「行列解消」問題の内容と記述例については,藤村(2012[33])を参照。

図 10-5　非定型記述型問題(「行列解消」問題)に対する思考表現の長期的変化

肯定感が高まってくることについて、中学生や高校生に対する協同的探究学習の実践研究から見てみよう。

中学校での協同的探究学習を継続的に実施した研究では、一人ひとりの生徒の概念的理解が長期的に深化するのと並行して、思考プロセス・意味理解・他者との協調を重視する「理解・思考」型学習観も形成されることが示されている[33]。

中学校3年生を対象に、協同的探究学習の理念を生かした数学科の授業を年間を通じて実施した研究では、非定型の記述型問題に対して、概念的理解の水準(概念的理解の深まりを問う記述型問題の正答率)が学年開始時から終了時にかけて有意に向上すると同時に、自分の思考を詳細に(自分なりの言葉や図式を用いて)表現する生徒の割合が年間を通じて有意に増加すること、その効果は、協同的探究学習による授業の開始後数カ月後から顕著に表れることが示されている[29](図10－5)。

また、このことと関連して、「理解・思考」型学習観が長期的に変容することが質問紙調査を用いた研究からも示されている。具体的な項目としては、従来型

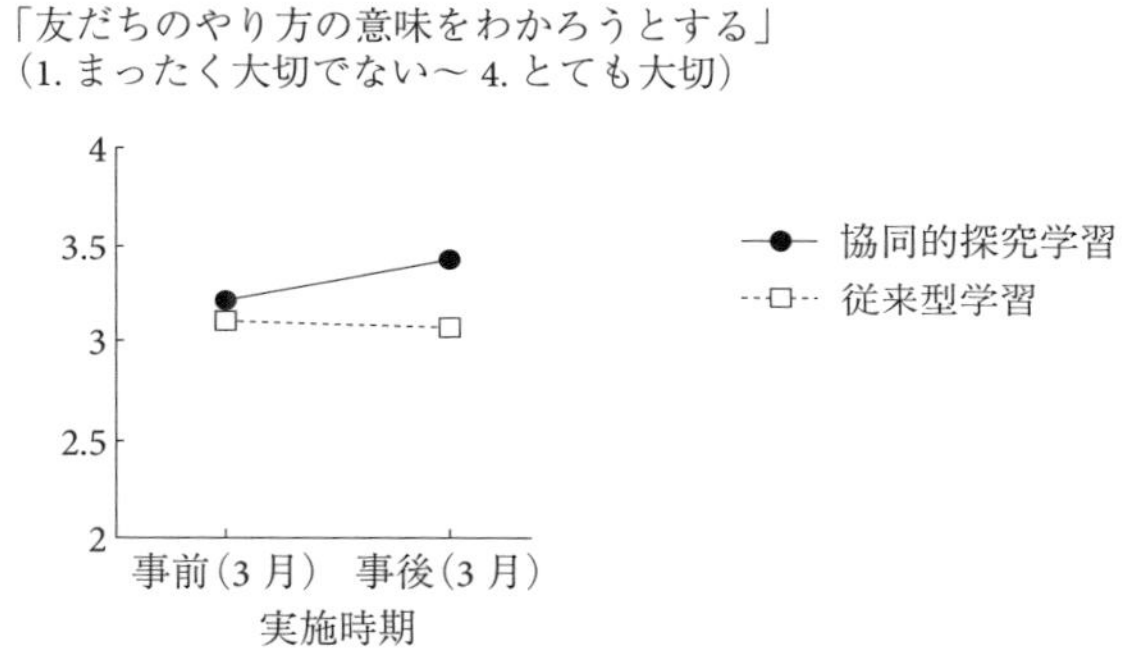

● 協同的探究学習では，他者との相互作用や意味理解を重視するようになった（「理解・思考」型学習観への変容）

図 10-6　協同的探究学習を通じた学習観の変容（他者との相互作用の重視）

の学習に比べて、学習において「友だちのやり方の意味をわかろうとする」ことを重要であると判断する生徒の割合が、1年間の協同的探究学習を経験することを通じて有意に増加することが示されている（図10－6）。このことは、継続的な協同的探究学習を経験することを通じて、他者と関わること、他者の考えを聞いて理解を深めることを重視する姿勢が高まることを示している。

先述の中学校（中高一貫校）では、その後、数学科以外の各教科においても協同的探究学習の授業が継続的に実施されるようになった。それらの取り組みは、生徒の自己肯定感の育成にもつながっている。一般的には、中学校から高校にかけて学習内容が難しくなり、また大学等の受験も近づくにもかかわらず、学校生活において「みんなで一緒に何かをするのは楽しい」と肯定的に回答する生徒は、同校の中学校1年生から高校2年生までの各学年で9割以上を維持している（図10－7）。さらに継続的な調査では、図10－6の高校2年生において、1年後の調査（高校3年生後期におけ

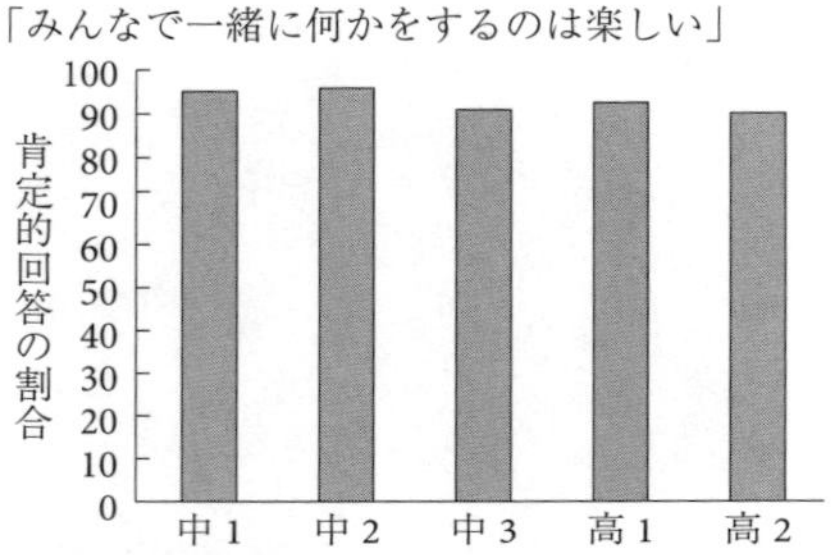

図 10-7　継続的な協同的探究学習の効果 —— 他者との協調的な関わりへの肯定的感情

る調査）で肯定的な回答の割合が、さらに2～3％増加することも示されている。以上のことは、協同的探究学習を中心とした学習に取り組むことにより、「みんなで一緒に何かをする」ことに意義を見出し、「みんな」とともにすごせる学校やクラスに自分の居場所を見出していることを表していると考えられる。このことは、「他者に認められることを通じて自分自身を肯定的に受容する」という「自己肯定感」や協調的な他者意識、そしてウェルビーイング（幸福度）の向上につながるような他者との関わりに対する肯定的感情（楽しさ）が協同的探究学習を中心とした取り組みによって高められ、維持されることを示唆していると考えられる。

【3】自治体単位の協同的探究学習を通じた自己効力感や自己肯定感の高まり

協同的探究学習を通じて、他者との関わりに意義を見出し、自己をそこに位置づけるようになることは、自治体単位の取り組みの成果としても見られてきている。

協同的探究学習を生かした授業に取り組む自治体では、①重点的に取り組む研究推進校などを中心に「わかる学力」（思考プロセスの表現や深い概念的理解）を中心とした学力が年間を通じて向上すること、②「わかる学力」を中心に「学力の底上げ」がなされて、自治体内の学校差が縮小すること、③協同や探究に対する自己効力感や自己肯定感が高まることなどの成果が全般的に得られてきている。

先述のうちの③について、具体的に見てみよう。全国学力・学習状況調査では児童・生徒の意識を問う質問紙調査も実施されている。小学校6年生を対象に「400字詰め原稿用紙2～3枚の感想文や説明文を書くことは難しいと思いますか」と尋ねた項目では、「そう思う」「どちらかといえばそう思う」と答えた児童の割合はある年度において全国平均が60％程度であったのに対して、協同的探究学習を生かした授業づくりに取り組む、ある自治体では自治体内の公立小学校全校の平均で、その割合が全国平均を5％以上、下まわっていた。また、小学校6年生を対象に「自分には、よいところがあると思いますか」と尋ねた項目では、「ある」「どちらかといえば、ある」と答えた児童の割合は全国平均が80％程度（2022～2024年度）であったのに対して、協同的探究学習を生かした授業づくりに全市的に取り組む別の自治体（第9章でも紹介した兵庫県加古川市）では自治体内の公立小学校全校の平均で、その割合が全国平均を毎年度、数％以上、上まわっており、中学校3年生に対する調査においても同様の傾向が見られた。同じ自治体（兵庫県加古川市）において「先生はあなたのよいところを認めてくれますか」と尋ねる項目に対して肯定的に回答する児童・生徒の割合が2022～2024年度の各年度において、数％以上、全国平均（87～90％）を上まわっていたこととあわせて考えると、協同的探究学習を生かした授業づくりに長期的に取り組むことにより、自分の考えや思いを一定の分量の文章に表現することができるという、「わかる学力」に関する自己効力感（自分の能力に対する肯定的意識）や、自分の長所の存在を認めるという意味での自己肯定感（他者に認められることから自己を受容する感覚）も自治体の単位で高まることを示唆していると考えられる。

以上のことは、自分の考えや思いを説明することに対する肯定的意識や、自分自身に対する肯定的感情がクラスの仲間とともに非定型問題に対する多様な考えを対等に認め合う「協同的探究学習」による授業を中心とした取り組みを通じて全般的に高められる可能性があることを示唆していると考えられる。

3　学習と発達の相互関係――学校教育が果たす2つの役割

第1節で述べてきたような、領域固有の短期的な働きかけに伴う急速な変化（学習）と、第2節で述べてきたような、そうした学習を可能にする前提としての領域一般的・自生的で緩やかな長期的変化（発達）という枠組みで、学習と発達の相互関係を示したのが、図10－8である。

まず、子どもの変化という側面から見ると、教授・学習場面における短期的な働きかけが、概念的理解の深まりなど、子どもの認知的変化を短期的に実現するのは、発達主体としての子どもの自己運動（内的条件としての多様な知識の自発的な関連づけや、知識を関連づけて既有の知識構造を主体的に再構造化しようとする志向性など。図10－8では、右上方向に緩やかに上昇する矢印で示される）が一定の水準（図10－8の水平方向の点線）に達している場合であると考えられる。そのような水準に達する以前の場合には急速な認知的変化（図10－8の右上方向に急速に上昇する矢印）が生起することは少ない一方、その水準以上に達することで、発達主体としての子どもは、教授・学習場面（授業）における短期的な働きかけを通じて自発的に多様な知識を関連づけ、知識構造を主体的に再構造化する（概念的理解を深める）と想定される。以上のモデル化は、「外的原因は内的条件を介して作用する」という、能力の発

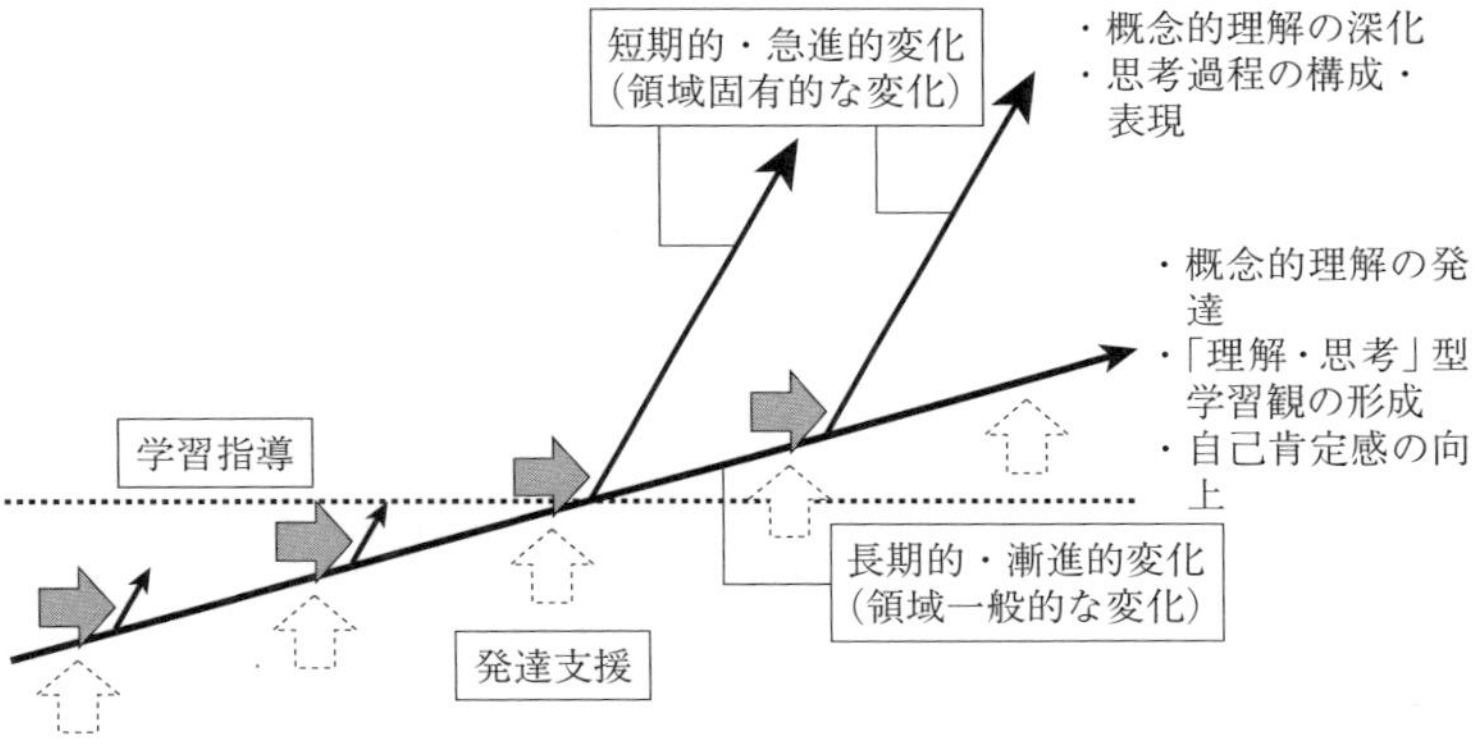

図 10-8　子どもに見られる 2 種類の変化と学習指導・発達支援の関係（仮説的モデル）

達に関して旧ソ連の心理学者ルビンシュテインが提案した基本的図式[86]にも考え方として関連すると考えられる。

次に学校教育の果たす役割について考えてみよう。教科や単元における短期的な「学習指導」は、領域内の相対的に急速な変化を促す働きかけとして位置づけられると考えられる（図10－8の右向きの太い矢印）。とくに探究と協同を重視した学習（協同的探究学習）は、子どもの多様な既有知識を活性化し関連づけることで、一人ひとりの「わかる学力」を高めることを重視している点で、各教科・単元内における学習指導としての意味を有していると考えられる。一方で、先述した発達主体の自己運動、内的条件の生起は、主体が発達する環境や、その環境における他者との関係によっても長期的に幅広く支えられるものでもある。その点では、学校教育は、主体の発達という領域一般的・自生的で緩やかな変化を支える「発達支援」という役割も果たしうると考えられる（図10－8の上向きの太い矢印）。先述の探究と協同を重視した学習（協同的探究学習）は、「理解・思考」型学習観の形成や自己肯定感の育成、他者理解の深まりなどに寄与するという点では、「学習指導」としての役割に加えて長期的な発達支援として、領域を越えた緩やかな変化を促す役割も果たすと考えられる。

上述の2種類の変化の関係性や、それに果たす学校教育の役割については、縦断的研究などを通じて、今後、さらに詳細に検討していくことが課題であろう。

終章　「わかる」に着目する教育的意義
教育の質の向上と平等性の実現に向けて

1　本書で考えてきたこと

本書では、「わかる」とはどういうことかについて、発達心理学、教育心理学の視点から考えてきた。そこで明らかになってきたのは、①「わかる」は「できる」とは異なる心の側面であること（第2章）、②「わかる」が深まるプロセスでは、自分のもっている知識や考えを生かしながら、そこに新たな知識や考えがつながって物事を捉える枠組みが豊かになったり、新たな物の見方ができるようになったりすること（第3章）、③直接関係する内容を学校の各教科の授業で学習する前から、子どもは日常経験などを通じて「わかる」の世界を発達させてきていること（第4章〜第7章）、④多様な考えが可能な問題（非定型問題）に対して、子どもは自分から多様な知識を関連づけて、また他者と協同し、他者の考えも生かしながら、自分なりに「わかる」を探究し、深めていくこと（第8章）、⑤そのような探究や協同のプロセスを重視した各教科の授業が、一人ひとりの「わかる」の深まりに有効であること（第9章）である。さらに、⑥「わかる」を一人ひとりが深めていくには、授業を通じた学習指導の側面（⑤）だけでなく、幅広く発達を支援していく側面（③④）においても働きかけていくことも重要であり、両側面に働きかける協同的探究学習のような学習を通じて「理解・思考」重視型学習観の形成、自己肯定感や自己効力感の向上、ウェルビーイングの向上にもつながる協調的な他者意識の形成など、メタ認知や社会性、人間関係などに関わる発達も促されること（第10章）も明らかにしてきた。

2　教育の質の向上と平等性を同時に実現していくには

第10章で述べた、学習と発達の両者に働きかける教育（先述の⑥）とはどのようなものか、またどのような力を高めるべきかを考えたときに、第1章で述べたような国際的課題である「教育の質の向上と平等性の同時実現」に対する一つの解決の方向性が見えてくる。

先述の課題に対する国際的な処方箋の一つが、「できる学力」の個人差に対応することである。たとえば、高福祉国家であるフィンランドでは、少人数学級、特別支援教諭や補習対応教師の配置など、個々の児童・生徒に応じた教育に力を入れることで、「学力の底上げ」を図り、一定の成果を挙げてきた。一方で、最近は、自己効力感が低いという日本と共通の課題や、欠席児童数の多さといった問題が、とくに中等教育段階を中心に顕著になってきている。フィンランドは、２０００年から開始されたＰＩＳＡにおいて高い成績を示すことで知られてきたが、２００９年以降は、ヨーロッパ諸国の中では上位に位置し、読解力については相対的に高い水準を維持しているものの、数学的リテラシーや科学的リテラシーに関する順位・得点は低下してきている。[62] また、北欧諸国の一つであるスウェーデンは、それ以上の教育費の支出増加を避けるために自由競争を導入し、学校選択制を導入したことなどから、学校差が拡大し、PISAの成績が2012年にかけて急落するという結果を招き、教育政策の転換を図っている。そうしたフィンランドなど北欧諸国のPISAの成績の低下には、PISA自体の出題内容の変化（第2章参照）、PISAに参加するアジア諸国・地域の参加の増加といったことの影響も考えられ、慎重に検討することが求められるが、北欧諸国が教育の質の向上と平等性の追求に必ずしも成功しているわけではなく、それぞれの国で課題を抱えているといえるだろう。

教育の質の向上と平等性の同時実現という課題に対する、もう一つの解決法と考えられるのが、「わかる学力」の多様性（幅の広がり）に着目することである。一人ひとりの多様性への着目や多様性を尊重する社会の実現という観点から、フィンランドの教育について見てみよう。

3　フィンランドの教育から学べること――自己信頼感や協調性を高める教育

前節で述べたように、数学や科学に関するリテラシーに関しては、フィンランドの全般的な得点や順位は低下傾向にあるが、幅広く調査指標を検討したり、調査問題の小問別の分析（第2章参照）を行ったりすると、平均得点や順位からは見えてこない、日本やアジアの国々とは異なるフィンランドの特徴も見えてくる。

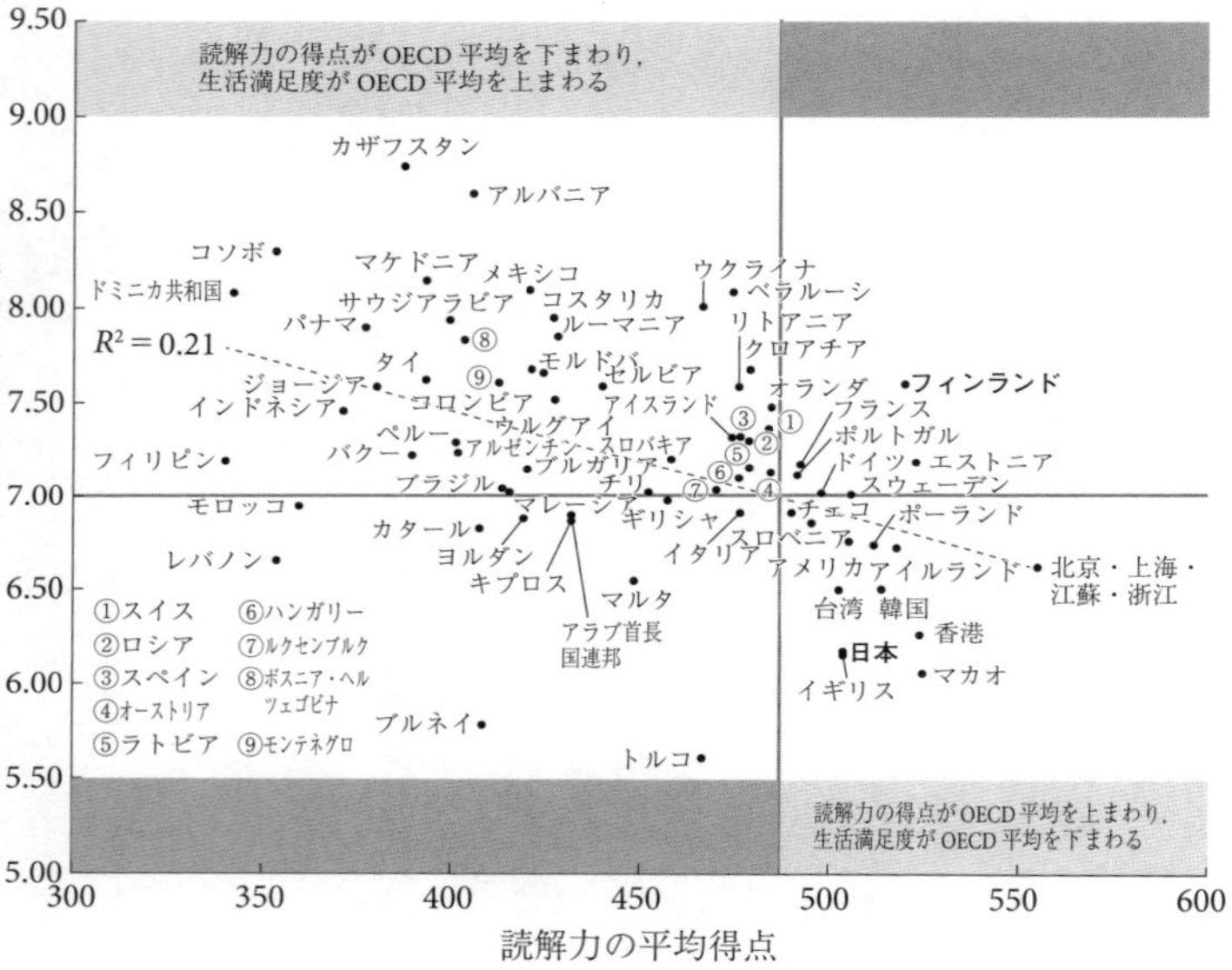

図終 -1　各国の読解力と生活満足度（PISA 2018 年調査）の関係

（出典）　国立教育政策研究所（2019a）[62]。

【1】 生活満足度と読解力の高さ

その一つの特徴が、生徒の生活満足度の高さである。PISAなど最近の国際比較調査では、学力やリテラシーに加えて、生活満足度や主観的幸福感など、ウェルビーイング（幸福度）に関わる情意的側面の評価も行われるようになってきている。図終－1にPISA2018年調査における読解力と生活満足度の関係に関する各国の分布を示す[62]。

図終－1には、読解力は低いが生活満足度が高い中南米等の国々と、反対に読解力は高いが生活満足度の低い日本を含む東アジアの国々といった全般的傾向が見られるが、フィンランドは読解力、生活満足度ともに高いという他国と異なる特徴を示しており、フィンランド教育省などもその成果を強調している（フィンランド教育省ウェブサイト[b]）。

読解力と生活満足度の高さが同時に実現されてきている背景については、今後、詳細に検討する必要があると考えられるが、ＰＩＳＡ２０１８年質問紙調査の結果（肯定的に答えた高校1年生の割合）を分析すると、フィンランドは日本と比べて、「困難に直面したときに、たいてい解決策を見つけられるか」という質問に対して肯定的に答える生徒の割合が高く（フィンランド84％、日本59％、ＯＥＣＤ平均84％）、一方で、「失敗しそうな時、他の人が自分のことをどう思うかが気になるか」という質問に対して肯定的に答える生徒の割合が低い（フィンランド50％、日本77％、ＯＥＣＤ平均56％）。また、「学級では互いに協力するか」という質問に対して、フィンランドは日本に比べて肯定的に答える生徒の割合が高い（フィンランド70％、日本64％、ＯＥＣＤ平均62％）。以上のことを総合して考えると、フィンランドの生徒は日本の生徒と比べて自己への信頼感が高く、その背景として友人などの他者との間で友好的・協調的な人間関係を形成していることが推測される（先述のＰＩＳＡ２０１８年質問紙調査については、ＯＥＣＤウェブサイト[m][n]を参照）。

以上より、一つの可能性ではあるが、学校における友好的・協調的な関係などの要因が、周りの環境との関わりでの自己に対する信頼感や肯定感を高め、ウェルビーイングの指標としての生活満足度を向上させているのではないかと推測される。また、授業時間数が国際平均に比して少ない[62]フィンランドにおいて、自己信頼感の高まりにつながるような教育の質が、読解力などのリテラシーの育成にも一定程度、寄与している可能性も推測される。そこで、次にフィンランドの授業や教師の教育観について見てみることにしよう。

【2】フィンランドの算数授業と教師の教育観

フィンランドの小学校や総合学校（小中一貫校）で行われている算数授業を観察し、その1単位時間の構成を心理学的な視点から分析した研究[34]では、(a)1単位時間中の多様な学習内容（さまざまな視点からの定型発問）、(b)日常的事象と関連づけられた教材、(c)思考のプロセスや理由を問う発問、(d)ペアやクラス単位での適宜の話し合い、(e)教師の発案による非定型発問（ただし、多様な解法を関連づけるような討論はほとんど見られない）といった特徴が見られた。

そこで、フィンランドの教師自身がどのように授業や教材を捉えているかを明らかにするために、第9章で紹介した協同的探究学習による日本の算数授業のビデオを視聴材料として、フィンランドの小学校教師に学習内容や学習方法に関わるグループインタビューと質問紙調査を実施した[44]。その結果、先述の特徴（(a)~(e)）、とりわけ(a)(b)(d)がフィンランドの算数授業の構成要素となることが確認され、(c)(e)についても、その重要性を教師が認識していることが示唆された。

さらにグループインタビューで、それらの授業の構成や児童の活動の背景について尋ねた結果、子ども一人ひとりの特質に応じた教育といった理念が、それらの授業の構成や児童の活動を方向づけていることが明らかになった。具体的には、(a)1単位時間中の多様な学習内容は、スパイラルで既習事項に戻る内容を含めることで既習の内容の理解が不十分な子どもに対応し、また発展的な内容を含めることで理解が進んでいる子どもに対応することを意図していることが示唆された。(b)日常的事象と関連づけられた教材は、子どもの日常的事象への関心（教師の発話事例としては、「実際の生活で何が必要か、何の役に立つのかということへの関心」）に対応するということの意義を有することが推察される。さらに(d)ペアやクラス単位での話し合いは、ペアを組む相手による個別支援の有効性（教師の発話事例としては、「ちょっとできない子、1人ではだめだという子も、ペアだと自分でできるようになって、達成の喜びを得ることができる」）などに依拠していると考えられる。

また、具体的な活動を通じて自分で考えを発見し、その考えをさまざまな日常的な問題の解決に利用すること、それを通じて理解を深めることを目標とするフィンランドの教師の教育観が、(a)定型ではあるがさまざまな視点からなされる発問や、(b)日常的事象と関連づけられた教材の構成という授業の構成を方向づけていることも、グループインタビューにおける教師の発話から推察された。従来の研究[67]では、フィンランドの算数・数学授業の特徴として、教師による内容や解法の説明と個別演習とを組み合わせた授業形態や、個別演習の結果を個人が確認することなどが指摘されているが、藤村と鈴木[44]による先述のビデオ・インタビューの結果は、それらの学習方法の背景にも、「個人間の差異に対応して各個人の活動を支援する」という教師の授業観があるということを示していると考えられる。

以上のことから、一人ひとりの子どもの特質に応じること、獲得した知識や技能をさまざまな日常的問題の解決に利用すること、他者との間で考えを確認し共有することを重視するフィンランドの教師の教育観が、さまざまな視点からの多様なタイプの問題の設定、日常的事象と関連づけられた教材の構成、ペア・グループ活動の導入といった授業過程の特徴をもたらしていることが推察される。そして、そのような授業過程が、子どもの既有知識を豊富化・精緻化し、子ども自身の思考の表現を促すことで、フィンランドの子どものリテラシーに関して、「わかる学力」の第1段階である「思考プロセスの表現」までは高められていることがうかがえる。また、一人ひとりの子どもの特質に応ずることや他者との考えの共有を重視する授業プロセスや教育観が、先ほど見たような生徒の自己信頼感や生活満足度の高さにもつながっていることが推測される。

4　フィンランドの教育の課題を越えて

――個の学びを協同で関連づけて深め、個に生かす

一方で、フィンランドの教師においては、協同的探究学習においてなされているような、①非定型問題を設定することで各個人から引き出された多様な考えをクラス全体の場面で関連づけることで抽象化や概念化を図り、集団としての思考を高めることや、②さらに集団場面での思考の高まりを各個人の理解に反映させることなどはほとんど意識されておらず、それに寄与するような授業過程も構成されていなかった。ここに（日本においても十分に達成されていない）「わかる学力」の第2段階である「概念的理解の深化」の段階にまで「わかる」を深める余地が残されていると考えられる。

本書に通底する理念は、どのような子どもであっても自分自身の既有知識と周囲の情報を関連づけながら能動的に知識を構成し、知識構造や思考の枠組みを精緻化し再構造化していくという「構成主義」（constructivism）の考え方である。その考え方が最も生かされるのが、多様な知識を関連づける「わかる学力」の形成場面である。多様なアプローチが可能な非定型問題（導入問題）をスタートとして「わかる学力」を高めることをめざす協同的探究学習の授業では、どの子どもも自分なりの既有知識をベースとして学習に取り組むことができる。そしてその既有知識をベースとして自分自身で多様な知識を関連づけ、構造化していくことを通じて、どの子どもも自身の考えと他者の考えのそれぞれの独自性を尊重しながら、それらを（考えの間の優劣をつけるのではなく）「対等に」結びつけていくという幅の広がりの中で「わかる学力」を高めていくことができる。これが、「わかる学力」の幅の広

がり（思考の多様性）に着目することで平等性を実現する（どの子どもも学力を高める）第1の視点である。他者とともに学ぶ協同には、年長者や熟達者との協同によって個人が年長者や熟達者の水準に近づくといったタイプの、「垂直的引き上げ型」とも呼べるような協同も想定されるが、本書で重視しているのは、上述したように、一人ひとりの多様な考えを尊重し、それらを互いに関連づけて深めるというタイプの、「水平的関連づけ・深化型」とも名づけられるような協同である。

次に、「わかる学力」を高めることをめざす協同的探究学習の授業では、フィンランドの授業とは異なり、クラス全体で多様な考えを関連づける場面を設定する。そのことによって、一人ひとりの子どもは、「対等に」他者の多様な考えに触れることができ、それらの考えを自身の知識構成に生かすことができる。また、教師が子どもの多様な考えにつなげて、さらに深める発問（追究型発問）をクラス全体に投げかけることによって、どの子どもも「対等に」知識を関連づけて本質に向かう機会を得ることになる。これが、「わかる学力」の幅の広がり（多様性とその関連性）に着目することで平等性を実現する（どの子どもも学力を高める）第2の視点である。

さらに、第2のクラス全体での協同探究の成果を生かして教材の本質に迫ることのできる具体的な非定型問題（展開問題）に、一人ひとりの子どもが取り組む時間を設定する。そのことによって、一人ひとりの子どもは、協同探究で関連づけられた他者の多様な考えを自身の具体的な問題解決に生かし、本質的理解に向けて自分自身で「わかる学力」を高める機会を「対等に」得ることができる。これが、「わかる学力」の幅の広がり（思考の多様性とその関連性および自己との関連づけ）に着目することで平等性を実現する、すなわち、どの子どもも学力を高める第3の視点である。

最後に、発達的視点として重要なのが、第2の視点と関連するが、クラス全体の場面、あるいは場合によってそれに先行するペア・グループ交流の場面で、一人ひとりの子どもが自分の考えを他者によって認められることである。「わかる学力」は水平方向に多様な広がりをもつ学力であるだけに、どの子どもの考えもその価値や意義を認めることができる。非定型問題がそのような多様かつ対等な考えの表出を可能にするのである。そして、どの子どもも「対等に」自分なりの考えを認められることによって、（他者に認められる・受け入れられることで自分の存在自体を肯定的に見ることができる）「自己肯定感」がどの子どもにも育つことになる。そして、この自己肯定感が、「わかる学力」の形成によって促される内発的動機づけとともに、「できる学力」「わかる学力」の形成を下支えすることになる。これが、先述の３点とはまた別の発達的観点から、「わかる学力」の幅の広がり（多様な思考がそれぞれに他者や集団によって認められること）に着目することで平等性を実現する第４の視点となる。

5 「わかる」に着目する教育的意義――卓越性と平等性の同時実現の可能性

最後に、本書の第1章で提起し、本章の第2節でも取り上げたような、教育において卓越性（質の高さ）と平等性をいかに同時に実現するかという問題について、本章で考察してきたことにもとづきながら、「できる学力」と「わかる学力」の区分に焦点をあてて考えてみることにしよう。

「できる学力」（定型問題の解決力）の形成過程においておもに必要とされるのは、定型問題の正確で速い解決のために必要で、比較的狭い領域において有効性をもつような手続き的知識・スキル（公式など）や、事項間を直接的に対応づける事実的知識（事物の名称、定義、性質などに関する定型的知識）であり、それらは教科や単元に固有の「閉じた知識」と表現することもできると考えられる。「閉じた知識」は、その領域における学習経験の量的差異が知識・スキルの多寡や知識・スキルを適用する正確さや速さに影響しやすく、個人間・集団間の差異を生じやすい。またその差異は、量的な差異（得点や集団内の順位など）として可視化しやすく、一人ひとりの自己効力感にも影響を与えやすい。もちろん、定型問題をより速くより正確に解決することをめざす「できる学力」も社会生活において必要な力ではあるが、その学力への過度な傾斜や偏重は、「できる学力」という側面での一部の児童・生徒による卓越性の実現と同時に、「できる学力」に関する個人差の拡大や、他者との比較を通じた自己効力感の低下を多くの子どもにもたらし、平等性の実現とは逆行する結果を導く可能性が想定される。

一方で、本書で見てきたように、「わかる学力」（非定型問題に対する思考プロセスの構成・表現や概念的理解の深まり）の形成過程では、非定型問題の解決に向けて、一人ひとりの学習者において、多様な既有知識が活性化され、関連づけられる。そこで活性化され、関連づけられる知識は、単元や教科に限定されない、また学校の各教科で学習する内容に限定されず、日常経験を通じて獲得された内容も含むような「開かれた知識」である。そのことから、一人ひとりの子どもは、さまざまな種類の手持ちの知識を生かしながら、それぞれの子どもに固有の関連づけの方法を用いて、「対等に」学習場面に参加することができる。そして、協同的探究学習に参加する一人ひとりの子どもは、それぞれにもつ既有知識をベースとして、個別探究や協同探究を通じて多様な知識を関連づけ、知識構造や認知的枠組みを精緻化させ、再構造化させることで概念的理解を深化させる。このプロセスを通じて、国際的に見て課題となっている深い概念的理解がそれぞれの子どもにおいて達成されるという意味で、卓越性と平等性が同時に実現されると考えられる。

また、「わかる学力」形成の出発点において、非定型の問題・場面・活動を組織することは、さまざまな多様性をもつ一人ひとりの子どもが、それぞれに「対等に」認められるという意味をもつことも重要な点である。一人ひとりの固有の発想や思い、感じ方が、それぞれに価値あるものとして認められる場が存在することにより、子どもは「そのままの自分を認めてくれる人たちがいるから、いまのままの自分で大丈夫」という意味での自己肯定感をそれぞれに形成し、高めることができる。その自己肯定感の高まりが、周囲の人間関係に支えられることによる幸福感の向上に結びつき、現在の国際社会においても重視されている、ウェルビーイング（主観的幸福感）が一人ひとりの子どもに達成されるという意味での卓越性と平等性の同時実現を可能にすると考えられる。

「できる学力」と「わかる学力」は、第2章で述べたように、心理学的な形成プロセスと形成される内容がそれぞれ異なる「学力の両輪」である。一方が他方の前提となるといった関係として捉えるよりも、両者を同一の教科・単元（学習内容の一定のまとまり）の中で同時並行的・相補的に高めることにより、相互促進的な効果も期待される。現代社会において、さまざまな場面で機械化やＩＴ化が進み、ＡＩ技術が発展するなかで、定型的な仕事や役割はＩＴ機器やＡＩ搭載の機器やシステムによって代替される部分が多くなってきているが、それらの機器やシステムが利用できない場面や状況、問題解決に即座に利用可能なリソースとしての知識や技能といったことを考えると、今後の社会生活においても、「できる学力」を一定程度、獲得することは必要性をもつと考えられる。

一方で、本章で考察してきたことを総合すると、学校教育、社会教育、家庭教育、組織内教育など教育の諸場面において、これまで重視されることが多かった「定型－できる」から、「非定型－わかる」へと教育の目標やプロセスの比重を移すことが、これからの社会における卓越性（さまざまな営みにおける質の向上）と平等性（個々人における質の高まりの保障）を同時に実現する一つの道筋となるのではないだろうか。とくに、学校教育においては、協同的探究学習などを通じて「非定型-わかる」学力が各児童・生徒において高まることが、多様な他者とお互いの存在を尊重しながら協調し、諸事象の本質を見極めながら、これからの社会を創造していく主体が育っていくうえでもますます重要になってくるであろう。

おわりに

本書は、一人ひとりの子どもの発達や学習のプロセスがいかに豊かであり、教育や大人からの関わりに対する示唆に富むかについて、「わかる」が深まるプロセスやメカニズムに焦点をあてて明らかにしようとしてきた研究をまとめたものです。そして、その解明にあたっては、多くの方々にさまざまな形でご協力をいただいてきました。

子どもの思考の発達に関する研究（第Ⅱ部）では、個別インタビューや記述型調査による研究の実施にあたり各地域の小学校の先生方や児童のみなさんにご協力をいただきました。第Ⅱ部の子どもの社会や経済に関する思考についての研究（第6、7章）に関しては、インタビュアーとしてともに社会や経済に関するインタビュー課題を考え、一人ひとりの子どもたちに個別インタビューを実施し、子どもの思考の発達プロセスを明らかにすることに対して、1998～2004年度の埼玉大学教育学部教育心理学コース（発達心理学研究室）の学部生や大学院生のみなさんに継続的に関わっていただきました。協同的探究学習などの授業を中心とした思考や理解の深まりに関する研究（第Ⅲ部）では、授業に関わる研究やその評価などをともに進めるにあたり、兵庫県加古川市、神奈川県茅ヶ崎市、東京都町田市、岡山県教育庁義務教育課など、各自治体の教育委員会の方々や各地域の公立小中学校の先生方、名古屋大学教育学部附属中・高等学校をはじめとする各地域の学校の先生方にご協力をいただいてきており、各学校の児童・生徒のみなさんにもご協力をいただいてきています。また分析などにあたって、東京大学大学院教育学研究科の大学院生のみなさんにもご協力をいただいています。以上に紹介しましたすべての方々、そしてともに研究を進めてきている国内外の共同研究者のみなさんに心よりお礼申し上げます。

最後になりましたが、ちとせプレスの櫻井堂雄さんには、長期間にわたって筆者と対話を重ねながら本書の完成まで粘り強く支えていただき、大変お世話になりました。心より感謝申し上げます。

２０２４年12月

藤村 宣之

語』https://www.nier.go.jp/14chousa/pdf/14kaisetsu_chuu_kokugo.pdf
f. 国立教育政策研究所『平成 30 年度 全国学力・学習状況調査 報告書 小学校算数』https://www.nier.go.jp/18chousakekkahoukoku/report/data/18pmath.pdf
g. 国立教育政策研究所『平成 31 年度（令和元年度）全国学力・学習状況調査 報告書 小学校算数』https://www.nier.go.jp/19chousakekkahoukoku/report/data/19pmath.pdf
h. 国立教育政策研究所「国際数学・理科教育動向調査（TIMSS 2019）のポイント」https://www.nier.go.jp/timss/2019/point.pdf
i. 国立教育政策研究所『令和 3 年度 全国学力・学習状況調査 報告書 中学校数学』https://www.nier.go.jp/21chousakekkahoukoku/report/data/21mmath.pdf
j. 国立教育政策研究所『令和 3 年度 全国学力・学習状況調査 報告書 質問紙調査』https://www.nier.go.jp/21chousakekkahoukoku/report/data/21qn.pdf
k. 国立教育政策研究所『OECD 生徒の学習到達度調査── PISA 2022 のポイント』https://www.nier.go.jp/kokusai/pisa/pdf/2022/01_point_2.pdf
l. 文部科学省『小学校学習指導要領（平成 29 年告示）解説 社会編』https://www.mext.go.jp/component/a_menu/education/micro_detail/__icsFiles/afieldfile/2019/03/18/1387017_003.pdf
m. OECD「PISA 2018 年質問紙調査（フィンランド）」https://www.oecd.org/content/dam/oecd/en/about/programmes/edu/pisa/publications/national-reports/pisa-2018/featured-country-specific-overviews/PISA2018_CN_FIN.pdf
n. OECD「PISA 2018 年質問紙調査（日本）」https://www.oecd.org/content/dam/oecd/en/about/programmes/edu/pisa/publications/national-reports/pisa-2018/featured-country-specific-overviews/PISA2018_CN_JPN_Japanese.pdf
o. 岡山県教育委員会義務教育課「協同的探究学習モデル事業の成果等について」https://www.pref.okayama.jp/page/705400.html

Vosniadou, A. Baltes, & X. Vamvakoussi (Eds.), *Reframing the conceptual change approach in learning and instruction* (pp. 265-282). Elsevier.

123. Vergnaud, G. (1983). Multiplicative structures. In R. Lesh & M. Landau (Eds.), *Acquisition of mathematics concepts and processes* (pp. 127-174). Academic Press.

124. Vosniadou, S., & Brewer, W. F. (1992). Mental models of the earth: A study of conceptual change in childhood. *Cognitive Psychology*, *24*, 535-585.

125. 渡邊あや (2017).「転換期の「教育立国」フィンランド ── 高学力の背景と次の一手」『児童心理』*71*(3), 49-53.

126. Wellman, H. M., & Gelman, S. A. (1998). Knowledge acquisition in foundational domains. In D. Kuhn & R. S. Siegler (Eds.), *Handbook of child psychology. Vol. 2: Cognition, perception, and language* (5th ed., pp. 523-573). Wiley.

127. 山名裕子 (2005).「幼児における配分方略の選択 ── 皿 1 枚あたりの数の変化に着目して」『発達心理学研究』*16*, 135-144.

128. 山野下とよ子 (1989).「つまずきを克服していく見通し」『数学教室』8 月号 (451), 国土社

129. 吉田知世 (2025).「児童の関数に関する概念的理解の深化を促進する算数授業 ── 関数関係とその成立根拠の説明に着目して」『教授学習心理学研究』*19*（印刷中）

■ウェブサイト一覧

a. CMEC（Council of Ministers of Education, Canada）PISA 2012. https://www.cmec.ca/252/PISA_2012.html

b. フィンランド教育省 Finnish 15-year-olds still among top performers in reading literacy but growing proportion of low performers needs addressing. https://www.oph.fi/en/news/2019/finnish-15-year-olds-still-among-top-performers-reading-literacy-growing-proportion-low

c. 兵庫県加古川市教育委員会「未来を拓く学び ── ウェルビーイング（Well-being）実現をめざして」https://www.city.kakogawa.lg.jp/soshikikarasagasu/kyouiku/kakuka/kyoikushidobu/gakkokyoikuka/kyoiku/miraiwohirakumanabi/index.html

d. IEA（International Association for the Evaluation of Educational Achievement）TIMSS 2019 International Results in Mathematics and Science. https://timss2019.org/reports/

e. 国立教育政策研究所『平成 26 年度 全国学力・学習状況調査 解説資料 中学校国

ratio comparisons. In S. Strauss & R. Stavy (Eds.), *U-shaped behavioral growth* (pp. 11-36). Academic Press.

110. Stevenson, H. W. (1995). Mathematics achievement of American students: First in the world by the year 2000? In C. A. Nelson (Ed.), *Basic and applied perspectives on learning, cognition, and development* (pp. 131-149). Lawrence Erlbaum Associates.

111. Stigler, J. W., & Hiebert, J. (1999). *The teaching gap: Best ideas from the world's teachers for improving education in the classroom*. Free Press.（湊三郎訳，2002『日本の算数・数学教育に学べ ── 米国が注目する jugyou kenkyuu』教育出版）

112. 鈴木豪 (2013).「小・中学生の学習観とその学年間の差異 ── 学校移行期の変化および学習方略との関連」『教育心理学研究』*61*, 17-31.

113. 鈴木豪 (2015).「児童による多様な考え方の比較検討方法の違いが課題解決に及ぼす影響 ── 代表値を用いた判断課題を題材として」『教育心理学研究』*63*, 138-150.

114. 橘春菜・藤村宣之 (2010).「高校生のペアでの協同解決を通じた知識統合過程 ── 知識を相互構築する相手としての他者の役割に着目して」『教育心理学研究』*58*, 1-11.

115. Takahashi, K., & Hatano, G. (1994). Understanding of the banking business in Japan: Is economic prosperity accompanied by economic literacy? *British Journal of Developmental Psychology*, *12*, 585-590.

116. 高山守 (1991).「子どもたちの置かれている現実 ── 小数の乗除をめぐって」『数学教室』1 月号（470），国土社

117. 竹川由紀子 (2020).「協同的探究学習の手法を用いたやりくり授業 ── 相手意識を持った主活動のたとえば」『鳥取大学附属中学校研究紀要』*51*, 107-113.

118. 田丸敏高 (1993).『子どもの発達と社会認識』法政出版

119. Thompson, D. R., & Siegler, R. S. (2000). Buy low, sell high: The development of an informal theory of economics. *Child Development*, *71*, 660-677.

120. Tourniaire, F. (1986). Proportions in elementary school. *Educational Studies in Mathematics*, *17*, 401-412.

121. 恒吉僚子・藤村宣之 (2023).『国際的に見る教育のイノベーション ── 日本の学校の未来を俯瞰する』勁草書房

122. Vamvakoussi, X., & Vosniadou, S. (2007). How many numbers are there in a rational numbers interval? Constraints, synthetic models and the effect of the number line. In S.

95. Siegler, R. S. (1981). *Developmental sequences within and between concepts.* Monographs of the Society for Research in Child Development. No.189.

96. Siegler, R. S. (1995). How does change occur: A microgenetic study of number conservation. *Cognitive Psychology, 28*, 225-273.

97. Siegler, R. S. (1996). *Emerging minds: The process of change in children's thinking.* Oxford University Press.

98. Siegler, R. S. (2005). Children's learning. *American Psychologist, 60*, 767-769.

99. Siegler, R. S. (2006). Microgenetic analyses of learning. In D. Kuhn & R. S. Siegler (Eds.), *Handbook of child psychology: Vol. 2: Cognition, perception, and language* (6th ed., pp. 464-510). Wiley.

100. Siegler, R. S. (2016). Magnitude knowledge: The common core of numerical development. *Developmental Science, 19*, 341-361.

101. Siegler, R. S., & Chen, Z. (1998). Developmental differences in rule learning: A microgenetic analysis. *Cognitive Psychology, 36*, 273-310.

102. Siegler, R. S., & Jenkins, E. (1989). *How children discover new strategies.* Lawrence Erlbaum Associates.

103. Siegler, R. S., & Thompson, D. R. (1998). "Hey, would you like a nice cold cup of lemonade on this hot day?" Children's understanding of economic causation. *Developmental Psychology, 34*, 146-160.

104. Silver, E. A. (1994). On mathematical problem posing. *For the Learning of Mathematics, 14*, 19-28.

105. Silver, E. A., & Cai, J. (1996). An analysis of arithmetic problem posing by middle school students. *Journal for Research in Mathematics Education, 27*, 521-539.

106. Singer, F. M., Ellerton, N., & Cai, J. (2013). Problem-posing research in mathematics education: New questions and directions. *Educational Studies in Mathematics, 83*, 1-7.

107. Singer, J. A., Kohn, A. S., & Resnick, L. B. (1997). Knowing about proportions in different contexts. In T. Nunes & P. Bryant (Eds.), *Learning and teaching mathematics: An international perspective* (pp. 115-132). Psychology Press.

108. Smith, J. P., diSessa, A. A., & Roschelle, J. (1993). Misconceptions reconceived: A constructivist analysis of knowledge in transition. *The Journal of the Learning Sciences, 3*, 115-163.

109. Stavy, R., Strauss, S., Orpaz, N., & Carmi, G. (1982). U-shaped behavioral growth in

81. Pothier, Y., & Sawada, D. (1983). Partitioning: The emergence of rational number ideas in young children. *Journal for Research in Mathematics Education*, *14*, 307-317.
82. Ricco, G. (1982). Les premières acquisitions de la notion de function linéaire chez l'enfant de 7 à 11 ans. *Educational Studies in Mathematics*, *13*, 289-327.
83. Riley, M. S., & Greeno, J. G. (1988). Developmental analysis of understanding language about quantities and of solving problems. *Cognition and Instruction*, *5*, 49-101.
84. Rittle-Johnson, B., Siegler, R. S., & Alibali, M. W. (2001). Developing conceptual understanding and procedural skill in mathematics: An iterative process. *Journal of Educational Psychology*, *93*, 346-362.
85. Rittle-Johnson, B., & Star, J. R. (2007). Does comparing solution methods facilitate conceptual and procedural knowledge? An experimental study on learning to solve equations. *Journal of Educational Psychology*, *99*, 561-574.
86. Rubinshteĭn, S. L. (1958). *мышлении и путях его исследования*.（石田幸平訳，1962『思考心理学 ── その研究方法』明治図書出版）
87. 澤井陽介・廣嶋憲一郎・児玉大祐・小倉勝登・石井正広・町田市立大蔵小学校社会科研究会 (2018).『小学校新社会科の単元&授業モデル ──「見方・考え方」を働かせる協同的探究学習』明治図書出版
88. Sawyer, R. K. (Ed.). (2014). *The Cambridge handbook of the learning sciences* (2nd ed.). Cambridge University Press.（大島純・森敏昭・秋田喜代美・白水始監訳，2016-2018『学習科学ハンドブック〔第 2 版〕』第 1-3 巻，北大路書房）
89. Schliemann, A. D., & Nunes, T. (1990). A situated schema of proportionality. *British Journal of Developmental Psychology*, *8*, 259-268.
90. Schoenfeld, A. H. (1985). *Mathematical problem solving*. Academic Press.
91. Schoenfeld, A. H. (1992). Learning to think mathematically: Problem solving, metacognition, and sense making in mathematics. In D. A. Grouws (Ed.), *Handbook of research on mathematics teaching and learning* (pp. 334-370). Macmillan Publishing.
92. Schwab, J. J., & Brandwein, P. F. (1962). *The teaching of science*. Harvard University Press.
93. Schwartz, J. L. (1988). Intensive quantity and referent transforming arithmetic operations. In J. Hiebert & M. Behr (Eds.), *Number concepts and operations in the middle grades* (pp. 41-52). Lawrence Erlbaum Associates.
94. 志水宏吉・伊佐夏実・知念渉・芝野淳一 (2014).『調査報告「学力格差」の実態』岩波書店

66. Kuhn, D. (1995). Microgenetic study of change: What has it told us? *Psychological Science*, *6*, 133-139.

67. 熊倉啓之編 (2013).『フィンランドの算数・数学教育 ―― 「個の自立」と「活用力の育成」を重視した学び』明石書店

68. 日下正一 (1996).「小学校児童におけるものの価格に関する推論」『心理科学』*18*, 31-50.

69. Linn, M. C., & Hsi, S. (2000). *Computers, teachers, peers: Science learning partners.* Lawrence Erlbaum Associates.

70. Lonka, K. (2019). *Phenomenal learning from Finland.* EDITA Publishing.

71. Luchins, A. S. (1942). Mechanization in problem solving: The effect of Einstellung. *Psychological Monographs, 54*(6), 1-95.

72. Mayer, R. E. (1992). *Thinking, problem solving, cognition* (2nd ed.). Freeman.

73. Mayer, R. E. (2004). Teaching of subject matter. *Annual Review of Psychology, 55*, 715-744.

74. 名古屋大学教育学部附属中・高等学校編 (2013).『協同と探究で「学び」が変わる ―― 個別的・ドリル的学習だけでは育たない力』学事出版

75. Nesher, P. (1988). Multiplicative school word problem Theoretical approaches and empirical findings. In J. Hiebert & M. Behr (Eds.), *Number concepts and operations in the middle grades* (pp. 19-41). Lawrence Erlbaum Associates.

76. 小田切歩 (2016).「高校の数学授業での協同学習における個人の説明構築による理解深化メカニズム ―― 数列と関数の関連づけに着目して」『教育心理学研究』*64*, 456-476.

77. OECD (2014a). *PISA 2012 results: What students know and can do. Student performance in mathematics, reading and science* (Vol. 1, revised ed.).

78. OECD (2014b). *Critical maths for innovative societies: The role of metacognitive pedagogies.*（OECD 教育研究革新センター編，篠原真子・篠原康正・袰岩晶訳，2015『メタ認知の教育学 ―― 生きる力を育む創造的数学力』明石書店）

79. Piaget, J. (1970). *L'épistémologie génétique*. Presses Universitaires de France.（滝沢武久訳，1972『発生的認識論』白水社）

80. Posner, G. J., Strike, K. A., Hewson, P. W., & Gertzog, W. A. (1982).Accommodation of a scientific conception: Towards a theory of conceptual change. *Science Education*, *66*, 211-227.

キル ── 学びと評価の新たなかたち』北大路書房）
50. 権裕善・藤村宣之 (2004).「同年齢児童の協同はいつ有効であるのか ── 比例的推理の方略レベルが異なるペアの相互作用」『教育心理学研究』*52*, 148-158.
51. 平嶋宗 (2019).「作問学習に対する知的支援の試みと実践 ── 組立としての作問および診断・フィードバック機能の実現」『科学教育研究』*43*, 61-73.
52. 板倉聖宣・上廻昭編 (1965).『仮説実験授業入門』明治図書出版
53. 加古川市立中部中学校 (2020).『協同的探究学習パイロット校（2018-2020 年度加古川市教育委員会指定）研究紀要』
54. 加古川市立平岡南小学校 (2019).『協同的探究学習パイロット校（2018-2019 年度加古川市教育委員会指定）研究紀要』
55. Karmiloff-Smith, A., & Inhelder, B. (1974-1975). If you want to get ahead, get a theory. *Cognition*, *3*, 195-212.
56. 加藤直志 (2011).「『協同的探究学習』を用いた国語科教育 ── 中学校における実践例『説明文の読み比べ』及び『意見文を書く』」『同志社国文学』*74*, 163-151.
57. 金田茂裕 (2009).『児童の複数解を求める数的思考に関する研究』ナカニシヤ出版
58. 国立教育政策研究所編 (2013a).『TIMSS2011 理科教育の国際比較 ── 国際数学・理科教育動向調査の 2011 年調査報告書』明石書店
59. 国立教育政策研究所編 (2013b).『生きるための知識と技能 5 ── OECD 生徒の学習到達度調査（PISA）2012 年調査国際結果報告書』明石書店
60. 国立教育政策研究所編 (2016).『生きるための知識と技能 6 ── OECD 生徒の学習到達度調査（PISA）2015 年調査国際結果報告書』明石書店
61. 国立教育政策研究所編 (2017).『TIMSS2015 算数・数学教育／理科教育の国際比較 ── 国際数学・理科教育動向調査の 2015 年調査報告書』明石書店
62. 国立教育政策研究所編 (2019a).『生きるための知識と技能 7 ── OECD 生徒の学習到達度調査（PISA）2018 年調査国際結果報告書』明石書店
63. 国立教育政策研究所編 (2019b).『教員環境の国際比較 ── OECD 国際教員指導環境調査（TALIS）2018 報告書 ── 学び続ける教員と校長』ぎょうせい
64. 国立教育政策研究所編 (2021).『TIMSS2019 算数・数学教育／理科教育の国際比較 ── 国際数学・理科教育動向調査の 2019 年調査報告書』明石書店
65. 国立教育政策研究所編 (2024).『生きるための知識と技能 8 ── OECD 生徒の学習到達度調査（PISA）2022 年調査国際結果報告書』明石書店

39. 藤村宣之・青柳尚朗 (2022).「中学校社会科授業を通じた生徒の概念的理解の深化プロセス ── 地理的事象と歴史的変化を関連づけた探究型授業を通じて」日本発達心理学会第 33 回大会発表資料
40. 藤村宣之・今村敦司 (2022).「他者との協同過程を通じた生徒の概念的理解の深化メカニズム ── 国語科授業における個別探究の多様性とクラス全体の協同探究過程が及ぼす影響」日本教育心理学会第 64 回総会発表資料（PB055）
41. 藤村宣之・今村敦司・藤田高弘・嘉賀正泰・水谷成仁・加藤直志・福谷敏 (2008).「教科連携型協同学習を通じた『ことばによる思考力』の育成」『第 2 回博報「ことばと文化・教育」研究助成研究成果論文集』（pp. 31-46），財団法人博報児童教育振興会
42. 藤村宣之・太田慶司 (2002).「算数授業は児童の方略をどのように変化させるか ── 数学的概念に関する方略変化のプロセス」『教育心理学研究』*50*, 33-42.
43. 藤村宣之・大田正義 (1996).「ティームティーチングが児童の算数理解に及ぼす効果」『教育方法学研究』*21*, 127-137.
44. 藤村宣之・鈴木豪 (2015).「フィンランドの児童の思考に影響を及ぼす環境要因の検討 ── フィンランドの教師の授業観の分析」『東京大学大学院教育学研究科紀要』*54*, 459-476.
45. 藤村宣之・橘春菜・名古屋大学教育学部附属中・高等学校編 (2018).『協同的探究学習で育む「わかる学力」── 豊かな学びと育ちを支えるために』ミネルヴァ書房
46. Gentner, D., & Gentner, D. R. (1983). Flowing waters and teeming crowds: Mental models of electricity. In D. Gentner & A. L. Stevens (Eds.), *Mental models* (pp. 99-129). Lawrence Erlbaum Associates.
47. Goldin-Meadow, S., & Alibali, M. W. (2002). Looking at the hands through time: A microgenetic perspective on learning and instruction. In N. Granott & J. Parziale (Eds.), *Microdevelopment: Transition processes in development and learning* (pp. 80-105). Cambridge University Press.
48. 後藤慎弥 (2023).「一般化された数学的概念に関する概念的理解の深化を促進する授業の実証的研究 ── 利用する既有知識の違いに着目して」『教育心理学研究』*71*, 190-204.
49. Griffin, P., McGaw, B., & Care, E. (Eds.). (2012). *Assessment and teaching of 21st century skills*. Springer.（三宅なほみ監訳，益川弘如・望月俊男編訳，2014『21 世紀型ス

究』*52*, 370-381.
28. 藤村宣之 (2004b).「子どもの学習観の変容をめざす授業のあり方 ── プランニング能力の育成を中心に（教育心理学と教科教育の相互作用 ── 教科間の共通性を探る）（日本教育心理学会第 45 回総会準備委員会企画シンポジウム 4)」『教育心理学年報』*43*, 21.
29. Fujimura, N. (2007). How concept-based instruction facilitates students' mathematical development: A psychological approach toward improvement of Japanese mathematics education. *Nagoya Journal of Education and Human Development*, *3*, 17-23.
30. 藤村宣之 (2008).「知識の獲得・利用とメタ認知」三宮真智子編『メタ認知 ── 学習力を支える高次認知機能』(pp. 39-54), 北大路書房
31. 藤村宣之 (2009a).「協同的探究学習の長期的効果と子どもの変容過程」日本教育心理学会第 51 回総会自主シンポジウム「学習研究を長期化する」発表資料
32. 藤村宣之 (2009b).「子どもの既有知識を活用した教材構成 ── 心理学の視点からの算数・数学の授業づくり」日本教育心理学会第 51 回総会自主シンポジウム「教材研究の教育心理学 ── その可能性と課題」発表資料
33. 藤村宣之 (2012).『数学的・科学的リテラシーの心理学 ── 子どもの学力はどう高まるか』有斐閣
34. 藤村宣之 (2014a).「フィンランドの児童の思考の特質とそれに関連する環境要因 ── 小学校における算数授業過程の分析から」『東京大学大学院教育学研究科紀要』53, 273-283.
35. 藤村宣之 (2014b).「教科教育に対する心理学的アプローチ ── 発問をどのように構成するか」日本教育心理学会第 56 回総会研究委員会企画シンポジウム「教科教育に心理学はどこまで迫れるか (4) ── 教育目標をどう扱うべきか」発表資料
36. 藤村宣之 (2017).「フィンランドの児童の数学的思考と学習観に関する発達的研究」『東京大学大学院教育学研究科紀要』*56*, 495-504.
37. 藤村宣之 (2018).「『わかる学力』と『できる学力』」藤村宣之・橘春菜・名古屋大学教育学部附属中・高等学校編『協同的探究学習で育む「わかる学力」── 豊かな学びと育ちを支えるために』(pp. 15-37), ミネルヴァ書房
38. 藤村宣之 (2023).「子どもの学力の認知心理学的分析とこれからの時代の教育」恒吉僚子・藤村宣之『国際的に見る教育のイノベーション ── 日本の学校の未来を俯瞰する』(pp. 121-229), 勁草書房

12. 中央教育審議会 (2005).「我が国の高等教育の将来像（答申）」
13. Ekenstam, A., & Greger, K. (1983). Some aspects of children's ability to solve mathematical problems. *Educational Studies in Mathematics, 14*, 369-384.
14. English, L. D., & Halford, G. S. (1995). *Mathematics education: Models and processes*. Lawrence Erlbaum Associates.
15. Flanders, N. A. (1970). *Analyzing teaching behavior*. Addison-Wesley.
16. Fuchs, L. S., Schumacher, R. F., Long, J., Namkung, J., Hamlett, C. L., Cirino, P. T., Jordan, N. C., Siegler, R., Gersten, R., & Changas, P. (2013). Improving at-risk learners' understanding of fractions. *Journal of Educational Psychology, 105*, 683-700.
17. 藤村宣之 (1990a).「児童期における内包量概念の形成過程について」『教育心理学研究』 *38*, 277-286.
18. 藤村宣之 (1990b).「児童期の内包量概念の形成過程に関する縦断的研究」『発達心理学研究』 *1*, 70-78.
19. 藤村宣之 (1992).「児童の比例的推理に関する発達的研究」『教育心理学研究』 *40*, 276-286.
20. 藤村宣之 (1993).「児童期の比例概念の発達における領域固有性の検討」『教育心理学研究』 *41*, 115-124.
21. 藤村宣之 (1995a).「児童の比例的推理に関する発達的研究Ⅱ ── 定性推理と定量推理に関して」『教育心理学研究』 *43*, 315-325.
22. 藤村宣之 (1995b).「児童期における乗除法の意味理解 ── 作問内容の分析から」『埼玉大学紀要 教育学部（教育科学）』 *44*, 21-30.
23. 藤村宣之 (1997).『児童の数学的概念の理解に関する発達的研究 ── 比例，内包量，乗除法概念の理解を中心に』風間書房
24. Fujimura, N. (1999). Children's strategy discovery in proportional reasoning: Effects of using a computer simulation on strategy change. Paper presented at 1999 Biennial Meeting of the Society for Research in Child Development.
25. Fujimura, N. (2001). Facilitating children's proportional reasoning: A model of reasoning processes and effects of intervention on strategy change. *Journal of Educational Psychology, 93*, 589-603.
26. 藤村宣之 (2002).「児童の経済学的思考の発達 ── 商品価格の決定因に関する推理」『発達心理学研究』 *13*, 20-29.
27. 藤村宣之 (2004a).「児童の数学的思考に関する日中比較研究」『教育心理学研

引用文献

1. 青柳尚朗 (2021).「社会的事象の本質を捉える思考を促進する授業の開発と検証」『日本教育工学会論文誌』*45*, 15-29.

2. Bell, A., Fischbein, E., & Greer. B. (1984). Choice of operation in verbal arithmetic problems: The effects of number size, problem structure and context. *Educational Studies in Mathematics*, *15*, 129-147.

3. Bell, A., Greer, B., Grimison, L., & Mangan, C. (1989). Children's performance on multiplicative word problems: Elements of a descriptive theory. *Journal for Research in Mathematics Education*, *20*, 434-449.

4. Berti, A. E., & Bombi, A. S. (1988). *The child's construction of economics*. Cambridge University Press.

5. Cai, J., & Hwang, S. (2002). Generalized and generative thinking in US and Chinese students' mathematical problem solving and problem posing. *Journal of Mathematical Behavior*, *21*, 401-421.

6. Cai, J., Moyer, J. C., Wang, N., Hwang, S., Nie, B., & Garber, T. (2013). Mathematical problem posing as a measure of curricular effect on students' learning. *Educational Studies in Mathematics*, *83*, 57-69.

7. Carey, S. (1985). *Conceptual change in childhood*. MIT Press.（小島康次・小林好和訳, 1994『子どもは小さな科学者か——J. ピアジェ理論再考』ミネルヴァ書房）

8. Carraher, T. N., Carraher, D. W., & Schliemann, A. D. (1985). Mathematics in the streets and in schools. *British Journal of Developmental Psychology*, *3*, 21-29.

9. Chi, M. T. H., Feltovich, P. J., & Glaser, R. (1981). Categorization and representation of physics problems by experts and novices. *Cognitive Science*, *5*, 121-152.

10. Clement, J. (1993). Using bridging analogies and anchoring intuitions to deal with students' preconceptions in physics. *Journal of Research in Science Teaching*, *30*, 1241-1257.

11. Clement, J. J. (2013). Roles for explanatory models and analogies in conceptual change. In S. Vosniadou (Ed.), *International handbook of research on conceptual change* (2nd ed., pp. 412-446). Routledge.

は行

ま行

ら行

わ行

た行

な行

さ行

索　引

著者紹介

藤村《ふじむら》 宣之《のぶゆき》

京都大学大学院教育学研究科博士後期課程学修認定。博士（教育学）。

現在，東京大学大学院教育学研究科教授。

主要著作に，『数学的・科学的リテラシーの心理学 ── 子どもの学力はどう高まるか』（有斐閣，2012 年），『発達心理学 ── 周りの世界とかかわりながら人はいかに育つか〔第 2 版〕』（編著，ミネルヴァ書房，2019 年），『協同的探究学習で育む「わかる学力」── 豊かな学びと育ちを支えるために』（共編著，ミネルヴァ書房，2018 年），『国際的に見る教育のイノベーション ── 日本の学校の未来を俯瞰する』（共著，勁草書房，2023 年），『新しい時代の教育方法〔第 3 版〕』（共著，有斐閣，2024 年）など。

「わかる」はどう深まるか

子どもの思考の発達と協同的探究学習

2025 年 2 月 20 日　第 1 刷発行

著　者　藤村 宣之

発行者　櫻井 堂雄

発行所　株式会社ちとせプレス

〒 157-0062

東京都世田谷区南烏山 5-20-9-203

電話　03-4285-0214

https://chitosepress.com

装　幀　野田 和浩

印刷・製本　大日本法令印刷株式会社

ISBN 978-4-908736-32-2　C1011